高职高专
市场营销专业精品规划教材

农产品营销实务

夏　凤 / 主　编
石　林 / 副主编

NONGCHANPIN
YINGXIAOSHIWU

清华大学出版社
北　京

内容简介

本书以市场营销的基本理论为指导，以农产品为营销对象，针对农产品营销职业岗位能力需求，将工作和学习有机融合在一起。全书以就业为导向，按照“项目导向、任务驱动”的模式展开，包括树立农产品市场营销观念、寻找农产品市场机会、确定农产品目标市场、创设农产品品牌与包装、制定农产品营销价格、组建农产品销售渠道、策划农产品促销活动、提高农产品销售的技巧共8个项目。在每个项目中根据职业需要筹划相关学习任务，每个任务都以“实践感知→行动需求→知识准备→情景模拟→职业训练”的思路进行组织；同时，在“知识准备”中贯穿了“同步实务”和“视野之窗”的内容，以便达到“边做边学、学以致用”的效果。

本书既可作为高职高专院校涉农专业的教材，也能满足中等职业学校相关专业的教学需要，还可作为社会培训教材或供农业技术推广人员、农产品生产和经营者参考之用。

图书在版编目(CIP)数据

农产品营销实务/夏凤，石林主编. —北京：清华大学出版社，2014(2019.12重印)
(高职高专市场营销专业精品规划教材)
ISBN 978-7-302-34294-6

Ⅰ.①农… Ⅱ.①夏… ②石… Ⅲ.①农产品—市场营销学—高等职业教育—教材 Ⅳ.①F762

中国版本图书馆CIP数据核字(2013)第253111号

责任编辑：左卫霞
封面设计：于晓丽
责任校对：李 梅
责任印制：杨 艳

出版发行：清华大学出版社
网 址：http：//www.tup.com.cn，http：//www.wqbook.com
地 址：北京清华大学学研大厦A座 **邮 编**：100084
社 总 机：010-62770175 **邮 购**：010-62786544
投稿与读者服务：010-62776969，c-service@tup.tsinghua.edu.cn
质量反馈：010-62772015，zhiliang@tup.tsinghua.edu.cn
课件下载：http：//www.tup.com.cn，010-62795764
印 装 者：北京九州迅驰传媒文化有限公司
经 销：全国新华书店
开 本：185mm×260mm **印 张**：13 **字 数**：312千字
版 次：2014年1月第1版 **印 次**：2019年12月第4次印刷
定 价：38.00元

产品编号：055899-02

前　言

管理大师彼得·德鲁克指出:“市场营销和创新产生收益,而所有其他活动都是成本。”今天,当我们频频面对某地的蔬菜烂在田间无人理睬、某园的水果导致垃圾成灾等现象时,深刻地认识到:随着产业升级与产业现代化程度不断提高,蔬菜、水果等农产品的生产不是单纯地满足产量的增加,更重要的是要满足市场消费的需要。因此,如何提高农产品质量,采取恰当的营销策略,把农产品及时地销售出去是一项非常重要的工作。在我国从世界蔬菜、水果和花卉生产第一大国向生产强国转变的历程中,要充分发挥自身潜在优势,突破营销困局,把比较优势转化为竞争优势。

据全国农业职业技术教育研究会的调查,目前国内各涉农高职院校选用的营销教材多为通用类市场营销教材,急需一本将市场营销理论和农产品特点相结合,具有高职高专特色的针对性教材。在上述市场调研的基础上,根据农产品市场营销的工作任务,全书共分8个项目,具体包括:树立农产品市场营销观念、寻找农产品市场机会、确定农产品目标市场、创设农产品品牌与包装、制定农产品营销价格、组建农产品销售渠道、策划农产品促销活动、提高农产品销售的技巧。

本书紧跟高职高专教学改革的方向,体现了时代精神和高等职业教育的特点和规律。与同类型教材相比,主要特色体现在以下几个方面。

一是项目导向的学习目标。本书根据农产品开展市场营销工作的现实需要,设计了相应的教学项目,每个项目以职业能力目标引领展开,从而使学习者可以明确地通过项目学习与操作,完成专业能力目标、社会方法目标、实务目标、知识目标、实训目标,以便有目标、有方向、有针对性地展开学习。

二是职业需求的学习路径。本书的教学设计以职业岗位群的工作要求为核心,按照学生的实际情况展开。每个学习任务都以“实践感知→行动需求→知识准备→情景模拟→职业训练”的思路进行组织设计。这种设计方式以职业岗位的工作需要为主线,突出工作过程中的技术操作和经验性知识的获得,体现了学习的市场需求性。

三是任务驱动的学习体系。本书以开展农产品营销活动的流程为主线,进行工作过程系统化课程设计。学习任务从对农产品市场营销的认识开始,到寻找市场机会、确定目标市场,再据此组合营销策略,并运用技巧促进农产品的销售,这个过程不仅贯穿了市场营销的基本理论和基本方法,也更严密地组织了实战技术的训练。

四是实务操作的学习模式。本书立足于提高学习者农产品营销综合职业能力,特别是基本操作技能和实务创新能力的培养。因此,在每个学习任务中设置了“实践感知”、“行动需求”、“知识准备”、“情景模拟”和“职业训练”五个栏目,在每个项目后还设置了技能实训题。为了解学生的知识运用情况和拓展学生的知识面,在“知识准备”栏目中,恰当安排了“同步实务”和“视野之窗”。这样更加有利于学习者及时进行实务分析与操作,达到理论与实践的统一,并通过操作有效激发学习兴趣。

五是技能考核的学习评价。本书一改过去只评价学生能做什么题目、会做多少题目的方式，引入企业绩效评价模式，突出对学习者职业能力的测评，包括基本理论知识的掌握、知识在实践中的综合运用和职业技能任务的操作，从而保证本书在传授基本知识的同时，集科学性、知识性和实用性于一体，充分体现高职高专教育的特色。

本书由夏凤担任主编，负责起草大纲，完成总纂、定稿工作。各项目参编人员及分工如下：浙江国际海运职业技术学院刘秋民编写项目1和项目2；丽水职业技术学院夏凤编写项目3；夏凤、浙江丽水天则林果开发有限公司王彪共同编写项目4；丽水职业技术学院柴红玲编写项目5、项目6和项目8；四川信息职业技术学院石林编写项目7。

本书的编写工作有幸得到丽水职业技术学院胡德华教授的悉心指导，也得到丽水职业技术学院相关部门的关心和支持，值此出版之际，特表示诚挚的感谢！在编写过程中，编者参考和借鉴了大量的国内外同类著作、文献以及报刊资料，在此谨向这些文献资料的著者、译者、编者表示衷心的感谢！

由于编者水平有限，书中疏漏之处在所难免，敬请有关专家、学者和广大读者批评与指正，以便再版时予以完善与纠正。编者联系邮箱是：Xiafeng9835@126.com。

夏　凤

2013年9月

目　录

项目1

树立农产品市场营销观念

职业能力目标

◆ 专业能力

1. 能正确把握市场、市场营销的基本概念。
2. 能正确划分农产品类型并理解农产品市场营销的特点。
3. 能分析并运用五种常见的市场营销观念。
4. 具备营销人员应有素质及服务意识。

◆ 社会能力与方法能力

1. 具有运用市场及市场营销的理论分析实际问题的能力。
2. 具有判断传统营销观念与现代营销观念区别的能力。
3. 具有运用市场营销观念指导农产品经营企业进行市场营销活动的能力。
4. 具有运用市场营销理论对农产品经营企业进行市场分析的能力。

学习任务1.1 认识农产品市场及其营销活动

○ 实践感知

果脯市场在哪里

林晓彤是北方地区某乡镇一家农产品经营企业——华丰果脯加工厂的业务员，厂长派她带上企业生产的果脯系列产品去寻找销路。林晓彤在工厂周边地区转了近半个月，总觉得周边市场不理想，销路不是很好，且有其他厂家相同或相近的产品在市场上销售。于是，她乘火车来到南方的一个省会城市，几乎跑遍了该市所有的副食品市场和一些有一定知名度的超市，但未发现有任何果脯产品销售，她心中暗喜，总算找到了一个巨大的空缺市场。她给厂长电话汇报后，便在一个大型副食品批发市场租下了一个120多平方米的门店，并通知工厂给她发货。工厂将产品配齐后，派另外两名促销员跟车一同前往。然而，令厂长和林晓彤没有想到的是，几个月过去了，果脯系列产品以企业确定的最低批发价格销售也没有人购买，偶然购买一点的，也是来此出差或旅游的北方人，当地人则很少过问，更不用说购买了。后来一打听，才知道南方人不喜欢吃干鲜果品。无奈之下，工厂只好又雇车将十几吨果脯产品拉回去。

集思广益

有人说市场是人们现实需求和潜在需求的总和，你是如何理解的？如果你是林晓彤，你会到哪里寻找果脯产品的销售市场？

行动需求

农产品经营企业要把自己的产品转变为现实的收益，需要进行一系列的营销活动。而市场营销活动不仅涉及商业活动，也涉及非商业活动；不仅涉及个人，也涉及团体；不仅涉及实物产品，也涉及无形服务和思想观念。因此，认识农产品市场及其营销活动的主要工作有以下方面。

第一步：准确认识农产品的范围及其市场价值。农产品是指种植业、养殖业、林业、牧业、水产业生产的各种植物、动物的初级产品，包括瓜果蔬菜、花卉苗木、药材、粮油作物、畜牧产品和林业产品等。众所周知，蔬菜、果品是人们生活的必需品，农产品也是多种工业品的初始原料，如从玫瑰花中可以提炼玫瑰精油。

第二步：在认识市场的基础上把握农产品市场的特殊性。

第三步：从理解市场营销内涵出发，贯穿农产品的市场营销活动。

第四步：在现实销售中区分出产品推销和整体营销活动，培养从统合整体的角度出发考虑市场营销活动的能力。

知识准备

1.1.1 市场与农产品市场

1. 市场的内涵

市场是商品经济运行的载体或现实表现。商品经济越发达，市场的范围和容量就越大。市场具有相互联系的四层含义。

(1) 市场是以商品交换为内容的经济联系形式，是社会生产和社会分工的产物。

(2) 市场是指买者和卖者进行商品交换的场所。这是一个地理、空间和时间上的概念，也是市场的原始概念。不同的农产品经营企业有不同的销售场所，如超市、农产品专卖店、农产品批发市场等。

(3) 市场是指商品交换关系的总和。这是市场的一般概念，经济学中的“市场”就是从这种意义上来理解和使用的。

(4) 市场是指对某种或某类产品现实和潜在需求的总和。这是从营销学角度来理解的市场概念，市场专指买方和需求，而不包括卖方和供给，卖方构成行业，买方组成市场。农产品市场营销也是从这个角度来研究市场。例如，“花卉产品的市场很大”，并不是指花卉产品的交易场所很大，而是指人们对花卉产品的需求很大。

由以上含义可知，市场是一个动态的、组合的概念，但应突出消费者的需求。因此，市场构成的三个要素是人口、购买动机及购买力。

综上所述，有某种需要的人、购买能力、购买欲望是构成市场的三个要素。这三个要素是相互制约、缺一不可的，只有将三者结合起来才能构成现实的市场，才能决定市场的规模和容量。

2. 农产品市场

农产品市场是农业商品经济发展的客观产物,它的含义有狭义和广义之分。狭义的农产品市场是指进行农产品交换的场所。生产者出卖自己生产的农产品和消费者购买自己所需的农产品,要有供他们进行交换的场所,这种交换农产品的场所就形成了农产品市场。广义的农产品市场是指农产品流通领域交换关系的总和。它不仅包括各种具体的农产品市场,还包括农产品交换中的各种经济关系。例如,商品农产品的交换原则与交换方式,人们在交换中的地位、作用和相互联系,农产品流通渠道与流通环节,农产品供给和需求的宏观调控等。

(1) 农产品市场分类

从不同的层面划分,农产品市场可分为不同的类型。按农产品种类划分,可分为种植产品市场、林产品市场、畜产品市场、水产品市场;按地域空间划分,可分为国内市场和国际市场。国内市场又可分为农村市场和城镇市场。按交易规模和类型划分,可分为农产品综合交易市场、专业批发市场、零售市场、城乡集贸市场;按农产品交易的交割方式划分,可分为现货交易市场和期货交易市场。当前,我国农产品批发市场、集贸市场仍然是农产品流通的主要市场类型,初步形成了以农产品集贸市场为基础、以农产品批发市场为中心、以直销配送和超市经营为补充的农产品市场体系,但高效畅通的农产品市场体系还尚未形成。

(2) 农产品市场特点

农产品市场与其他市场相比,具有以下一些特有的性质。

① 交易的产品具有生活资料和生产资料的双重性质。例如,粮食、果品、棉花等,既是人们日常生活的必需品(生活资料),又分别是食品加工业和棉纺工业所需的原材料(生产资料)。

② 有供给的季节性和周期性。这主要是由农业生产的季节性和周期性所决定的。因此,农产品市场的货源是随农业生产的季节性而变动,其供给在一年中有淡季、旺季之分。农产品生产在数年之中还有丰产、平产、歉产之分。农业生产的这些特点要求对鲜活农产品要及时采购和销售,在农产品供应中克服生产的季节性和周期性,维持均衡供应。

③ 受自然风险和市场风险的双重约束。农业生产是从事有生命的动植物的生长、发育、成熟、收获与储运全过程,因而具有自然与市场的双重风险。农产品受水、旱、风、雹、冻、热和病虫等自然灾害影响,会造成农产品生产的自然风险;在市场经济条件下,农产品还会因供求关系变化而造成市场风险,并与自然风险交织,形成互为因果、反相关的双重风险。当自然风险小时,农产品因丰收质优量大,价格相应走低,市场风险变大;反之,自然灾害重时,农产品因歉收量少,价格上扬,此时市场风险相对变小。

④ 有"分散—集中—分散"的流通轨迹。农户"分散"生产,拿到市场出售时,由经营者收购、储藏、运输、加工等环节进行"集中",再经批发、零售等环节,最终"分散"到消费者。我国农业实行家庭承包经营体制,由小农户"分散"生产也将长期存在,即使加入农业专业合作社,生产也是"在农村家庭承包经营基础上"由"分散"农户来完成。

⑤ 应保持供求平衡的基本稳定性。农产品供求平衡且基本稳定,是保证社会稳定和经济发展的要求。因此,对农产品市场的营销活动和农产品价格,既要充分发挥市场机制的调

节作用，又要加强宏观调控，以实现市场繁荣和社会稳定两个目标，还可以通过全球的余缺来调剂一国农产品的丰歉。

1.1.2 市场营销与农产品市场营销

1. 市场营销的内涵

要理解农产品市场营销，首先要明确下列几个概念。

(1) 需要、欲望和需求。消费者的需要和欲望是农产品市场营销活动的出发点。

需要(Needs)是指人们因为某种欠缺没有得到满足时的心理感觉状态。市场营销者不能创造这种需要，而只能适应它。

欲望(Wants)是指想得到某些基本需要的具体满足物时的愿望。市场营销者能够影响消费者的欲望。

需求(Demand)是指对具有支付能力并且愿意购买某种物品的欲望。市场营销者不仅要了解有多少消费者需求其产品，还要了解他们是否有能力购买。其目的在于阐明这样一个事实，即农产品市场营销者只是通过影响消费者的欲望来满足享受农产品需要，并影响农产品的需求。

(2) 产品。产品是指任何提供给市场并能满足人们某种需要和欲望的东西。农产品市场营销者的任务是向市场提供消费者喜爱的农产品。

(3) 效用、价值、成本。所谓效用，是指农产品满足消费者欲望的能力，效用实际上是一个人的自我心理感受，它来自人的主观评价。价值是一个很复杂的概念，消费者会根据不同产品满足其需要的能力来决定这些农产品的价值。

市场营销者应该研究如何能提高农产品在消费者心目中的效用，如何让消费者愿意支付所需的农产品的价格来实现产品的价值。

(4) 交换、交易和关系。所谓交换，是指通过提供某种农产品，作为回报从别人那里取得所需物的行为。交换是先于市场营销的基础性概念，发生交换必须具有五个条件：

① 至少有交换双方；

② 每一方都有对方所需要的有价值的东西；

③ 每一方都能沟通信息和传送物品；

④ 每一方接受或拒绝对方的供应品是自由的；

⑤ 每一方都认为与另一方交换是适当并称心如意的。

交易是交换活动的基本单元，是由双方之间的价值交换所构成的行为。一项交易涉及以下几方面：

① 至少有两件有价值的物品；

② 双方同意的交易条件、时间、地点；

③ 通常有法律制度来维护和迫使交易双方执行承诺。

关系是指在农产品经营企业与消费者等利益相关者之间，通过互利交换及共同履行信用，使相关各方实现各自的目的。

(5) 市场。农产品市场是指消费者对某类农产品需求的总和。一般来说，农产品市场是由消费者、购买欲望和购买力组成的。农产品市场营销的任务就是通过一定办法激起消费者的购买欲望，在消费者购买力范围内满足其对农产品的需求。

总之,农产品经营企业的市场营销是指为了实现农产品经营企业目标,创造、建立、保持与目标市场之间的互利交换和关系,而对农产品经营企业的设计方案的分析、计划、执行和控制。

(6) 市场营销。市场营销是个十分重要的概念。营销界的学者曾从不同角度对它下了许多定义。美国著名市场营销学家菲利普·科特勒将市场营销定义为:个人和群体通过创造产品和价值,并同他人进行交换以获得所需物品的一种社会及管理过程。交换过程涉及大量的工作,卖方必须搜寻买方,了解他们的需要,设计良好的产品和服务,设定合理的价格,有效地开展促销活动,并高效率地进行存储和运输。

由此可见,所谓农产品市场营销,就是在变化的市场环境中,农产品经营企业或其他相关组织以满足消费者需要为中心进行的一系列营销活动,包括市场调研、选择目标市场、产品开发、产品定价、产品促销、产品存储和运输、产品销售、提供服务等一系列与市场有关的经营活动。

2. *农产品市场营销的特点*

农产品营销的特点和其他产品营销有很多相似性,但因其生产特点、产品特性和消费特点不同,又有与众不同的营销特点。

(1) 消费需求具有普遍性、大量性和连续性

农产品的基础性决定了其在需求上具有普遍性,它在满足人们生活基本需求、美化人们的生活等方面发挥着不可替代的作用。不同消费群体在农产品需求普遍性之下又表现出在产品质量、产品价格、产品档次等方面的差异性。例如,我们希望消费的农产品不仅富有营养,还必须安全,也就是希望所购买的农产品都是绿色食品或者是有机食品。另外,由于农产品是人们日常生活所必需的,虽然其生产具有季节性,但农产品的消费却是均衡的,无论是人们的日常消费,还是作为工业生产的原料,是常年和连续的。

(2) 农产品品种繁多且可替代性强

一方面,农产品种类规格繁多;另一方面,由于农产品所含的基本成分类似和基本用途相同,从而造成了农产品之间具有替代性,这些都决定了农产品贸易的复杂性和难度。因此,农产品的生产、运销技术非常复杂,难度很大。可以说,农产品是技术、资金、劳动力集约化程度很高的产业。

(3) 农产品产销矛盾突出、价格波动大

农产品的生产有着较强的季节性与地域性,在产地的生产季节,农产品的上市量非常大,时间也很集中。例如,水果的生产旺季大多在每年的9～12月,此时上市的果品特别多,梨、柑橘、苹果等大量水果都集中在此时上市,导致价格下降。又如,柑橘一般只能在南方生产、苹果多在北方生产,所以北方市场的苹果价格低,而柑橘价格高;南方市场的情况则相反。由于生产的季节性、地域性等原因,导致农产品的价格波动比较大。在供过于求的集中上市季节,产品价格会很低;而在供不应求的淡季,产品的价格会非常高。

(4) 农产品的质量受产地因素影响较大

农产品在长期的自然进化过程中形成了与当地自然环境条件相适应的生态习性,因此农产品的质量在很大程度上受产地的自然环境因素的影响。同一品种的农产品在不同地方栽培有不同的产品质量。例如,新疆栽培的哈密瓜的质量可能比在其他地方栽培的哈密瓜的质量要好。

(5) 农产品的储藏、运输难

部分农产品属于鲜活产品，容易腐烂，不易于储藏和运输，而且有些农产品单位体积较大而价格相对较低，其运输费用相对较高。因此，一方面，要采取各种灵活有效的促销手段，制定合理的销售价格，力争就地多销快销，减少产品损耗；另一方面，要加强产品的商品化处理，采用先进技术，进行农产品的保鲜和储藏，降低产品储藏腐烂率，并选择灵活的流通方式，保持畅通的运输渠道，利用便捷的交通工具和运输路线，尽量减少运输损失，以取得较好的经济效益，达到农产品经营企业营销的目标。

视野之窗　　重庆王府井百货上演真实版"开心农场"

"种菜"、"偷菜"、"收成"……网络小游戏"开心农场"瞬间蹿红。于是，"今天，你偷了吗"便成为大家见面的招呼语，数百万的都市白领成为"偷菜"队伍中的主力军，有的甚至疯狂到每天定闹钟半夜起床"偷"菜，乐此不疲。于是乎，王府井百货解放碑店也玩起了娱乐又时尚的"开心农场"，巧妙地结合"开心农场"概念，将卖场打造成"开心商场"，把各种商品活动与"偷菜"概念结合起来，把在白领人群中已经成为一种都市病的"开心农场"移植到现实生活中，在钢筋水泥、人潮涌动的卖场精彩呈现"真实版"的"开心农场"。消费者不需要再动鼠标，就可亲自体验"偷菜"的乐趣。

情景模拟

主题：制作农产品宣传材料。

过程设计：

(1) 事先将学生按照5～6人进行分组。

(2) 各组派代表扮演营销员、顾客、记者和营销经理等角色。扮演营销员的同学利用2～3分钟时间介绍某一农产品，模拟该农产品的市场宣传活动。

(3) 各组对农产品宣传内容进行评价，并讨论农产品宣传推广的要点。

(4) 各组制作农产品宣传材料。

(5) 点评、完善与交流各组设计的农产品宣传材料。

模拟要求：

根据所学知识的能力要求和模拟目的，农产品宣传文字材料应突出市场贴近度，注重顾客的需求分析。

情景再现：

"采摘的冰糖富士苹果5.75元一斤，新鲜菠萝一斤只卖2.8元。"在生态十足的"果味人生"店内，几位身穿工作服的大学生笑迎客人，把刚从基地运来的新鲜水果介绍给大家。

水果店的店长正是来自成都××学院电子商务专业的学生陈宇，其他店员也都是她的同学。据了解，水果店从撰写项目计划书、店面选址、开业筹备，到营销策划，都由大学生自己动手。正是通过大学生们多方考察、选址，才选择了这个位于众多居民区中心的店面，使得开业第一天客人就络绎不绝。

学生们引入了欧洲生鲜连锁的先进理念，店内设置"水果医生"配方销售，按照顾客的身体、工作、生活习惯等，为顾客介绍适宜的水果。在水果店内，还有用于现场农残检测的仪器，以保证水果的安全。大学生们还借鉴西方“水果吧”的习惯，在店内设置了可供休闲的区域，购买水果后，店员可以现场帮顾客榨汁或制作成水果沙拉来食用。

职业训练

训练主题：深化农产品营销理念。

训练要求：通过实训，要求学生能将一般市场营销理念运用到农产品经营活动中。

训练内容：

(1) 选择某一熟悉的农产品经营企业。

(2) 调查该农产品经营企业的市场营销现状。

(3) 剖析该农产品经营企业的营销特点并提出发展方案。

训练准备：学生先收集背景农产品经营企业市场发展的相关资料。

训练资料：以上调查所得资料。

训练步骤：

第一步，调查了解背景农产品经营企业所处行业的市场背景。

第二步，调查了解背景农产品经营企业自身的市场营销现状。

第三步，分析背景农产品经营企业在市场营销活动中的优势与不足。

第四步，分析背景农产品经营企业市场营销不足之处的深层次原因。

第五步，提出促进背景农产品经营企业市场发展的营销方案。

训练成果：某农产品经营企业市场营销方案。

学习任务1.2 树立现代农产品营销观念

实践感知

老大娘买水果

第一次：老大娘走向水果摊。

销售员：“大娘，您要买点什么？摆在最外边的荔枝是我们今天刚到的货，您可以尝一尝，绝对甜。如果您要，我给您市场最低价三块五，好不好？”老大娘：“……”销售员：“大娘，别犹豫了，如果您去问到有比我还便宜的价，我白送两斤给您。”老大娘：“那我去问问。”于是，老大娘走掉了。

第二次：老大娘走向水果摊。

销售员：“大娘，您好！今天要买点什么水果？”老大娘：“请问你这里的水果哪一个较甜，哪一个较酸？”销售员：“大娘，瞧您说的，我们从来就不卖酸水果。如果您买回去吃到一个酸水果，我这水果摊上的水果全部送给您吃！”老大娘：“那我不要。”销售员：“不买就不要问！”于是，老大娘又走掉了。

第三次：老大娘走向水果摊。

销售员：“大娘，您好，今天一大早就出来，想买点什么水果？”老大娘：“请问你这里的水果哪一个较甜，哪一个较酸？”销售员：“请问您是要酸的，还是要甜的？”老大娘：“我要酸的。”

销售员："我这里最酸的是刚上市的橘子，你看皮还很青，叶子还挂在上面。"老大娘："多少钱一斤？"销售员："两块三，称几斤？"老大娘："给我称三斤吧，多了我也提不动。"老大娘提着橘子回家了。

第四次：老大娘走向水果摊。

销售员："大娘，您好！看您老人家身体硬朗，有高寿之福啊！"老大娘："快六十了，跑不动了。"销售员："这两天天气变化大，您老人家要多注意身体！"老大娘："哈哈哈，你这闺女真会说话，谢谢你！"销售员："我能帮您做点什么？"老大娘："我来称点水果，你这里有酸一点的水果吗？"销售员："一般人都不买酸的，大娘，您买回去做什么用的？"老大娘："我女儿怀上了，一定要我给她买点酸水果吃。"销售员："几个月了？"老大娘："三个月了。"销售员："大娘，恭喜您了，吃酸的说明要生儿子。"老大娘："都盼着生儿子啊。"销售员："大娘，女性怀孕进入第四个月，要补充较多的蛋白质。这是胎儿形成组织和器官的重要时期。"老大娘："啥叫蛋白质？哪里买？"销售员："蛋白质主要包含在各种食物中，要给您闺女多补充各种瘦肉、鱼、蛋、牛奶、鸡肉和豆类。"老大娘："闺女，我看你很懂的，下次有什么我都来问你。你看她想吃酸果，对吗？"

销售员："对的，在怀孕的第四个月和第五个月，除了上面说的富含蛋白质的物质，还要补充大量的维生素，比如维生素 A 和维生素 C，而酸性水果中维生素含量一般都很高。"老大娘："有哪些酸果？"销售员："大娘，维生素不仅仅是酸果中才有，其他的水果中也有，比如猕猴桃和橙子。"老大娘："挺复杂的，这样吧，你帮我女儿配一配，把她需要的水果都配上。"销售员："那好吧，我慢慢配，每样都少称一点儿。大娘，您先进来歇一歇。"老大娘："那太感谢了！你稍微快点就行。"销售员："大娘，您家里有事吗？"老大娘："事多着呢，我是抽空出来的。"

销售员："这样，您把地址给我，我配好了给您送去，到了您再给付钱，好吗？"老大娘："也好，你到我家来看看我闺女，看看她还要吃些什么。"销售员："大娘，我就是不卖水果，也会经常去您的家里，您的闺女也是我的妹妹啊！"老大娘："那不好意思，你就每次来时，帮我带水果过来，我再付你钱，也好帮我指导一下。"销售员："大娘，我还要谢谢您关照我。"最后，老大娘高高兴兴地回家去了。

集思广益

一般人看来，卖水果是没什么技术含量的活儿，但不同的营销人员运用不同的营销观念就能取得不同的市场效益。你认为，以上销售员所运用的营销观念分别是什么？如果是你卖水果，会有其他观念和操作方式吗？

行动需求

市场营销观念是农产品经营企业从事市场营销活动的思想观念体系，它概括了一家企业的经营态度和思维方式。一家农产品经营企业的市场营销水平如何，能否达到预期的目标，关键在于市场营销观念的正确与否。

第一步：理清市场营销观念的演变历程。

第二步：明确各营销观念产生的条件和适用情况。

第三步：把握现代市场营销观念的思想内涵。

第四步：分析传统营销观念与现代营销观念之间的区别。

第五步：根据实际情况使用相应的现代市场营销观念。

○ 知识准备

1.2.1　市场营销观念的演变

市场营销活动的开展，总是在一定的营销观念的指导下进行的。市场营销观念，是指农产品经营企业开展市场营销活动，解决各种营销问题的指导思想。营销观念具有时代特色，一定时期内，一种营销观念一旦形成，就会成为全社会在这一时期经营活动的行为准则。现代农产品经营企业营销者应树立一种符合当代经济、科技、文化及市场变化潮流的，能指导市场营销工作，促进农产品经营企业赢得市场的现代市场营销观念。市场营销观念的发展是一个不断演变与充实的过程，大致包括以下几个阶段。

1. 产品导向营销观念

以产品的生产或销售为中心，"以产定销"的产品导向营销观念，主要包括生产观念(Production Concept)、产品观念(Product Concept)和推销观念(Selling Concept)。

(1) 生产观念

生产观念产生于20世纪20年代前，企业经营思想不是从消费者需求出发，而是从企业生产出发。生产观念以产品生产为中心，以提高效率、降低成本、增加销售量。它认为，消费者喜欢那些可以随处买得到而且价格低廉的产品，企业应致力于提高生产效率，扩大生产，降低成本以扩展市场。例如，美国汽车大王亨利·福特曾傲慢地宣称："不管顾客需要什么颜色的汽车，我只有一种黑色的。"显然，生产观念是一种重生产、轻市场营销的商业哲学。

(2) 产品观念

产品观念是以产品的改进为中心，以提高现有产品的质量和功能为重点的营销观念。这种观念认为，消费者会欢迎质量最优、性能最好、功能最多和具有某种特色的产品，企业应致力于生产高价值产品，并不断加以改进。它产生于市场产品供不应求的"卖方市场"形势下。最容易滋生产品观念的场合，莫过于当企业发明一项新产品时。在产品观念指导下，企业两眼向内看，一手抓管理；一手抓质量。此时，企业最容易产生"市场营销近视"，即不适当地把注意力放在产品上，而不是放在市场需要上，在市场营销管理中缺乏远见，只看到自己的产品质量好，看不到市场需求在变化，致使企业经营陷于困境。

(3) 推销观念

推销观念产生于20世纪20年代末至50年代前期，表现为"我卖什么，顾客就买什么"。它认为，消费者通常表现出一种购买惰性或抗衡心理，如果听其自然，消费者一般不会足量购买某一企业的产品。因此，企业必须积极推销和大力促销，以刺激消费者大量购买本企业的产品。

2. 顾客导向营销观念

(1) 单纯市场营销观念

单纯市场营销观(Marketing Concept)认为，要达到企业目标，关键在于确定目标市场的需求与欲求，并比竞争者更有效地满足消费者的需求。可见，市场营销观念是以满足顾客需求为出发点的，即"顾客需要什么，就生产什么"。这种观念产生于20世纪50年代以后，当时社会生产力迅速发展，市场趋势表现为供过于求的买方市场。同时，广大居民个人收入迅速提高，有可能对产品进行选择，许多企业开始认识到，必须转变经营理念，才能求得生存与发展。

单纯市场营销观念是单纯以顾客的市场需求为中心，以研究如何满足市场需求为重点的营销观念。单纯市场营销观念的出现，使企业经营哲学发生了根本性的变化，也使市场营销学发生了一次革命。

同步实务1-1　　单纯市场营销观念与推销观念的不同点

业务分析：单纯市场营销观念是以顾客导向的，而推销观念是以产品导向。因此，它们在营销重点、目的和手段等方面都存在明显的区别。

业务程序：列出单纯市场营销观念与推销观念的不同点，如表1-1所示。

表1-1　单纯市场营销观念与推销观念的区别

比较标志	单纯市场营销观念	推销观念
营销重点	以市场为出发点	以工厂为出发点
营销目的	以顾客需求为中心	以产品为中心
营销手段	以协调市场营销策略为手段	以推销术和促销术为手段
营销程序	通过满足消费者需求来创造利润	通过扩大消费者需求来创造利润

业务说明：通过对这两种观念的深入比较，发现单纯市场营销观念的四个支柱是：市场中心、顾客导向、协调的市场营销和利润。推销观念的四个支柱是：工厂、产品导向、推销、盈利。

(2) 大市场营销观念

大市场营销观念是以市场需求为中心，以引导需求、创造需求为宗旨的营销哲学。所谓大市场营销，是指企业为了成功地进入特定市场，并在那里从事业务经营，在策略上协调地使用经济的、心理的、政治的和公共关系等手段，以博得各有关方面的支持与合作的活动过程。企业在市场营销中，首先是运用政治权力(Political Power)和公共关系(Public Relations)，以打开市场、进入市场。然后，运用传统的"4P"(产品、价格、渠道、促销)组合去满足该市场的需求，进一步巩固市场地位。其主要内容是：企业不应消极被动地顺从和适应外部营销环境，而必须采取适当和有效的措施，积极主动影响外部环境，促使其向着有利于企业的方面转化，并在一定程度上对其加以控制，以确保营销的成功。

(3) 顾客满意营销观念

"顾客满意"是指顾客通过一个产品的可感知的效果(或结果)与他们的期望值相比较后所形成的感觉状态。菲利普·科特勒在1994年出版的《市场营销管理——分析、规划、执行和控制》(第8版)中，新增了"通过质量、服务和价值建立顾客满意"一章，提出了"顾客让渡价值"(Customer Delivered Value)的新概念。

"顾客让渡价值"是指顾客总价值(Total Customer Value)与顾客总成本(Total

Customer Cost)之间的差额。顾客总价值是指顾客购买某一产品与服务所期望获得的一组利益，它包括产品价值、服务价值、人员价值和形象价值等。顾客总成本是指顾客为购买某一产品所耗费的时间、精神、体力以及所支付的货币资金等。因此，顾客总成本包括货币成本、时间成本、精神成本和体力成本等。

由于顾客在购买产品时，总希望把有关成本(包括货币、时间、精神和体力等)降到最低限度，而同时又希望从中获得更多的实际利益，以使自己的需要得到最大限度的满足，因此，顾客在选购产品时，往往从价值与成本两个方面进行比较与分析，从中选择出价值最高、成本最低，即"顾客让渡价值"最大的产品作为优先选购的对象。企业要在竞争中战胜对手，吸引更多的潜在顾客，就必须向顾客提供比竞争对手具有更多"顾客让渡价值"的产品，使自己的产品为消费者所注意，进而购买本企业的产品。

3. 新型市场导向营销观念

市场导向营销观念从市场需求和市场竞争两个焦点出发，通过对企业自身比较优势的分析和发挥，能够比竞争对手更有效地满足市场需求，从而取得更满意的营销绩效。

(1) 社会市场营销观念

社会市场营销观(Social Marketing Concept)是对单纯市场导向营销观的修改和补充。社会市场营销观念认为，农产品经营企业的任务是确立各个目标市场的需要、欲望和利益，并以保护和提高消费者和社会福利的方式，比竞争者更有效、更有利地向目标市场提供能够满足其需要、欲望和利益的物品或服务。社会市场营销观念要求市场营销者在制定市场营销政策时，要统筹兼顾三方面利益，即企业利润、消费者需要的满足和社会利益。

(2) 绿色市场营销观念

绿色市场营销观要求企业在对产品开发、生产、定价、分销进行策划和实施的整个过程中，在满足顾客需求和维护生态环境的前提下取得利润，实现经济与社会的可持续发展。绿色营销的中心思想是实现企业利益、消费者利益、社会利益、生态环境效益的统一与协调发展。近年来，在现代物质文明的创造与发展过程中，生态环境恶化、资源危机、环境污染、人口膨胀等问题越来越困扰着人类生存现状，阻碍着经济发展与社会进步。现实促使人们认识到，必须将经济活动与生态环境、社会环境统一起来，实现经济活动、生态环境、资源、人口之间的同步、协调、健康发展，建立一种绿色文明。绿色市场营销观念可以说是社会市场营销观念的具体化。

视野之窗

现代市场营销观念还包含生态学营销观念、关系营销观念、网络营销观念等。其中，网络营销观念是企业营销实践与现代信息通信技术、计算机网络技术相结合的产物，是指企业以电子信息技术为基础，以计算机网络为媒介和手段而进行的各种营销活动(包括网络调研、网络新产品开发、网络促销、网络分销、网络服务等)的总称。在网络电子商务平台日趋完善的今天，网络营销的创新模式有体验营销、社区营销、博客营销、病毒营销和数据库营销等。这些创新营销模式让互联网对于品牌的价值最大限度地体现为有效、高效与互动——在农产品经营企业的产品市场竞争过程中起着重要的作用。

1.2.2 现代营销观念与传统营销观念的比较

分析以上各种营销观念可以看出，生产观念、产品观念和推销观念属于传统营销观念，而顾客导向营销观念和新型市场导向营销观念属于现代营销观念，两类观念有本质的不同。

1. 市场环境不同

传统营销观念适合生产力水平低下，科学技术发展缓慢，产品供不应求，为卖方市场，企业之间缺乏竞争，只要能生产出来，就可以卖出去。

现代营销观念适合在生产力水平大幅提高，流水作业和自动化生产等科学技术广泛采用，生产效率大幅增加，产品供过于求，为买方市场，企业之间竞争激烈，不少企业的产品难以推销，被挤出市场，而优质名牌企业占有很大市场份额。

2. 营销重点不同

传统营销观念以产品为重点，重视改进和开发新产品，扩大产量，提高质量，相信"酒香不怕巷子深"，只要产品好，不愁没人要，忽视市场需求动态，没有意识到市场需求的变化，导致产品滞销而陷入困境。

现代营销观念以顾客需求为重点，重视市场需求调查，深入分析消费者行为，针对消费需求不同而细分市场，满足特定市场顾客的消费需求，以求在竞争中取胜。

3. 态度不同

传统营销观念相信生产出好的产品，就一定能卖掉，关键是提高产量。

现代营销观念充分认识到只有满足顾客的消费需求，才能生产，即以销定产，相信顾客第一，消费者就是"上帝"。

4. 规划顺序不同

传统营销观念是从产品生产开始，生产出来拿到市场销售，把销售看作工作的终点。现代营销观念是从市场营销开始，按照需求来组织生产，把市场营销作为工作起点，是一切工作的出发点。

5. 方法不同

传统营销观念把提高产量和质量、加强推销作为增加企业盈利的基本方法。

现代营销观念以消费者需求为中心，根据目标市场需求，设计市场营销组合，通过整体市场营销活动来实现企业目标。

情景模拟

主题：制订苹果营销策略方案。

过程设计：

(1) 事先将学生按照5～6人进行分组。

(2) 各组派代表扮演果园经理、工人、营销员、顾客等角色，模拟销售苹果时的不同市场遭遇，突出各种营销观念的运用。

(3) 各组对苹果的营销观念进行评价，并讨论苹果营销策略方案。

(4) 各组制订苹果营销策略方案。

（5）点评、完善与交流各组设计的苹果营销策略方案。

模拟要求：根据所学知识的能力要求和模拟目的，面对不同的市场遭遇，模拟营销的同学应注意果园经理和营销员自身的营销观念变化。

情景再现：

杨格是美国新墨西哥州高原地区苹果园的经营者，是一位创新意识很强的人。每年的收获季节，杨格将上好的苹果装箱发往各地时，苹果箱上都印有与众不同的广告："如果您对收到的苹果不满意，请您函告本人。苹果不必退回，货款照退不误。"这种广告具有巨大的吸引力，加上高原苹果味道佳，污染少，深受顾客的青睐，每年都吸引大批买主。

可是，有一年高原上突然下了一场特大的冰雹，把结满枝丫的大红苹果打得遍体鳞伤。但是，苹果已经订出了9000吨。面对这伤痕累累、创伤严重的满园苹果，怎样才能避免惨重损失，走出绝境呢？

杨格来到苹果园，心事重重地踱着步子，踩得落叶沙沙作响。他俯下身来拾起一个被打落在地的苹果，擦了擦沾上的泥，咬了一口，意外地发现，被冰雹打击后的苹果，变得格外清香扑鼻，酣浓爽口。一个绝妙的主意油然而生。他果断命令手下集中力量，立即把苹果发运出去，同时在每一个苹果箱里都附上一个简短的说明："这批苹果个个带伤，但请看好，这是冰雹打出的疤痕，是高原地区出产的苹果特有的标记。这种苹果，果紧肉实，具有妙不可言的果糖味道。"

收到苹果的买主们半信半疑，尝了尝带有疤痕的苹果，发现味道特棒，真是高原苹果特有的味道。从此，人们更青睐高原苹果，甚至还专门要求提供带疤痕的苹果。

○职业训练

训练主题：树立现代市场营销观念。

训练要求：通过实训，要求学生能准确把握不同营销观念的适用性，并树立市场营销工作的现代观念。

训练内容：

（1）准确认识产品导向营销观的适用条件。

（2）准确认识顾客导向营销观的适用条件。

（3）准确认识新型市场导向营销观的适用条件。

训练准备：先要求学生利用业余时间，选定学校所在城市的典型农产品经营企业对其开展营销观念运用情况调查。

训练资料：上述调查所得的第一手资料。

训练步骤：

第一步，收集背景农产品经营企业的市场营销案例。

第二步，剖析背景农产品经营企业的市场营销案例中体现的营销观念。

第三步，判断背景农产品经营企业在不同时期所运用到的市场营销观念。

第四步，分析背景农产品经营企业所运用市场营销观念的可行性。

第五步，总结背景农产品经营企业市场营销观念的运用策略。

训练成果：市场营销观念运用报告。

学习任务 1.3 培养农产品营销服务意识

实践感知

花卉不懂养护不用愁

买电器有售后服务，买车、买房有售后服务，但从来没听说买一盆花也有售后服务。但是，我们在陈村花卉世界碰到了一个卖花还提供售后服务的花农。

在陈村从事花卉业 20 多年的区先生这几天特别忙，除了应付花场的盆景花卉生意，他还马不停蹄地为自己花场售出的花树提供"售后服务"：叶片发黄的君子兰、树蔸烂掉的铁树、光秃秃的文竹……

据了解，一些市民买回家的花树，由于疏于管理，经常十天半月就失去了当初的勃勃生机。不懂养护，丢掉又可惜，不知如何是好。一些市民甚至还因此而不敢买花养树。有些本来很漂亮的花树，买回来没几天，就蔫了或病了。区先生就想出了一个办法，凡是到他那里买花的，他就提供半年至一年的"售后服务"，使市民可以放心地买花种树。

区先生说，提供花木的"售后服务"不仅要懂得许多花木养护知识，如国兰讲究淋水、杀虫、防蜘蛛，罗汉松、榆树和九里香剪枝讲究"一寸三曲"等，可不是一件简单的活。

陈村花卉世界有关负责人介绍，在激烈的花卉市场竞争中，目前又有一批花农瞄准了这块服务领域，开始像区先生一样为自己的花木产品提供"售后服务"。

集思广益

农产品经营者除了在产品质量、品牌、渠道建设等方面需要进一步地下功夫外，目前消费者对农产品售后服务也提出了更高的要求。相比其他产品，你认为农产品的营销服务意识是否有特殊性？怎么表现，又该如何做到？

____

____

____

行动需求

农产品经营者应认识到服务意识的重要性，努力培养营销服务意识，真正做到为农产品消费者服务。

第一步：感悟市场营销服务的意义。

第二步：理解农产品营销服务的内涵。

第三步：认识培养农产品营销服务意识的重要性。

第四步：把握农产品营销服务的工作要点。

第五步：开展农产品营销服务工作。

第六步：反思农产品营销服务工作。

知识准备

1.3.1 农产品营销服务意识的内涵

随着科学技术的迅猛发展，市场中的竞争产品越来越趋于同质化，而顾客在购买产品时往往是将所获价值与交易成本相比较。顾客购买农产品或服务后所获得的价值越大，就会越满意，就会重复购买和推荐给他人购买，并表现出对农产品经营企业产品或服务的忠诚。而服务营销恰恰能够增强顾客购买产品或服务所带来的价值，使农产品经营企业的产品或服务脱颖而出，提高顾客忠诚度。

1. 理解农产品营销服务意识

服务意识必须存在于我们每个农产品营销人员的思想认识中。只有营销工作者提高了对服务的认识，增强了服务的意识，激发起人在服务过程中的主观能动性，搞好服务才有思想基础，才有市场空间。

那么，什么是农产品营销服务意识？农产品营销服务意识是指农产品经营企业全体员工在与一切农产品经营企业利益相关的人或农产品经营企业的交往中所体现的为其提供热情、周到、主动服务的欲望和意识，即自觉主动做好服务工作的一种观念和愿望，它发自服务人员的内心，是服务人员的一种本能和习惯。

2. 树立农产品营销服务意识

市场的竞争归根结底是对顾客的竞争，无论是出售产品还是出售服务，最终顾客的满意度才是检验营销工作成败的标准。所谓客户服务就是充分了解顾客，研究顾客心理，注重售后细节，改进工作缺点，提高服务质量，通过全程优质服务，以换取顾客的品牌忠诚度。

对于农产品经营企业来说，树立服务意识并开展服务工作的重要性，表现在以下六个方面：

(1) 扩大农产品消费者群体的宽度与深度，发展忠诚消费者甚至是终生消费者；

(2) 推动农产品经营企业员工工作的进展；

(3) 提高农产品经营企业的信誉度与美誉度；

(4) 有利于农产品经营企业形象的整体对外输出；

(5) 为农产品经营企业营销工作的开展奠定扎实的市场基础；

(6) 增加农产品经营企业在同行竞争中的优势地位。

1.3.2 开展农产品营销服务的要点

1. 树立正确的售前、售中及售后服务观念

服务观念是长期形成的一种个人(或者农产品经营企业)魅力。农产品经营企业经营者都应该建立一种"真诚为客户服务"的观念，问心无愧地做好售前、售中及售后服务。如今，消费者对农产品包装、储存、培植等技术培训越来越看重，因此农产品经营企业必须树立服务观念。

2. 比竞争对手做得多一点

面对竞争日益激烈的农产品市场，各个农产品经营者都开始重视打好服务这张牌。例

如，农产品经营者接到消费者或客户订购电话时，应立即约定时间送门上货，但这是远远不够的，经营者的服务应比竞争对手更上一个档次。例如，花卉送门上货之时，还应该把花卉产品包装好，同时告知花卉养护技术及注意要点。当客户使用一段时间后，还要打电话或上门访问，时不时地询问花卉的情况，通过交流，建立感情，增进了解，增强信任感，顾客也会把自己认为很好的产品推荐给更多的朋友。这样，通过比竞争对手做得多一点，就能达到比消费者的心理期望值多一点。

3. 做服务也要不断创新

“不怕想不到，就怕做不到”，做服务和做产品一样，要勇于创新。有这样一个跨行业可以借鉴的例子：在某地有一个修理洗衣机的小店，小生意总是红红火火。小店老板修理洗衣机和别人的不同之处是每次为用户上门维修时，总要预先带着一台能使用的洗衣机。如果用户的洗衣机短时间内修不好，他就把备用洗衣机留下让用户暂时使用，把坏的洗衣机拉走维修，修好之后再给用户换过来。他这么一个新点子便换回了众多的回头客。同样，作为农产品行业的服务也要创新，平常要多琢磨、多研究、多借鉴，比较自身行业的劣势在哪里、竞争对手的劣势在哪里，不断创新服务。

4. 保持良好的心态

做好产品服务就必须保持良好的心态。例如，接听消费者电话或投诉，不要因为生活中不愉快的事而影响工作情绪，任何时候都要控制好自我情绪，因为消费者都是带着问题而来的，都希望农产品经营企业能为其提供帮助、解决问题。因此，农产品服务人员必须保持良好的心态。特别是遇到冲动型的消费者时，他们往往是以个人观点看待事情，此时更加应该用心聆听消费者的意见，冷静地为消费者分析问题，把消费者当作单独的个体来对待，用良好的服务态度平和消费者冲动的心情。

5. 做好产品服务人员的培训

要加强对产品服务人员相关的培训，包括专业知识、服务态度、服务用语、服务规范等各方面的培训。良好的培训能使产品服务从业人员具有专业的产品知识、积极的服务态度和认真敬业的服务精神，能在工作中给顾客提供愈来愈好的服务质量。所有的农产品服务人员都要经过专业培训才能上岗，要懂得相关的专业知识，还要有较好的服务态度及敬业的服务精神。

○ 情景模拟

主题：培养农产品营销服务意识。

过程设计：

(1) 事先将学生按照5～6人进行分组。

(2) 各组派代表扮演顾客、营销员、大米公司经理等角色，模拟大米的销售活动，突出营销服务意识的运用。

(3) 各组对模拟销售活动中体现营销服务意识进行评价。

(4) 各组制定大米营销服务策略。

(5) 点评、完善与交流各组设计的大米营销服务策略。

模拟要求：根据所学知识的能力要求和模拟目的，各组制定大米营销服务策略时不仅要对情景再现的内容进行仔细揣摩，更要寻找类似案例进行扩充。

情景再现：

王永庆是我国台湾地区工业界的“经营之神”，但他是从当学徒卖米起步的。

王永庆15岁小学毕业后，到一家小米店做学徒。第二年，他用父亲借来的200元钱做本金自己开了一家小米店。为了和隔壁那家日本米店竞争，王永庆颇费了一番心思。

王永庆卖米多是送米上门，他在一个本子上详细记录了顾客家有多少人、一个月吃多少米、何时发薪等。算算顾客的米该吃完了，就送米上门；等到顾客发薪的日子，再上门取米款。

他给顾客送米时，并非送到就完了。他先帮人家将米倒进米缸里。如果米缸里还有米，他就将旧米倒出来，将米缸刷干净，然后将新米倒进去，将旧米放在上层。这样，米就不至于因陈放过久而变质。他这个小小的举动令不少顾客深受感动，铁了心专买他的米。就这样，他的生意越来越好。从这家小米店起步，王永庆最终成为日后工业界的“经营之神”。

后来，他谈到开米店的经历时，不无感慨地说：“虽然当时谈不上什么管理知识，但是为了服务顾客做好生意，就认为有必要掌握顾客需要。”由此追求实际需要的一点小小的构想，就能作为起点，逐渐扩充演变成为事业成功的基础。

职业训练

训练主题：设计农产品营销服务理念。

训练要求：通过实训，要求学生能根据农产品营销服务的内涵及其工作要点，设计营销服务理念，并能在实践中加以运用。

训练内容：

(1) 能领悟农产品营销服务意识的重要性。

(2) 能设计农产品营销服务理念。

(3) 能阐释农产品营销服务理念。

训练准备：先要求学生利用业余时间，上网搜索或实地调查农产品经营企业的服务理念及其践行情况。

训练资料：上述调查所得的第一手资料。

训练步骤：

第一步，虚拟设计某一家农产品经营企业，并假定其经营产品范围。

第二步，分析同类农产品经营企业的市场营销服务意识。

第三步，为该公司设计市场营销服务理念。

第四步，在班级内部阐释所设计的市场营销服务理念。

第五步，接受其他同学及老师的提问与点评。

第六步，修改并完善所设计的市场营销服务理念。

训练成果：形成完善的农产品营销服务理念。

项目小结

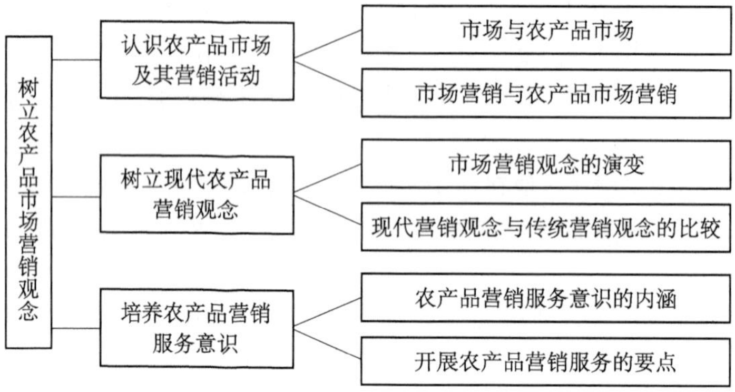

职业能力测试

一、职业能力判断与选择

（一）判断题

1. 从营销理论的角度看，市场就是买卖商品的场所。（　　）

2. 消费者之所以购买商品，根本目的在于获得并拥有产品本身。（　　）

3. 交换是市场营销活动的核心。（　　）

4. 推销观念同生产观念和产品观念相比，其进步方面主要表现在把消费者放在农产品经营企业经营的中心地位。（　　）

5. 主张把农产品经营企业利益、消费者需求和社会福利三者统一起来的是市场营销观念。（　　）

6. 所谓的社会营销观念就是以消费者需求为中心的观念。（　　）

7. "酒香不怕巷子深"是完全符合市场营销观念的。（　　）

8. 福特汽车的创始人曾宣称："不管顾客需要什么，我们生产的汽车就是黑色的。"这是一种典型的产品观念。（　　）

9. 市场的构成要素是人和购买力。（　　）

10. 除了物资短缺、产品供不应求的情况之外，某种具有良好市场前景的产品，因生产成本很高，必须通过提高生产率、降低成本来扩大市场时，也会导致农产品经营企业奉行生产观念。（　　）

（二）选择题（1～9题为单项选择题；10～14题为多项选择题。）

1. 市场营销的核心是（　　）。

A. 生产　　B. 分配　　C. 交换　　D. 促销

2. 农产品经营企业最显著、最独特的首要核心职能是（　　）。

A. 市场营销　　B. 生产功能　　C. 财务功能　　D. 推销职能

3. 从营销理论的角度而言，农产品经营企业市场营销的最终目标是（　　）。

A. 满足消费者的需求和欲望　　B. 获取利润

C. 求得生存和发展　　D. 把商品推销给消费者

4. 以“顾客需要什么，我们就生产供应什么”作为其座右铭的农产品经营企业，是(　　)农产品经营企业。

A. 生产导向型　　B. 推销导向型

C. 市场营销导向型　　D. 社会营销导向型

5. 认为消费者最喜欢高质量、多功能和具有某种特色的产品，农产品经营企业应致力于生产高附加值产品，并不断加以改进的观念是(　　)。

A. 生产观念　　B. 产品观念

C. 推销观念　　D. 市场营销观念

6. 许多冰箱生产厂家近年来高举“环保”、“健康”旗帜，纷纷推出无氟冰箱。它们所奉行的市场营销管理哲学是(　　)。

A. 推销观念　　B. 生产观念

C. 市场营销观念　　D. 社会营销观念

7. 最容易导致农产品经营企业出现“市场营销近视症”的经营思想是(　　)。

A. 生产观念　　B. 产品观念　　C. 推销观念　　D. 营销观念

8. 生产观念产生的条件是(　　)。

A. 买方市场　　B. 卖方市场　　C. 工业品市场　　D. 消费品市场

9. 产品导向的适用条件是(　　)。

A. 产品供不应求　　B. 产品供过于求

C. 产品更新换代快　　D. 农产品经营企业形象良好

10. 在卖方市场条件下，农产品经营企业一般容易产生(　　)。

A. 产品观念　　B. 推销观念　　C. 生产观念

D. 竞争观念　　E. 营销观念

11. 生产观念在(　　)情况下适用。

A. 产品供不应求　　B. 产品供过于求　　C. 生产成本过高

D. 生产成本过低　　E. 顾客需求多样化

12. 生产导向的表现是(　　)。

A. 农产品经营企业能生产什么，就卖什么

B. 农产品经营企业卖什么，消费者就买什么

C. 消费者需要什么农产品，经营企业就生产什么

D. 以生产为中心，以产品为出发点

E. 以生产为中心，以推销为重点

13. 一次交易应包括的三个可以量度的实质内容是(　　)。

A. 至少有两个有价值的事物　　B. 买卖双方的存在

C. 买卖双方所同意的条件　　D. 买卖双方在同一场所出现

E. 买卖双方所持有的营销观念

14. 营销观念与推销观念的主要区别是(　　)。

A. 出发点不同　　B. 中心不同　　C. 手段不同

D. 技术不同　　E. 目的不同

二、项目案例分析

库尔斯啤酒酿造公司的营销观念

库尔斯公司是美国的一家啤酒酿造公司，地处科罗拉多峡谷，生产的啤酒是用纯净的落基山泉水酿制的。公司只生产一种品质的啤酒，而且只有一家酿造厂生产这种啤酒，啤酒只在西部 11 个州销售。它没有设立分厂，22 年没有扩大过规模。同时，每一桶酒都要销往 900 英里以外的地方。啤酒的质量很好，从福特总统到亨利·基辛格，无不对库尔斯啤酒赞不绝口。每年大约有 30 万库尔斯的崇拜者来啤酒厂游玩，人们一直称库尔斯有"秘密武器"。在西部 11 个州，库尔斯啤酒的市场占有率达 30%；在加州，1973 年占据 41%的市场份额，比美国啤酒行业产量最大的安修斯-布希 18%的市场份额还多。这与那些知名的和不知名的人士对库尔斯产品的狂热追求与爱好、环境清洁的形象以及味道清洁、适口的啤酒形象分不开。

到 20 世纪 70 年代中叶，啤酒的消费趋势发生了很大变化。啤酒行业最热门的产品是凉爽型啤酒或低热量啤酒和高级名牌啤酒，这种啤酒的销售量几乎占到啤酒总销量的 10%，而其中美国发展最快的米勒公司的啤酒占到 30%的市场份额，且还有上升趋势。安修斯-布希的米歇洛布牌啤酒竞争力很强，每年以 3%的速度增长，几乎所有的增长均来自两种产品：凉爽型或低热量啤酒和高级名牌啤酒。而这些啤酒库尔斯公司一种也不生产，只是一味依赖于它的那一种啤酒。1978 年，该公司利润下降到 5.48 亿美元，比利润最高的 1976 年减少近 29%。该公司不得不承认："酿造我们能酿造的最好啤酒已经不够了。"

问题：

(1) 库尔斯公司持有的是什么经营观念？到 20 世纪 70 年代以后，为什么"秘密武器"失灵了？

(2) 如果你是库尔斯公司的负责人，如何根据"酿造我们能酿造的最好啤酒已经不够了"这句话为库尔斯扭转局面？

分析要求：

(1) 学生分析案例提出的问题，拟出案例分析提纲；

(2) 小组讨论，形成小组的案例分析报告；

(3) 班级交流，教师对各小组案例分析报告进行点评；

(4) 在班级展出附有"教师点评"的各小组案例分析报告，供学生比较研究。

三、项目实训操作

实训题："营销重要性认识"写作能力训练。

【实训目标】

引导学生参加"营销重要性认识"写作的实践训练；在切实体验营销重要性认识体会的准备与撰写等有效的活动中，培养相应专业能力与职业核心能力；通过践行职业道德规范，促进健全职业人格的塑造。

【实训内容】

学生根据课业要求，收集农产品经营企业营销成败的实例材料，完成"营销重要性认识"写作工作。

【实训时间】

课内与课外相结合，并利用周末休息日。

【操作步骤】

(1) 理解农产品营销的内涵、市场特点及营销观念。

(2) 收集农产品经营企业营销成败的实例材料。

(3) 分析各农产品经营企业的营销实践活动。

(4) 对分析资料进行整理归纳。

(5) 写出1500字左右的农产品营销重要性认识体会。

【成果形式】

实训作业:撰写营销重要性认识体会。

【实训考核】

"活动过程"考核与"实训作业"考核相结合。

根据"实训题"所要求的学生"实训作业"完成情况和学生参与"实训题"全过程的表现,参照表1-2进行考核。

表1-2　实训成绩考核表　　作业名称:营销重要性认识体会

评价指标	评价标准	分值(100分)	评估成绩	所占比例/%
农产品营销重要性认识体会	1. 结构完整合理	10		70
	2. 观点鲜明可行	10		
	3. 分析具有逻辑性	15		
	4. 运用实例客观真实	15		
	5. 营销内涵及其重要性	25		
	6. 营销观念及其重要性	25		
实训过程	1. 出勤与纪律	25		30
	2. 实训态度	25		
	3. 自我学习与管理能力	25		
	4. 独立思考与创新能力	25		
综合得分				

项目 2

寻找农产品市场机会

职业能力目标

◆ 专业能力

1. 确定农产品经营企业调研目的,并设计可行的调研问卷。
2. 能为农产品经营企业设计农产品市场的调研方案。
3. 利用营销环境特征,为现实农产品经营企业分析营销环境对其影响的方式和程度。
4. 能为现实农产品经营企业具体分析消费者购买行为和购买心理。
5. 运用影响消费者购买的因素,为农产品经营企业经营提出可行性建议。

◆ 社会能力与方法能力

1. 具有良好的沟通能力。
2. 具有良好的团队协作能力。
3. 具有较强的市场调查能力。
4. 具有较强的心理分析能力。

学习任务 2.1　农产品市场调查

实践感知

水蜜桃市场消费情况的调查问卷

您好!

我是本地一所职业技术学院的学生,为了了解本市水蜜桃在农产品市场的销售现状,我们开展了此项调查。此项调查采用匿名形式,完全用于学习研究,不涉及商业运作。您的回答对我们非常重要,衷心地感谢您对我们工作的大力支持。

1. 您的性别是(　　)。

   A. 男　　B. 女

2. 您的年龄是(　　)。

   A. 20 岁以下　　B. 21～30 岁　　C. 31～40 岁　　D. 41～50 岁
   E. 51～60 岁　　F. 60 岁以上

3. 您认为目前水果产品的市场价格合理吗。(　　)

   A. 合理　　B. 一般　　C. 不合理

4. 您希望吃到(　　)样的水果产品。

A. 有机水果　　B. 无公害水果　　C. 绿色水果
D. 原生态水果　　E. 其他

5. 您一年消费水果总量约(　　)斤。
A. ≤100　　B. 100～200　　C. 200～300
D. 300～400　　E. ≥400

6. 您平均(　　)购买一次水蜜桃?
A. 1～3 天　　B. 一个星期　　C. 10 天左右
D. 每天一次　　E. 几乎没有

7. 您购买水蜜桃首先考虑(　　)因素。(多选题)
A. 价格　　B. 质量　　C. 服务　　D. 品牌
E. 包装　　F. 产地　　G. 其他

8. 您经常在(　　)购买水蜜桃。(按频率排序选择)
A. 水果批发市场　　B. 小区附近的农贸市场　　C. 超级市场
D. 果园采摘　　E. 水果专卖店

9. 您能接受的水蜜桃价格是(　　)元一斤。
A. ≤10　　B. 11～20　　C. 21～30　　D. ≥31

10. 您一般(　　)去买水蜜桃。
A. 上午　　B. 中午　　C. 下午
D. 晚上　　E. 不确定

11. 您喜欢(　　)的水蜜桃。
A. 河北深州蜜桃　　B. 浙江奉化玉露桃　　C. 山东肥城桃
D. 湖北“四月白”　　E. 其他

12. 您喜欢吃(　　)的水蜜桃。
A. 细脆多汁　　B. 绵软多汁　　C. 都可以

13. 您喜欢(　　)的水蜜桃。
A. 甜的　　B. 酸的　　C. 酸甜适中　　D. 无所谓

14. 您喜欢水蜜桃的果汁制品吗?(　　)
A. 喜欢　　B. 不喜欢　　C. 还可以

集思广益

开展市场调查活动,能够使农产品经营者更好地了解市场行情的变化和竞争对手的情况,把握市场需求趋势,发现市场潜力。那么,如何有效地开展市场调查活动?怎样设计一份可行的市场调查问卷?

____

____

____

行动需求

现代社会是一个信息社会,农产品经营企业在市场竞争中的地位很大程度上取决于它所拥有的信息资源。要拥有信息，农产品经营企业则需要有效地运用市场调查，从而对市场未来做出正确的判断。农产品经营企业营销人员的主要工作任务就是利用市场营销调查的步骤、流程、操作方法，为企业进行市场信息的收集和分析，从而使企业获得市场先机，把握市场命脉。

第一步：确定农产品经营企业面临的市场现状。

第二步：确定农产品经营企业市场调查的目的与内容。

第三步：选择市场调查的方法。

第四步：确定市场信息的来源。

第五步：展开市场调查，搜集市场信息。

第六步：对市场调查信息进行整理、分析。

第七步：撰写市场调查报告。

知识准备

2.1.1 农产品市场调查的内涵

1. 市场调查的含义

市场调查是指运用科学的方法，有目的、有系统地搜集、记录、整理有关市场营销信息和资料，分析市场情况，了解市场的现状及其发展趋势，为市场预测和营销决策提供客观、正确的资料。

2. 农产品市场信息的分类及来源

农产品市场信息资料一般分为两类：一类为第一手资料，又称原始资料，是调查人员通过现场实地调查所收集的资料；另一类为第二手资料，是他人为某种目的而收集并经过整理的资料。第二手资料的来源包括：

① 农产品经营企业内部资料，包括企业内部各有关部门的记录、统计表、报告、财务决算、用户来函等；

② 政府机关的统计资料，如统计公报、统计资料汇编、农业年鉴等；

③ 公开出版的期刊、文献、报纸、杂志、书籍、研究报告等；

④ 农产品市场研究机构、广告公司等公布的资料；

⑤ 农产品行业协会公布的行业信息；

⑥ 农业展览会、展销会公开发送到资料；

⑦ 信息网络、供应商、分销商提供的信息资料。

3. 农产品市场调查的内容

由于影响农产品经营企业营销的因素很多，所以市场调查的内容非常广泛。凡是直接或间接影响农产品经营企业营销活动、与企业营销决策有关的因素都可能被纳入调查的范围。

(1) 宏观环境发展状况

农产品经营企业是社会经济的细胞，是整个国民经济有机整体的组成部分。社会对农产品品种、规格、质量和数量等各方面的要求，是受整个社会总需求制约的。而社会总需求的动态是与国家的宏观环境直接相关的。

对宏观环境因素的调研，包括对经济环境、自然环境、人口环境、政治法律环境、技术环境、社会文化环境等的调研。

(2) 农产品市场需求状况

农产品的市场需求是指在特定的地理区域、特定的时间、特定的营销环境中，特定的顾客愿意购买的总量，包括现实的需求量和潜在的需求量。因此，市场需求调查包括对消费者的特点进行调查，消费者不同，其需要的特点也不同；还包括对影响用户需要的各种因素进行调查，如购买力、购买动机等。

(3) 农产品销售状况

调查内容包括以下四点。

① 农产品经营企业现有产品所处的生命周期阶段及相应的产品策略、新产品开发情况、产品现阶段销售、成本、售后服务情况以及产品包装、品牌知名度等方面。

② 消费者对农产品可接受的价格水平、对产品价格变动的反应、新产品的定价方法及市场反应、定价策略的运用等。

③ 农产品经营企业现有的销售力量是否适应需要、现有的销售渠道是否合理。

④ 目前农产品经营企业采用了哪些促销手段，广告销售效果、媒体选择、方案设计调查，及相关促销方式调查。

(4) 竞争状况

竞争状况包括行业竞争对手的数量、名称、经济实力、生产能力、产品特点、市场分布、销售策略、市场占有率及其竞争发展战略等。

2.1.2　农产品市场调查的步骤

对于农产品经营企业经营者来说，市场调查是最基础也是最根本的一个步骤。如果调查的方向和内容错了，将会给企业带来很大的损失。一个好的调查结构，有可能将一个濒临停产的产品拯救回来，并为企业创造收益。

一般来说，市场调查可分为四个阶段：调查前的准备阶段、正式调查阶段、综合分析资料阶段和提出调查报告阶段。

1. 调查前的准备阶段

对农产品经营企业提供的资料进行初步的分析，找出问题存在的征兆，明确调查课题的关键和范围，选择最主要也是最需要的调查目标，制订出市场调查的方案。其主要包括：市场调查的内容、方法和步骤，调查计划的可行性、经费预算、调查时间等。

2. 正式调查阶段

市场调查内容有多个方面，因农产品经营企业和情况而异，综合起来，分为以下四类。

(1) 市场需求调查，即调查农产品经营企业产品在过去几年中的销售总额、现在市场的需求量及其影响因素，要重点进行购买力调查、购买动机调查和潜在需求调查，其核心是寻找市场经营机会。

(2) 竞争者情况调查,包括竞争对手的基本情况、竞争对手的竞争能力、经营战略、新产品、新技术开发情况和售后服务情况。

(3) 对农产品经营企业经营战略决策执行情况调查,如产品的价格、销售渠道、广告及推销方面情况、产品的商标及外包装情况、存在的问题及改进情况。

(4) 政策法规情况调查,政府政策的变化,法律、法规的实施,都对农产品经营企业有重大影响。例如,税收政策、银行信用情况、能源交通情况、行业的限制等,都和农产品经营企业、产品关系重大,也是市场调查不可分割的一部分。

3. 综合分析资料阶段

当统计分析研究和现场直接调查完成后,市场调查人员拥有大量的一手资料。对这些资料首先要编辑,选取一切有关的、重要的资料,剔除没有参考价值的资料。然后,对这些资料进行编组或分类,使之成为某种可供备用的形式。最后,把有关资料用适当的表格形式展示出来,以便说明问题或从中发现某种典型的模式。

4. 提出调查报告阶段

经过对调查材料的综合分析整理,便可根据调查目的撰写出一份调查报告,得出调查结论。特别需要注意的是,调查人员不应当把调查报告看做市场调查的结束,而应继续注意市场情况变化,以检验调查结果的准确程度,并发现新的市场趋势,为改进以后的调查打好基础。

2.1.3 农产品市场调查的方法

1. 二手资料的搜集方法

二手资料搜集方法又称案头调查法,是指调查人员通过查找、索取有关文献资料的方法搜集信息,具有花费少、不受时空限制、信息真实客观的优点。因此,市场调查人员为了节省时间、精力和成本,往往先从搜集二手信息资料开始。二手信息的搜集方法包括内部资料索取法、资料检索法和情报筛选法。其搜索渠道详见“农产品市场信息的分类及来源”。

2. 一手资料的搜集方法

一手资料的搜集方法又称实地调查法或直接调查法,是指在周密的设计和组织下,由调查人员依照调查方案直接向被调查者搜集原始资料的调查方法。其具有针对性、实用性和真实性,而且由于信息来源可知、搜集方法可控、调查方法可选,所以信息资料更具可靠性、准确性和适应性。一手信息的搜集方法有观察法、实验法、访问法三种。

(1) 观察法

观察法是指通过观察被调研者的活动从而获得一手资料的调研方法。观察法简便易行,灵活性强,观察结果客观真实,时效性强,可作为其他方法的补充。观察法的方法很多,包括:现场观察法(例如,在节假日到商场蔬菜和水果摊位上观看消费者购买情况,了解消费者的购买数量和频率);实际痕迹观察法(例如,在商店内某些水果罐头产品货架上安装摄像机,记录顾客目光的移动过程,以弄清顾客如何浏览水果罐头的各种品牌);比较观察法(例如,某果汁生产企业要了解何种包装的果汁对消费者最具吸引力,于是把需求比较大的玻璃瓶、塑料瓶和纸盒装的果汁放在同一商场内销售,以观察消费者的购买态度)。

(2) 实验法

实验法是指从影响调研对象的若干因素中选出一个或几个作为实验因素，在其他因素均不发生变化的条件下，了解实验因素的变化对调研对象的影响过程。实验法方法科学，能排除主观性偏差，结果比较准确，能直接而真实地反映市场需求。实验法分为以下类型。

① 无控制组前后对比实验，只是记录实验组前后的测量值，通过对比测量值，了解实验效果。

② 有控制组的前后对比实验，是以实验单位的实验结果同控制组的情况进行比较而获取市场信息的一种实验调研方法。

③ 实验组同控制组前后对比实验。这种方法既可考察实验组的变动情况，又可考察控制组的变动结果，以消除外来因素的影响。

视野之窗

苏州西山某蜜饯厂，想知道话梅大包装和小包装的销量情况，采用实验法进行测试。将同一品牌的话梅一部分采用大包装；另一部分采用小包装，选择甲、乙超市作为实验市场(这两个超市规模、客流量、周边环境等条件相似)，进行为期两个月的销售实验。第一个月大包装的给甲超市，小包装的给乙超市；第二个月把大包装的给乙超市，小包装的给甲超市。这样对调的目的在于减少由于超市自身和环境的差别所引起的误差。

实验结果是：对调实验市场后，小包装话梅的销量比大包装话梅的销量增加 25%。

(3) 访问法

访问法是调查人员直接向被调查者提出问题，以获得信息资料的搜集方法。访问法在实际应用中，按传递访问内容的方式以及调查者与被调查者接触的方式不同，分为面谈调查法、邮寄调查法、电话调查法以及留置问卷调查法等。

① 面谈调查法，是指调查人员直接面对被调查者了解情况，获取资料的方法，是一种最常用的方法。面谈访问法简单、灵活，能获得深入、有用的信息。运用此种方法时，要求调查人员有较高的谈话技巧，善于启发和引导被调查者的思路。该调查方法常用于调查消费者的购买动机、消费倾向、产品质量等问题

② 邮寄调查法，是指将设计好的问卷，通过邮寄的方式送到被调研者手中，请他们答卷后寄回。邮寄访问法费用低，范围广，能减少主观影响，被访问者有充足的时间答卷，匿名性强，可得到直接访问得不到的信息。

③ 电话调查法，是指通过电话与被调查者交谈，从而获得调查资料的方法。该方法搜集信息资料速度快，节省调查费用与时间，受访员影响较少。

④ 留置问卷调查法，是指由调查人员将事先设计好的问卷或调查表当面交给被调查对象，并说明回答问题的要求，留给调查对象填写，然后再登门取回填好的问卷，具有匿名性强和回收率高的特点。

同步实务 2-1　　确定牛奶西瓜市场的调查方法

据专家介绍,近年经常见诸报端的牛奶西瓜口感香甜可口、瓜脆多汁,但其价格也是普通西瓜的好几倍,消费者所持态度不一。假设你是一牛奶西瓜的销售商,欲调查牛奶西瓜的市场需求量,你将用到哪些调研方法?

业务分析:结合农产品经营企业实际,通过分析各种调查方法的优劣,选择相应的调查方法。

业务程序:农产品经营企业可以在各大农贸市场、超市、水果超市等目标顾客可能出现的场所,首先运用观察法,找到符合要求的调查对象,再采用拦截访问的形式调查;为了更进一步了解消费者的消费心理,可采用发放调查问卷的方法,对消费者对牛奶西瓜的认知度、所关心的产品价格、安全性、营养价值等问题做进一步的了解。

业务说明:此次调查的目的是预测牛奶西瓜的市场。在调查之前,应明确调查的对象、调查的范围,最终确定对农产品经营企业切实有效的调查方法。

2.1.4　农产品市场调查问卷设计

调查问卷又称调查表或询问表,它是市场调查的一种重要工具,用以记载和反映市场的重要内容。

1. 调查问卷的组成部分

一份正式的调查问卷一般包括以下三个组成部分。

第一部分:前言。这一部分主要说明调查的主题、调查的目的、调查的意义以及向被调查者表示感谢。

第二部分:正文。这是调查问卷的主体部分,一般设计若干问题要求被调查者回答。

第三部分:附录。这一部分可以将被调查者的有关情况加以登记,为进一步的统计分析收集资料。

2. 调查问卷设计的原则

问卷设计时应注意以下原则。

(1) 问卷上所列问题应该都是必要的,可要可不要的问题不需列入。

(2) 所问问题是被调查者所了解的。所问问题不应是被调查者不了解或难以答复的,使人感到困惑的问题会让你得到“我不知道”的答案。在“是”或“否”的答案后,应有一个“为什么”。回答问题所用时间最多不超过半小时。

(3) 在询问问题时不要转弯抹角。如果想知道消费者为什么选择到你的花店买鲜花,就不要问:“你为什么不去李四的花店购买?”因为此时你得到的答案是他们为什么不喜欢李四的店铺,但你真正需要的了解是他们为什么喜欢你的花店。根据顾客对其他花店的看法来了解顾客为什么喜欢你的花店,可能会导致错误的推测。

(4) 注意询问语句的措辞和语气。在语句的措辞和语气方面,一般应注意以下几点。

① 问题要提得清楚、明确、具体。

② 要明确问题的界限与范围,问句的字义(词义)要清楚,否则容易造成误解,影响调查结果。

③ 避免用引导性问题或带有暗示性的问题。诱导人们按某种方式回答问题,会使你得到你自己提供的答案。

④ 避免提问使人尴尬的问题。

⑤ 对调查的目的要有真实的说明,不要说假话。

⑥ 需要理解被调查者所说的一切。

⑦ 不要对任何答案做出负面反应。

3. 调查问卷提问的方式

调查问卷提问的方式可以分为以下两种形式。

(1) 封闭式提问。也就是在每个问题后面给出若干个选择答案,被调查者只能在这些备选答案中选择自己的答案。

(2) 开放式提问。也就是允许被调查者用自己的话来回答问题。由于采取这种方式提问会得到各种不同的答案,不利于资料统计分析,因此在调查问卷中一般不超过3个。

4. 调查问卷的设计要求

在设计调查问卷时,设计者应该注意遵循以下基本要求。

(1) 问卷不宜过长,问题不能过多,一般控制在20分钟左右回答完毕。

(2) 能够得到被调查者的密切合作,充分考虑被调查者的身份背景,不要提出对方不感兴趣的问题。

(3) 要有利于使被调查者做出真实的选择,因此答案切忌模棱两可,使对方难以选择。

(4) 问题的排列顺序要合理,一般先提出概括性的问题,逐步启发被调查者,做到循序渐进。

(5) 将比较难回答的问题和涉及被调查者个人隐私的问题放在最后。

(6) 提问不能有任何暗示,措词要恰当。

5. 调查问卷设计的注意事项

(1) 问卷必须与调查主题紧密相关。问卷的设计一定要结合调查的主题,不能泛泛而谈,面面俱到,否则很难抓住重点,会失去调查的意义。例如,在调查玫瑰花主题的时候,若只针对价格、包装等进行调查,那么只需要对这些内容进行设计问题,而不需要对产地、渠道、季节等进行全面调查。

(2) 问题的设置是否具有普遍意义。这是问卷设计的一个基本要求,但我们仍然能够在很多问卷中发现这类带有一定常识性的错误。例如,以下是一个“消费者对超市水果消费情况”的调查。

问题:你会经常选择购买哪些水果?

A. 苹果 B. 香蕉 C. 梨 D. 橘子 E. 其他

而如果答案是另一种形式:

A. 苹果 B. 香蕉 C. 梨 D. 橘子 E. 菠萝 F. 樱桃 G. 椰子 H. ……

如果我们的统计指标没有那么细(或根本没必要),那我们就犯了一个“特殊性”的错误,从而导致某些问题的回答实际上是对调查无益的。

(3) 问卷的设计要有整体感。这种整体感是指问题与问题之间要有逻辑性,独立的问题本身也不能出现逻辑上的谬误,从而使问卷成为一个相对完善的小系统。

同步实务 2-2　　设计调查鲜花购买渠道的问卷题目

业务分析：问卷题目的设计要密切注意问题本身的逻辑性和严谨性。要获得消费者购买鲜花的渠道，首先要确认此消费者是否有过购买鲜花的经历；否则，消费者无从作答。

业务程序：根据问卷题目设计的要求，设计三个问题如下。

① 你通常会在什么时候购买鲜花？

A. 基本不买　B. 情人节　C. 七夕节　D. 亲朋好友生日　E. 其他重要节日

② 若你购买，你通常会购买多少价位的鲜花？

A. 50 元以内　B. 50～100 元　C. 100～200 元　D. 200 元以上

③ 如果你选择鲜花购买，通常情况下，你选择购买鲜花的渠道是哪种？（可多选）

A. 花店　B. 花鸟市场　C. 超市　D. 网店　E. 其他渠道

业务说明：在以上的几个问题中，由于问题设置紧密相关，因而能够获得比较完整的信息。调查对象也会感到问题集中、提问有章法。相反，假如问题是发散的、带有意识流痕迹的，问卷就会给人以随意性而不是严谨性的感觉，得到的答案也会是随意性的。

(4) 所问问题要清晰明确、便于回答 。所设问题必须清晰明确，尽量少用“差不多”、“好像”、“大概”等意思含糊不清、让被调查者很难回答的措词。

(5) 问题要设置在中性位置，不参与提示或主观臆断，不使用诱导性词语。

(6) 便于整理、分析。成功的问卷设计除了考虑到紧密结合调查主题与方便信息收集外，还要考虑到调查结果容易得出，调查结果有说服力。

2.1.5 撰写农产品市场调查报告

市场调查报告没有固定的统一格式，结构上一般包括标题和正文两部分。

1. 标题

农产品市场调查报告的标题应概括全文的基本内容，做到准确、简洁、醒目。常见的写法有以下几种。

(1) 单行标题可由调查对象、调查内容（范围）构成，如“浙江花卉在国内外市场地位的调查”。

(2) 直接揭示调查结论，如“广西荔枝在济南市场畅销”。

(3) 提出问题，如“蓝色妖姬为何如此受情侣们喜欢”。

2. 正文

正文一般由前言和主体两部分构成。

(1) 前言常见的写法有以下几种。

① 交代调查活动的一般情况，写明调查目的、时间、地点、对象、范围、方式、结果等。

② 介绍调查对象的基本情况。

③ 提出问题。例如，曾经风靡一时的云南普洱茶今年的销售状况如何？市场调查表明：昔日风光无限的普洱茶陷入了繁华后的“大萧条”时期。

(2) 主体部分也是调查报告的核心部分，一般包括三个方面的内容。

① 基本情况。调查对象过去和现在的客观情况，如发展历史、市场布局、销售情况等。

② 分析与结论。对调查所收集的材料进行科学的分析，从分析中得出结论性意见。

③ 措施与建议。根据调查结论，提出相应的措施和建议。

○ 情景模拟

主题：制订水果加工厂的市场调查方案。

过程设计：

(1) 事先将学生按照4～6人进行分组。

(2) 各组派代表扮演水果加工厂老板、市场调查人员、顾客、普通人员、相关政府机构人员等，模拟市场调查活动。

(3) 各组对整个市场调查的过程进行评价，并评价水果加工厂的市场调查问卷、市场调查步骤等。

(4) 各组撰写市场调查方案，包括调查问卷设计。

(5) 点评、完善与交流各组设计的市场调查方案。

模拟要求：

根据团队合作的目的，模拟市场调查人员与被调查者之间的调查过程，要注意不应故意刁难，其他同学应以客观的视角做出评价。

情景再现：

某县盛产椪柑、蜜橘、金橘等橘类产品，投资商A拟在该县投资兴办一家橘类产品加工厂，他想知道该县的橘类产品的资源分布、产品产量和结构、投资环境、有无同类产品加工厂及其生产能力；还想论证和评估市场需求、项目背景、技术方案、环境保护、效益与风险、投资规模、项目实施条件等方面的可行性。假设你是此项目负责人，需要采用哪些调查方法，并设计可行性研究方案。

○ 职业训练

训练主题：撰写某市花卉市场调查报告。

训练要求：通过实训，要求学生按照市场调查的基本内容、步骤展开市场调查，并能熟练运用市场调查的基本方法及设计具有可操作性的调查问卷，从而撰写调查报告。

训练内容：

(1) 设计调查问卷。

(2) 对某市花店分布规律及发展情况展开调查。

(3) 撰写调查报告。

训练准备：先要求学生利用业余时间，对本市花店的发展情况进行简单了解。

训练资料：上述调查所得的第一手资料及通过相关网站和政府咨询获得的第二手资料。

训练步骤：

第一步，按照市场调查的方法，选择本次背景行业调查的基本方法。

第二步，按照市场调查问卷设计的方式，对本次问卷进行设计。

第三步，对调查的区域进行划分，并分配具体任务给小组成员。

第四步，选择有代表性的样本，进行问卷调查。

第五步，收集并整理问卷调查的内容。

第六步，按照调查报告的格式，撰写本次活动的调查报告。

训练成果：某市花店分布规律及发展情况调查报告。

学习任务 2.2　农产品市场环境分析

实践感知

家庭园艺市场开始显山露水

2009 年 11 月 27 日开幕的浙江省农博会，新增园艺区，在和平广场共安排 30 多个展位，汇集了 21 家大型花卉农产品经营企业。各种花卉争奇斗艳、芳香扑鼻，吸引了不少市民驻足抢购。

家里的阳台、窗台和露台，摆上一盆绿意葱茏、造型大方的盆栽，可以为家居平添几分灵性和生机。随着城市绿化市场的日渐饱和，家庭园艺的巨大市场开始显山露水。

由于中国人口基数大，每个家庭即使消费量有限，总量也会相当可观。在这次农博会上，不少农产品经营企业已经把目光瞄向了这片巨大的“蓝海”市场。

传化生物的展位吸引了不少市民的关注，搞化工出身的传化经过 7 年的发展已经是“花卉状元”了。有着“花卉奥运会”之称的第七届中国花卉博览会 10 月份落幕，传化生物选送的展品摘得 3 金 5 银等共 18 项大奖，成为本届花博会的大赢家。消费者在武林广场、市政府等地看到的大型花艺品种很多都出自传化生物之手。

在这次农博会上，消费者可以欣赏到传化生物得奖作品的风采，那些造型美观、寓意吉祥的组合盆栽得到了市民的青睐。

浙江省林业种苗管理总站站长、浙江省花卉协会秘书长骆文坚对全省的苗木产业发展态势了如指掌。浙江作为苗木产业大省，经过多年的高速发展，存在着种植规模过大、生产相对过剩的问题，产业面临转型升级。

骆文坚估算，浙江每年的苗木花卉消费在 8 亿元左右，其中家庭园艺消费仅占到 10%左右。“杭州有多少户人家？如果每家每户都买一点花草，市场有多大？而且花养得不好了又会买新的，花泥用完了又要买。”骆文坚觉得，家庭园艺这驾马车拉动消费的能量很大。

集思广益

家庭园艺消费趋势的出现是在多种因素综合下产生的，其作为拉动消费的“马力”也受多种因素的影响。那么，你认为影响家庭园艺等农产品消费的市场因素是什么？对于整个农产品市场来说，应该如何分析各种市场环境因素？

○ 行动需求

农产品经营企业市场营销环境的内容既广泛又复杂。不同因素对营销活动各个方面的影响和制约也不尽相同；同样的环境因素对不同的农产品经营企业所产生的影响和形成的制约也不一样。在市场营销环境分析中应该做到以下工作，如图 2-1 所示

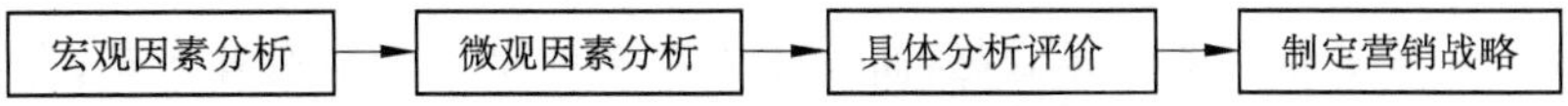

图 2-1　市场营销环境分析的步骤

○ 知识准备

2.2.1　农产品市场营销环境概述

1. 市场营销环境

市场营销环境是指影响产品经营企业生产经营活动的各种内外部因素的总和，它包括内部环境和外部环境或宏观环境（间接环境）和微观环境（直接环境）。所谓农产品市场营销环境，就是指影响农产品经营企业生产经营活动的各种内外部因素的总和。

农产品经营企业外部环境是外在于农产品经营企业的客观存在，它是不以人们的意志为转移的。对农产品经营企业来说，属于不可控因素，农产品经营企业无力改变。但是，农产品经营企业可以通过对内部因素的优化组合，去适应外部环境的变化，保持农产品经营企业内部因素与外部环境的动态平衡，使农产品经营企业不断充满生机和活力。

2. 市场营销环境的构成要素

（1）宏观市场营销环境

宏观市场营销环境又称间接营销环境，是指所有与农产品经营企业的市场营销活动有联系的环境因素，包括政治、经济、科技、社会文化、自然等方面的因素。这些因素涉及广泛的领域，主要从宏观方面对农产品经营企业的市场营销活动产生影响。

（2）微观市场营销环境

微观市场营销环境又称直接营销环境，是指与本农产品经营企业市场营销活动有密切关系的环境因素，如农资供应商、农产品营销中介、竞争者、顾客等。微观市场营销环境体现了宏观市场营销环境因素在某一领域里的综合作用，对于农产品经营企业当前和今后的经营活动产生直接的影响。

2.2.2　农产品市场宏观环境分析

宏观市场营销环境，是指间接营销环境对营销活动的影响，主要体现在农产品经营企业的营销活动与宏观环境的适应性上。农产品经营企业只有不断适应宏观环境的变化，才能保持旺盛的生命力，在竞争中立于不败之地。

1. 人口环境

人口环境与市场营销的关系是十分密切的，因为人是市场的主体。农产品经营企业的

人口环境包括人口的数量、密度、居住地点、年龄、性别、种族、民族和职业等情况。近年来，人口主要有以下几个方面的变化。

(1) 年龄结构

越来越多的国家趋向于老龄化，势必给农产品经营企业带来机会和威胁。不同年龄的消费者对农产品的种类需求是不同的，农产品生产经营者可根据年龄的结构细分消费市场。例如，婴儿、儿童、青年、成年人、老年人等市场，开发出满足不同市场需求的蔬菜、瓜果和花卉品种。又如，一般老年人多爱养盆花，而青年人更多的是喜爱消费鲜切花；老年人注重蔬菜、瓜果的食用和保健等价值，而青年人更多的是追求新奇。在生产经营中应注意不同年龄人的需求，以便更好地制定出营销策略。

(2) 性别结构

人口的性别不同，其市场需求也有明显的差异。例如，大多数女性出于美容的需求，会更多地购买一些具有美容功能的水果、蔬菜，农产品经营者应当注意该类产品的开发。

(3) 家庭结构

家庭是生产和消费的基本单位，家庭的数量直接影响到农产品需求数量。目前，世界上普遍呈现家庭总数增加而规模缩小，且家庭模式多元化的趋势。小规模家庭对高档的、精细加工的和包装精美的农产品需求呈增加趋势。

(4) 职业结构

现代社会的不同职业对农产品有不同的消费偏好。例如，文职人员和管理人员多消费高档农产品，而技术操作岗位人员喜爱消费中低档农产品。

2. 政治、法律环境

政治是经济的集中体现，一国政治路线直接决定着该国的经济政策和对外政策。政治形势的好坏直接影响到经济政策和对外政策的贯彻实施，从而制约着营销活动的方向和目标。若一个国家政局不稳，人心不安，农产品经营企业不能安心生产和经营，也就谈不上制定营销战略。法律是人们必须共同遵守的行为规范，农产品经营企业的一切营销活动，都必须遵守国家的法律、法规，不允许背离，特别是经济法规对营销本身具有更为直接的制约作用。

例如，2005 年 8 月开始，内地放开了对我国台湾地区 18 种水果的进口限制，从而影响到沿海地区热带水果的生产和销售活动。随着我国经济体制、政治体制改革的逐步深入，我国农产品经营者会在一个更为开放、民主、法制化的经济管理体制和政治环境中运行。

3. 经济环境

经济环境直接影响到农产品经营企业的经济效益。农产品经营企业营销总是在一定的经济环境下展开，因此在进行营销活动前必须全面了解、分析经济环境。构成经济环境的因素主要有以下内容。

(1) 国家的经济发展战略

国家的经济发展战略是对国家在一定时期内经济发展目标、方向、道路从总体上做出的最基本的概括和描述。作为农产品经营企业，一定要经常关心国家经济发展战略，特别是农业方面的方针政策，了解未来若干年国家的农业经济运行状态，进而为农产品经营企业的发展提供参考依据。

(2) 消费者支出模式

随着消费者收入的变化，消费者支出模式会发生相应变化，继而使一个国家或地区的消费结构也发生变化。西方一些经济学家常用“恩格尔系数”来反映这种变化。恩格尔系数表明，在一定的条件下，当家庭个人收入增加时，收入中用于食物开支部分的增长速度要小于用于教育、医疗、享受等方面的开支增长速度。食物开支占总消费量的比重越大，恩格尔系数越高，生活水平越低，园艺类农产品尤其是花卉的消费量也就越低。

(3) 消费结构、特点和趋势

每个国家在某一个时期都有自己独有的消费结构和消费特点。消费结构决定了某类商品的销售总量，而消费特点决定了在消费总量下的消费分布，消费趋势则决定未来消费的方向。如果农产品经营企业能够掌握经济发展中的这些消费趋势，并制订出与之相适应的营销方案，就可以促使农产品经营企业运作成功。

(4) 人口数量、构成以及分布情况

人口的数量决定了消费的规模，特别是食物消费的规模；人口的构成决定了消费的取向；人口的分布决定了消费的地域特征。

因此，农产品经营企业应密切关注人口特性及其发展动向，不失时机地抓住市场机会。当出现威胁时，应及时、果断地调整市场营销策略，适应人口环境的变化。

4. 科学技术环境

现代社会生产力水平的提高，主要依靠设备的技术开发，创造新的生产工艺、新的生产流程。同时，技术开发也扩大和提高了劳动对象的利用广度和深度，不断创造新的原材料和能源。例如，农业技术的不断改进，对农产品的成活率、产量、质量、口味等都有着重要的影响。科学技术的发展使产品更新换代速度加快，产品的市场寿命周期缩短。农业科学技术的发展，也使名、优、特、新的蔬菜、水果、花卉新品种不断在市场上推出，炙手可热的技术和新产品转瞬间成为“明日黄花”。这要求农产品经营者不断地进行技术革新、更新品种，赶上技术进步的浪潮。市场营销人员也应顺应产品发展的形势，采取相应的对策。

5. 社会文化环境

文化是指在某一社会里，人们所共有的、由后天获得的各种价值观念和社会规范的综合体，即人们生活方式的总和。它包括各种社会组织、生活规则、信仰、艺术、伦理道德、风俗习惯、法律、审美观、语言文字等。

(1) 价值观念

价值观念就是人们对社会生活中各种事物的态度和看法。在不同的文化背景下，人们的价值观念相差很大。消费者对农产品的需求和购买行为深受其价值观念的影响。一种新产品的消费，会引起社会观念的变革。对于乐于变化、喜欢猎奇、富有冒险精神、较激进的消费者，应重点强调农产品的新颖和奇特；而对一些比较注重传统、喜欢沿袭传统消费习惯的消费者，农产品经营企业在制定促销策略时最好把产品与目标市场的文化传统联系起来。

(2) 风俗习惯

风俗习惯是人们在特定的社会物质生产条件下长期形成的风俗、礼节、习俗、惯例和行为规范的总和。它主要表现在饮食、服饰、居住、婚丧、信仰、节日、人际关系、心理特征、伦理道德、行为方式和生活习惯等方面。不同的国家、不同的民族有不同的风俗习惯，它对消费者的消费偏好、消费模式、消费行为等具有重要的影响。例如,我国各地有不同的饮食习惯,八大菜系各具特色,对蔬菜的选择也各不相同。营销者应了解和注意不同国家、民族的消费习惯和爱好,做到"入境而问禁,入国而问俗,入门而问讳"。

又如,不同的国家对花的种类和颜色有不同的禁忌、习俗等,因此园艺类农产品经营者要从事此类产品营销时,一定要了解其风俗习惯。

(3) 宗教信仰

不同的宗教信仰有不同的文化倾向和戒律,从而影响人们的生活态度、价值观念、购买动机、消费倾向等,形成特有的市场需求,这与营销活动有密切关系,特别是在一些信奉宗教的国家和地区,宗教信仰对市场营销的影响力更大。农产品经营企业应充分了解不同地区、不同民族、不同消费者的宗教信仰,生产适合其要求的产品,制定适合其特点的营销策略。

(4) 教育水平

受教育程度的差异会导致消费观念和消费结构明显的不同,如花卉、高档水果与蔬菜在受教育水平高的群体中的消费量远远大于受教育水平低的群体。在受教育程度高的城市和地区开发农产品市场、制订营销方案、进行广告策划宣传等方面,要有一定的文化品位,知识含量要尽量符合营销目标人群的文化欣赏习惯和审美要求。

6. 自然环境因素

各种自然环境因素如气候、地形、生物资源、生态系统等,都会对农产品的生产、营销活动产生直接和间接的影响,有时这些影响对农产品的生产经营起着决定性作用。农产品经营企业营销者应注意以下三种趋势。

(1) 某些自然资源即将短缺(原材料的短缺)

随着国民经济发展和生活水平的提高,自然资源尤其是土地资源日渐短缺。城镇建设用地的增加,使得城郊生产农产品的基地日益减少,供应量也逐渐降低,远郊农产品经营企业就会有更多的发展机会。同时,农产品经营企业应尽可能从可持续发展的角度出发,合理有效地利用有限的土地资源。例如,沙漠化会对某些农产品特别是植物花卉造成很大的影响。

(2) 自然环境影响农产品的品种结构和质量

由于我国地域辽阔,各种自然资源的丰缺及组合状况不同,导致生产农产品的种类因地而异,形成了各地不同的产业结构、生产结构和产品结构。同时,环境的差异,使得不同地区生产的同一种产品的质量存在较大差异,形成了独具特色的地方名、优、特农产品。农产品的生产经营者要最大限度地利用当地自然环境优势,生产独具特色的产品来赢得市场,还要不断地分析和认识自然环境的变化,根据不同的环境情况来规划、生产和销售产品。例如,冬季南菜北调进入东北地区销售的蔬菜、水果和花卉在储运中就要注意保暖,进入华南、中南地区销售就应注意散热,而且要考虑北方地区温室栽培蔬菜的数量和品种。

(3) 环境污染日益严重

污染已成为举世瞩目的问题。目前,我国的污染主要是工业"三废"、农业污染、生活污染、放射性污染等,这些污染已对农产品生产环境造成严重影响。对此,我国政府采取了一系列措施,对环境污染问题进行控制,同时对农产品的质量标准也提出了严格的要求。

环境污染一方面限制了某些行业的发展;另一方面也为农产品经营企业提供了三种营

销机会:一是为治理污染的技术和设备提供了一个大市场;二是为无公害或绿色农产品的销售提供了巨大空间;三是为不破坏生态环境的新生产技术和包装方法创造了营销机会。因此,农产品生产经营者要了解政府对资源使用的限制、对污染治理的措施和无公害农产品的质量标准,力争做到既能减少资源浪费、减少环境污染,又能生产出无公害的绿色产品,以此来保证农产品经营企业的发展,提高经济效益。

2.2.3 农产品市场微观环境分析

农产品微观市场营销环境,是指直接营销环境对农产品经营企业营销活动的影响,主要体现在农产品经营企业的具体对外业务往来过程中。农产品经营企业的营销管理者不仅要重视目标市场的要求,而且要了解微观市场营销环境因素对农产品经营企业的影响。

1. 农产品经营企业自身

农产品经营企业是指生产农产品的农户、基地或公司等,也包括农业科技园区、产供销一条龙的贸易公司等。农产品经营企业中影响营销的主要因素有投资者(包括农户的投资)和管理层(公司、贸易公司、生产基地等的管理层)。

2. 农产品供应商

农产品供应商是指向农产品经营企业、生产专业户和其他竞争者提供生产与经营所需资源的单位和个人。农产品供应商提供的资源包括种子、农药、化肥、地膜、生产工具等。农产品供应商所供原材料价格的高低、质量的优劣、交货是否及时、供应是否稳定等都会影响农产品经营企业和生产专业户产品的质量、成本、价格、利润和上市时间,从而影响农产品经营企业的信誉和销售。

农产品供应商对于农产品营销的影响主要表现在:一是供应商所提供农资的价格与数量直接决定着农产品的价格水平、市场占有率以及利润实现程度;二是供应商的实际运行状况,如商品供应不及时或供不应求就会增大农产品的生产经营风险和营销成本。

例如,上海联华超市与供应商(有关农场)联手深入到选种、选地的程度,从而保证了米质的稳定,还与签约农产品经营企业一起开发出不含防腐剂的酱油。

3. 农产品经营企业营销中介

营销中介组织帮助农产品经营企业或农产品生产专业户对农产品进行促销、销售并分销给最终购买者。它主要包括营销中间商、货物储运公司、营销服务机构和金融机构等。

(1) 营销中间商

营销中间商就是那些协助农产品经营企业进行促销、销售以及配销等经营活动的中介组织,它主要包括购销公司、经纪人、批发商和零售商(摊商、连锁店、超市、便利店)等。中间商的主要任务是帮助农产品经营企业或生产专业户寻找顾客,为农产品打开销路,并为顾客创造地点效用、时间效用及持有效用。无论农产品经营企业,还是生产专业户,都需要与中间商打交道,通过中间商把自己的产品推介给消费者。由于中间商一头连接生产者,一头连接最终消费者,所以它的服务质量、销售速度、销售效率直接影响到农产品的销售。

(2) 货物储运机构

货物储运机构是帮助农产品生产者进行产品保管、储存保鲜以及运输的专业农产品经营企业，它包括仓储公司、物流公司等机构。农产品经营企业或生产专业户需要选择储运公司时，主要应考虑储存成本、运输费用、安全性和交货期等因素。

(3) 营销服务机构

营销服务机构包括广告公司、财务公司、营销咨询公司、电子商务网站、市场调研公司等。在营销活动中，农产品经营企业和生产专业户面对众多的服务机构，要从中进行比较，选择最具有创造性、服务质量最好、服务价格最合适、最能适合本农产品经营企业发展的营销服务机构。

(4) 金融机构

金融机构包括银行、农村信用合作社、信托公司、保险公司等，它们可以为农产品经营企业或生产专业户提供融通资金或信用担保，以促进交易，帮助农产品经营企业克服临时性的资金周转困难等问题。总之，随着商品经济的发展，社会分工越来越细，农产品经营企业对中介机构的依赖程度将会越来越高。因此，农产品在营销过程中，必须与这些中介机构建立良好的合作关系。

4. 农产品经营企业顾客

顾客是农产品的购买者(包括最终消费者和农产品加工、经营企业)，也是农产品生产者服务的对象和目标市场。农产品经营企业和专业户需要仔细地了解顾客市场，根据不同市场的特点更好地树立以顾客为中心的经营思想。农产品的顾客市场一般划分为三种类型，即消费者市场、加工农产品经营企业市场和中间商市场。

农产品经营企业的一切营销活动都要以满足顾客的需要为中心。因此，顾客是农产品经营企业的最重要的环境因素。

农产品经营企业要认真研究为之服务的不同顾客群，研究其类别、需求特点、购买动机等，使农产品经营企业的营销活动能针对顾客的需要，符合顾客的愿望。

5. 农产品经营企业竞争者

农产品经营企业在目标市场进行营销活动时，不可避免地会遇到竞争对手的挑战。竞争对手的营销战略及营销活动的变化会直接影响到农产品经营企业的营销。例如，最为明显的是竞争对手的价格、广告宣传、促销手段的变化、新产品的开发，售前售后服务的加强等，都将直接对农产品经营企业造成威胁。农产品经营企业必须密切注视竞争者的一切细微变化，并采取相应的对策与措施。

6. 农产品经营企业社会公众

农产品经营企业社会公众是指对农产品经营企业、基地、专业户的生存和发展具有实际的和潜在的利害关系或影响力的一切团体和个人。公众是农产品经营企业或生产专业户寻求目标市场时的人缘基础。公众对农产品经营企业营销方式的态度、企业营销行为对公众利益的影响，两者之间有着极强的内在联系。

农产品经营企业所面临的公众包括金融公众、媒介公众、政府公众、社团公众、社区公众、内部公众、一般公众等。随着商品经济的高度发展，农产品交易日益复杂，商品流通频率加快，人与人之间的相互交往及社会联系更为频繁和多样化，这就出现一种作为社会现象的公众关系，而处理好公众关系，就成为农产品经营企业营销活动顺利进行所不可缺少的重要因素。

视野之窗

分析市场营销环境，就是使农产品的营销或有关经营者对所处环境中各种可能的营销机会和环境威胁进行了解和分析，旨在预见环境变化的趋势和规律，制定能充分利用营销机会和避开与消除环境威胁的营销战略，以提高生产基地和农产品经营企业对环境的适应性。

营销环境机会的实质是指市场上存在着"未满足的需求"，是在营销环境中所出现的对农产品经营企业的营销活动具有吸引力的领域、较大的可能性或重大的有利形势。

营销环境威胁是指在经营环境中出现了对农产品经营企业营销活动不利或限制其营销活动的因素，构成对农产品经营企业经营发展的约束和障碍。例如，化肥供应紧张，会造成农产品经营者生产成本的增加。

2.2.4 市场营销环境分析

环境的发展变化可能给农产品经营企业带来机会，也可能造成威胁。然而，并不是所有的市场机会对农产品经营企业的营销活动有同样吸引力，也不是所有的环境威胁对农产品经营企业都有同样的危害程度。农产品经营企业可利用 SWOT 分析法(农产品经营企业内外环境对照法)、机会—威胁矩阵法来加以评价、分析。

1. SWOT 分析法

SWOT(Strength，Weakness，Opportunity，Threat)分析法实际上是将对农产品经营企业内外部条件各方面内容进行综合和概括，进而分析组织的优劣势、面临的机会和威胁的一种方法。其中，优劣势分析主要是着眼于农产品经营企业自身的实力及其与其竞争对手的比较；而机会和威胁分析将注意力放在外部环境的变化及对农产品经营企业的可能影响上。

SWOT 分析主要内容有：分析环境因素、构造 SWOT 分析矩阵、制定相应策略。

SWOT 分析步骤：罗列出农产品经营企业的优势和劣势，可能的机会与威胁；对优势、劣势与机会、威胁相组合，形成 SO、ST、WO、WT 策略；对 SO、ST、WO、WT 策略进行过滤和选择，确定农产品经营企业目前应采取的具体战略与策略。

同步实务 2-3　　对某月饼厂做的 SWOT 分析

某生产低档散装广式月饼的食品厂在中秋节前夕对月饼市场需求情况进行了详细的调查，了解到如下情况。

① 今年月饼需求量较往年有较大幅度的增长；
② 其中云式月饼更受消费者欢迎；
③ 部分消费者表示对广式月饼已不再感兴趣；
④ 国家对月饼生产环境颁布了更严格的卫生标准；
⑤ 今年月饼市场上礼品包装居多，而中低档散装月饼生产商较少；
⑥ 本市有三个食品厂也看好月饼市场，准备投入生产；

⑦ 本农产品经营企业的产品价格相对较高；

⑧ 本农产品经营企业产品质量优良并受消费者好评；

⑨ 本农产品经营企业尚未与主要销售点签订经销协议；

⑩ 本农产品经营企业生产月饼的成本较低。

业务分析：SWOT 分析法是在一定的环境下，结合农产品经营企业内部能力和素质，在对外部环境和竞争对手分析的基础上进行的。其中，优势和劣势的分析基于农产品经营企业内部环境分析，机会和威胁基于外部环境分析。

业务程序：首先，针对以上 9 种情况分清楚是内部环境因素，还是外部环境因素；然后，判断是优势还是劣势，或者是机会还是威胁，并制图，如图 2-2 所示。

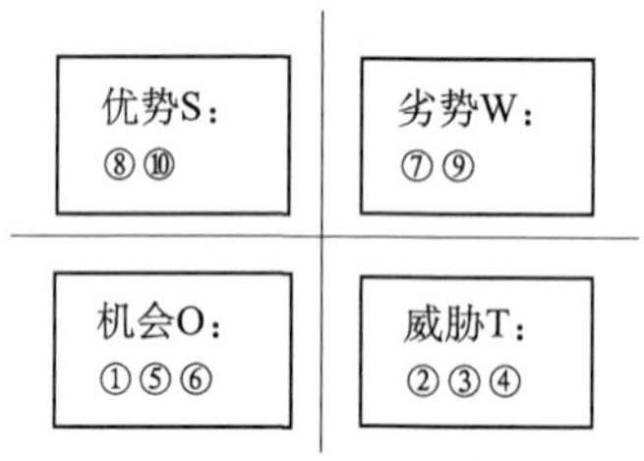

图 2-2 对某月饼厂做的 SWOT 分析

业务说明：对各因素进行分析的目的是寻找营销战略。按照农产品经营企业竞争战略的完整概念，战略应是一个农产品经营企业“能够做的”（组织的强项和弱项）和“可能做的”（环境的机会和威胁）之间的有机组合。

2. 机会—威胁矩阵法

机会—威胁矩阵法是指市场环境中对农产品经营企业有利的机会和不利的威胁、利益和风险所构成的各种因素的总和，如图 2-3 所示。农产品经营企业对环境的选择是建立在分析了机会与威胁出现的可能性大小的基础上，主要从两个方面进行分析：市场的机会水平和威胁水平。

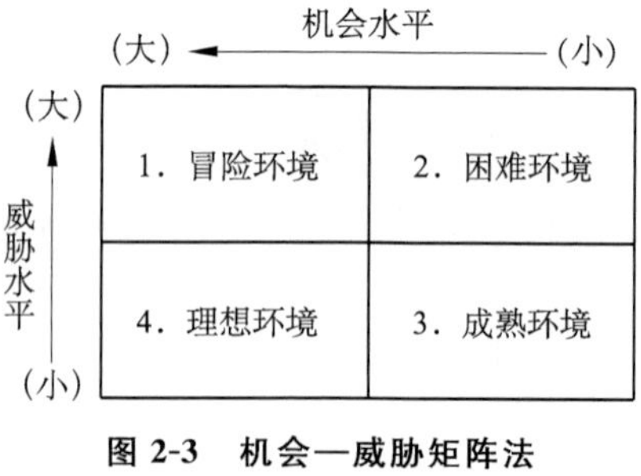

图 2-3 机会—威胁矩阵法

用机会—威胁矩阵法评价农产品经营企业所在的环境，可能出现以下四种不同的结果。

区域 1：高机会和高威胁的环境——冒险环境；

区域2:低机会和高威胁的环境——困难环境;

区域3:低机会和低威胁的环境——成熟环境;

区域4:高低会和低威胁的环境——理想环境。

机会分析矩阵可以有效地抓住和利用市场机会,并结合农产品经营企业自身情况,变市场机会为农产品经营企业机会。机会分析主要考虑潜在的吸引力和成功的可能性。

威胁分析矩阵是面对环境威胁的分析,一般着眼于两个方面:一是分析威胁的潜在严重性,即影响程度;二是分析威胁出现的可能性,即出现概率。

情景模拟

主题:撰写酸果食品营销环境分析报告。

过程设计:

(1) 事先将学生按照4~6人进行分组。

(2) 各组派代表扮演背景农产品经营企业老板、员工、顾客、相关政府机构人员等,模拟酸果的市场销售活动。

(3) 各组对背景农产品经营企业采取的对策及其营销环境分析做出评价,并讨论酸果食品所面临的机会与威胁。

(4) 各组撰写酸果食品营销环境分析报告。

(5) 点评、完善与交流各组设计的营销环境分析报告。

模拟要求:

为了贴近市场现实,各模拟演练的成员可对背景材料做适当的修改运用,如加入现代通信设备、设计更多的环境因素等。

情景再现:

感恩节是美国的一个传统节日,这一天美国人要吃一种叫克兰梅的酸果食品。1959年11月9日,美国卫生教育福利部长弗莱明突然宣布,当年克兰梅作物由于除草剂的污染,在实验室用老鼠做试验时发现了致癌病变,虽然还不能证明在人身上是否也会有危害,但是他劝告公众自己酌情处理。

弗莱明的公告发布以后,立即在社会上引起强烈反响,克兰梅食品货架前顿时门庭冷落。生产加工克兰梅食品的农产品经营企业大受其害。尤其是美国海洋浪花公司,这是一家专门生产克兰梅果汁果酱的农产品经营企业,面临巨大的威胁。该公司认为,必须澄清事实,否则公司和整个行业都有可能破产。为此,他们制定了反攻策略。

首先,公司专门调查了公告发布前后的整个过程,发现这是一个误解。于是召开记者会,公布调查的全部情况,请有关官员,卫生、食品方面的专家、学者等发表权威性意见,以消除弗莱明公告造成的不良影响。

其次,打电报给弗莱明,要求他立即采取措施,消除负面影响;致电艾森豪威尔总统,请他敦促政府改正错误。

最后,当时四年一度的美国大选即将开始,两位年轻的政客——肯尼迪和尼克松的竞选即将开始。海洋浪花公司通过一系列工作,在一次两人与公众见面的电视镜头中,肯尼迪吃了四份克兰梅果酱,尼克松喝了一杯克兰梅果汁。

通过一系列反攻措施,克兰梅又在感恩节前夕回到货架上。

职业训练

训练主题：制订营销环境威胁对策方案。

训练要求：通过实训，要求学生能够运用理论知识，指导营销环境调查方案的设计和实地调查，能运用调查数据分析农产品营销的机会、威胁产生的原因并提出解决对策。

训练内容：

(1) 选择某一新型农产品；

(2) 调查分析该农产品的宏观和微观环境因素；

(3) 从环境分析中判断市场机会和环境威胁；

(4) 提出应对环境威胁的对策方案。

训练准备：学生事先准备好环境机会和威胁分析的相关表格，并进行相应的调查。

训练资料：从农贸市场、超市、连锁店等渠道调查所得的相关资料。

训练步骤：

第一步，将全班人员按3～5人分为调查小组，按训练内容要求，设计、讨论、制订出本小组的调查方案，分析内容可参阅表2-1。

表2-1 农产品环境分析内容

环境	环境细分及内容	数据及重大影响事件	重要程度(－5～＋5)	发生概率(0～5)
宏观环境	人口环境(包括调查区域内人口数量、性别比、年龄比、城乡比、职业构成等)			
	经济环境(包括人均国民收入、家庭收入、购买农产品支出、储蓄等)			
	自然环境(含当地主导农产品类别、产量，当地主要消费的农产品类型、质量、数量等)			
	科技环境(含农产品生产技术、商品化处理技术、贮运保鲜技术、包装加工技术等技术采用程度)			
	政治环境(政治、法律、法规及国际局势等)			
	文化环境(包括对农产品的消费偏好、消费习惯、受教育水平、饮食习惯等)			
微观环境	生产者(数量、类型、品质、供应地等)			
	农资供应商营销中介(含购销公司、经纪人、批发商、连锁店、超市、储运库、物流公司、金融服务机构)			
	顾客(消费者、农产品加工企业、农产品经营企业等)			
	竞争者(调查当地主导产品数量、类型、在调查地销售比例、采取的销售措施等)			
	社会公众(社会公众对当地农产品主导产品的态度和营销中的措施)			

第二步，小组成员分工后通过网络查阅有关内容，到农贸市场、超市、连锁店、便利店、花店调查并记载微观环境，将结果记入设计的调查表格中。

第三步，小组成员对调查的数据和信息进行讨论分析。

第四步，从分析中得出市场机会和环境威胁。

第五步，制订应对环境威胁的发展对策方案。

训练成果：某新型农产品的环境威胁对策方案。

学习任务 2.3 农产品购买行为分析

实践感知

用超级市场经营模式经营花卉

2009 年 5 月 28 日，全国首家园艺生活超市——北京世纪奥桥花卉园艺中心在北京正式开业。它一改传统花卉市场以租赁摊位为主的方式，以现代超级市场的经营方式，专业化的服务态度，灵活多样的 DIY 选择方式，给花卉消费者带来一种新的购物方式。

北京世纪奥桥花卉园艺中心的创建和经营理念，源自欧美园艺业成功的商业模式“Garden Centre”，其中文可直译为“园艺中心”，是面向广大普通消费者，提供植物展示和养护设施，以销售植物和庭院相关产品为主要业务的大型零售农产品经营企业。园艺中心无论是独立经营还是和 DIY 店伴生，其销售方式都是超市化。工作人员主要的任务是服务，而不是推销。相比传统花卉市场而言，独立的园艺中心在经营的产品上更加丰富全面。

该超市营业面积 6000 平方米，是中国第一家在现代化的温室型建筑中以“统一采购、统一配送、统一收银、统一管理、明码标价、产品自选”集约化超级市场的经营模式，面向花卉和园艺爱好者以景观和自助的形式展销各类花卉苗木、容器、庭院家具、园艺工具、资材和家居饰品、用品，同时提供庭院花园的规划设计、施工养护、技术信息等一站式综合性的终端服务。

北京世纪奥桥花卉园艺中心突出标准化的商品、新颖的园艺概念、体验式消费、先进的管理和服务理念，提供时尚、健康、美化环境、凸显文化内涵的室内、外园艺生活涉及的各类商品。其商品涉及园艺生活相关的方方面面，传统的有盆栽植物、庭院植物、园艺工具等；新型的园艺中心又增加了相关的家居饰品、宠物用品等。

在园艺中心内，有这样一则广告标语：繁华都市中的您，是不是总觉得自己生活在钢筋水泥的丛林里？是不是也常渴望拥有自己的花园？即便是在高层公寓里，即使只有几平方米的阳台或者飘窗，也不能阻止您拥有花园的梦想。只要一个精巧的设计：翠绿的叶，缤纷的花，还有潺潺的水声；哪怕一个小小的角落，也能成就您的梦中花园。

这幅广告的旁边便是一组组真实的家庭园艺设计，各种草木本花卉、水果、蔬菜点缀在房间的阳台、屋子角落、茶几、桌子上，让人在原本毫无生机的硬质建筑里感受到绿色植物的生命之美。

集思广益

在市场经济社会里，人们的消费需求都依赖于市场，都要通过具有支付能力的特定购买行为得到满足。花卉市场以超市经营的模式展开，为什么受到消费者的青睐和认可？这符合消费者怎样的购买行为和购买心理？

行动需求

农产品经营企业必须分析和研究消费者的需求及其影响因素，研究消费者的购买行为及其自身特有的规律，才能有效地开展市场营销活动，实现农产品经营企业的营销目标。对此，营销人员应完成的工作主要有以下方面。

第一步：明确消费者购买行为模式的基本要素，包括由谁购买、购买什么、为什么购买、何时购买、何地购买、怎样购买、参与者有谁等。

第二步：准确分析影响消费者购买行为的因素。

第三步：判断消费者购买行为中表现出的态度。例如，对购买目标的选择是否明确，购买现场的情感表达是温和、沉着还是激动等。

第四步：分析消费者购买决策的参与者，洞悉谁是发起者、谁是决定者、谁是影响者、谁是购买者、谁是使用者。

第五步：根据消费者的不同行为展开销售，并确保消费者购后行为的满足感。

知识准备

2.3.1 影响农产品购买行为的因素

消费者购买行为是指消费者为满足其个人或家庭生活而发生的购买商品的决策过程。消费者购买行为是复杂的，其购买行为的产生是受到其内在因素和外在因素的相互促进、相互影响的。农产品经营企业营销通过对消费者购买行为的研究，掌握其购买行为的规律，从而制定有效的市场营销策略，实现农产品经营企业营销目标。

消费者的购买行为深受社会、文化、个人和心理因素的影响，如图 2-4 所示，且每种因素对消费者购买行为的影响程度都有所不同。下面分别阐述这四个方面因素的具体内容及其对消费者购买行为的影响。

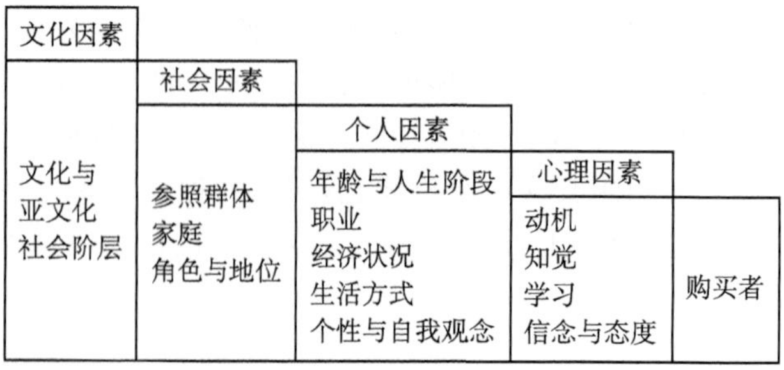

图 2-4 影响消费者行为的因素

1. 文化因素

文化是人们通过学习获得的区别于其他群体行为特征的集合，包括价值观念、伦理道德、风俗习惯、宗教信仰、审美观、语言文字等。任何人都在一定的社会文化环境中生活，因而人们认识事物的方式、行为准则和价值观念影响着消费的欲望和购买行为。农产品的生产、经营单位的市场活动一定要遵从相应的文化习俗，不能触犯禁忌。文化因素主要包括文化与亚文化、社会阶层等方面的内容。

(1) 文化与亚文化

在每一种文化中，往往还存在着许多在一定范围内具有文化同一性的群体，称为亚文化群，如国籍亚文化、种族亚文化、地域亚文化等。不同的民族亚文化群，有独特的风俗习惯和文化传统，这些不同的特点导致各民族之间在需求和购买行为等方面的差异性。例如，朝鲜族有爱吃各种辛辣咸菜的习惯，他们购买辣椒和制作咸菜用的蔬菜的数量多且频率高。

(2) 社会阶层

社会阶层是社会学家根据职业、收入来源、教育水平、价值观和居住区域对人们进行的一种社会分类，是按层次排列的、具有同质性和持久性的社会群体。同一阶层的人具有相类似的价值观、兴趣爱好和行为方式。例如，在大城市的高档小区里，名、优、新的水果、蔬菜和花卉可能有很多消费人群；而在农村消费的是常见的水果、蔬菜。

2. 社会因素

消费者的购买行为也经常受到一系列社会因素的影响。影响消费者购买行为的社会因素主要包括消费者的相关群体、家庭、角色与地位等。

(1) 相关群体

相关群体又称参照群体，是指能够直接或间接影响消费者的消费态度、价值观念和购买行为的个人或集体。一个人的消费习惯、生活方式、对产品品牌的选择，都在不同程度上受相关群体的影响。相关群体对消费者购买行为的影响，主要表现为：示范性；仿效性；一致性。

(2) 家庭

家庭是社会组织的一个基本单位，是社会中最重要的消费品购买单位。大部分的消费行为是以家庭为单位进行的，是消费者的首要参照群体之一，对消费者购买行为有着重要影响。在农产品的消费上，家庭成员的饮食习惯和爱好直接影响购买者的行动。例如，家庭成员偏好吃某种水果或蔬菜，则该家庭购买这种水果或蔬菜的数量就多一些。

3. 个人因素

消费者购买决策也受个人特性的影响，特别是受其年龄与性别、职业与教育、生活方式、个性以及自我观念的影响。

(1) 年龄与性别

年龄与性别是消费者最为基本的个人因素。不同年龄层次和不同性别的消费者，客观上存在生理和心理上的差别。因此，所需的商品与服务也不尽相同，对同一商品或服务的评价、选择的角度及价值观念等也会存在很大差异。例如，年轻人在鲜花的消费上要多于中老年人。不同年龄消费者的购买方式也存在差异，老年消费者在购买蔬菜、水果时，往往是考虑商品的价格因素，同一种商品反复地挑选，通常是在经过仔细的分析、比较后才进行；而年轻人购买时往往缺乏充分的考虑，只要商品质量和价格合理即购买。

(2) 职业与教育

职业与教育实际上是社会阶层因素在个人身上的集中反映。从事一定的职业以及受过不同程度教育的人，会产生明显的消费行为差异，这主要是受一种角色观念的影响。

(3) 生活方式

从经济学的角度看，一个人的生活方式表明他所选择的分配收入的方式以及对闲暇时间的安排，同时也反映出一个人在生活方面的兴趣、观念以及参加活动的方式。具有不同生活方式的消费者，对农产品有不同的需求。例如，生活经济型消费人群，愿意到集贸市场、早市等地购买蔬菜、水果；而追求生活方便型的消费人群往往到超市购买已经清洗过的净菜类或初加工的蔬菜；生活浪漫型的人群对鲜花的需求就多一些。

(4) 个性与自我观念

每个人都有与众不同的个性，即一个人所特有的心理特征，通常用性格术语来描绘，如外向或内向、乐观或悲观、自信或自卑、活泼或文静、适应或保守等。与个性有关的因素还有自我观念，或称自我形象，即一个人在心目中认为自己是什么样的人，或认为在别人心中是什么样的人。

4. 心理因素

心理因素是指消费者个人由于心理性的原因而影响其购买决策与购买行为。心理学认为，人的行为是由动机支配的，而动机由需要引起。消费者购买行为要受动机、知觉、学习以及信念和态度等生理因素的影响。

(1) 动机

动机是一种升华到足够强度的需要，它能够及时引导人们去探求满足需要的目标。动机的产生必须具备两个条件：一是具有一定强度的需要；二是具有满足需要的目标和诱因。消费者购买动机，就是推动消费者实现某种购买行为的一种愿望或念头，它反映了消费者对某种商品的需要。农产品消费者购买动机可以分成以下两类。

① 生理性购买动机也称本能动机，就是消费者由于生理上的需要(吃)所引起的购买农产品的动机。

② 当社会经济、文化发展到一定水平时，激起人们购买行为的心理性动机占据重要位置。心理性购买动机比生理性购买更为多样，如购买走亲访友时用的礼品水果，祝福、庆贺用的花篮等，就属于心理性购买。

(2) 知觉

按照心理学的说法，当客观事物作用于人的感觉器官时，人脑中就会产生反应。这种反应如果只属于事物的个别属性，称为感觉；如果是对事物各种属性的各个部分及其相互关系的综合反应，则称为知觉。知觉过程是一个有选择性的心理过程，它有三种机制：选择性注意、选择性扭曲和选择性保留。

① 选择性注意，是指人们剔除他们面临的大部分信息的倾向。一个人每时每刻面对许多刺激物，但是不可能注意所有的刺激物，而只能有选择地注意某些刺激物，即注意那些与自己的主观需要有关的事物。例如，某消费者要买水果，所以他只注意看水果而不注意别的商品。因此，水果的广告会对他产生印象。

② 选择性曲解，是指人们按照自己的想法来解释信息的倾向。消费者即使注意到刺激

物，但未必如实反映客观事物，往往按照自己的先入之见来曲解事物。例如，“红富士”苹果品质很好，但某消费者主观认为苹果中只有“国光”的品质好，其他的苹果都不行，这就是选择性曲解。

③ 选择性记忆，是指人们保留能支持他们的态度和信仰的信息的倾向。人们在生活中，往往容易记住那些与自己态度、信念一致的东西，而忘记与自己无关的东西。例如，某一消费者只记得“红富士”苹果的优点，因为他常常听到人们谈论它，而忘记了其他品种苹果的优点。这就是选择性记忆。

(3) 学习

学习是指人们经过实践和经历而获得的，能够对行为产生相对永久性改变的过程。学习论者认为，消费者的学习是通过驱动力、刺激物、提示物(诱因)、反应和强化的相互影响而产生的，如图 2-5 所示。

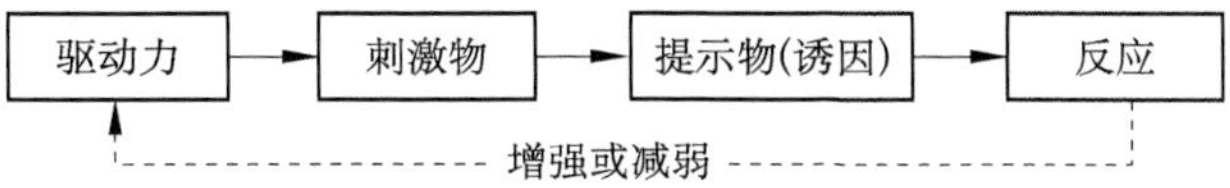

图 2-5　消费者学习模式

例如，某消费者非常注重生活质量，对水果和蔬菜的消费需要是“绿色食品”。这种需要就是一种驱使力，这种驱使力被引向某有“绿色食品”标识的苹果时，驱使力就变为动机。在动机的支配下，这位消费者将做出购买该苹果的反应。在他购买了有“绿色食品”标识的苹果时，如果吃了以后对这种苹果很满意，他对这种苹果的反应就会加强，以后遇到同样的情况，他就会做出相同的反应；相反，如果他吃了之后感到失望，以后就不会再做出相同的反应。这就是消费者学习的过程。农产品的生产者和销售者要注意消费者购买行为中“学习”这一因素的作用，要反复提供诱发购买某种农产品的提示刺激，并尽量使消费者购买商品后感到满意，从而强化积极的反应。

(4) 信念和态度

信念是指人们对事物所持有的自己认为是可以确信的看法。这个看法的根源是消费者对某事物带给自己或自己所代表的群体的利益。因此，消费者对农产品经营企业产品或服务的信念可以建立在科学的、经验的、偏见的、误传的基础上。

态度是指个人对某些事物或观念长期持有的好与坏的认识评价、情感感受和行动倾向。态度导致人们对某一事物产生或好或坏、或亲或疏的感情。

目前，许多蔬菜、水果和花卉生产基地采用联合体或者协会的形式生产和销售自己的产品，加入联合体的果农、菜农和花农按照规范化、标准化的模式生产农产品，目的是提高产品的质量，在市场上建立自己的产品品牌，使消费者在头脑中有一种某地某联合体生产的蔬菜、水果质量好的信念，从而促使人们长期购买该类产品。

2.3.2　农产品购买决策过程

1. 消费者购买决策的参与者

根据购买决策的参与者在购买活动中所起的作用，消费者购买决策的参与者形成以下五种角色。

① 发起者，是第一个建议或想到要购买某种产品或服务的人。

② 影响者，是对最后决策有直接或间接影响的人。

③ 决策者，是对是否购买、怎样购买有权进行最终决策的人。

④ 购买者，是执行具体购买任务的人。

⑤ 使用者，是实际消费或使用产品或服务的人。

2. 消费者购买决策过程的阶段

消费者的购买决策是一个动态发展的过程，西方营销学者将消费者购买决策过程分为五个阶段：确认需要、收集信息、评价方案、购买决策和购后行为，如图 2-6 所示。以下分别就这五个阶段进行分析。

图 2-6 消费者购买行为的决策阶段

(1) 确认需要

确认需要是消费者购买决策过程的起点。需要是消费者目前的实际状况与其所企求的状况之间的差异。

例如，一个人看到邻居购买了一种蔬菜，既新鲜又好吃，引起了食欲；或者看到商场的蔬菜产品广告而产生购买这种蔬菜的欲望。在这一阶段，农产品经营企业必须通过市场调研，认定促使消费者认识到需要的具体因素，有效地规划刺激、强化需要。又如，鲜花店就要调查最近有没有单位搞开业庆典活动、是否需要花篮等，并且主动与它们联系，引发和深化消费者对需要的认识。

(2) 收集信息

消费者认识到自己的消费需求之后，就要收集信息资料，寻找商品信息，以便选择购买。收集的信息一般有产品的质量、价格、已经购买者的评价等。消费者一般会通过以下几种途径去获取其所需要的信息。

① 个人来源：从亲属、朋友、邻居和其他熟人处得到信息。

② 商业来源：从农产品广告、销售人员的介绍、蔬菜或水果标本展览等得到信息。

③ 公共来源：从报纸、杂志、广播、电视、计算机网络等大众传播媒介的客观报道中得到产品的信息。

④ 经验来源：经过消费者自己的食用或者使用，亲自感受所购买农产品的表现得到的信息。

(3) 评价方案

收集信息后，购买者对得到的信息进行分析、研究、对比和整理，对可供选择的农产品及品种进行分析、对比和评估，最后确定选择。这一阶段是消费者采取购买行动的前奏，对买卖双方交易是否成功具有决定意义。生产者和经营者在这一阶段应为消费者提供尽可能多的方便条件，以便他们购买前的比较、评价。要帮助购买者了解产品的性质、特点、价格、产地和保管使用方法。销售人员应主动热情介绍商品，积极当好消费者的参谋，帮助他们做出购买决定。

(4) 购买决策

一般情况下，经过对农产品的评估选择，就会产生购买的倾向，并按照购买倾向购买自己喜欢的产品。在购买倾向和购买决定之间，还会受到他人态度和意外环境的影响。例如，亲属、朋友的反对意见，或者商品涨价等因素，都可能改变购买倾向。决定购买倾向的消费者往往还要做出以下具体的购买决策：购买哪种品种的农产品、在哪家商店购买、购买的数量、购买的时间等。销售者应不失时机地搞好促销活动，加速购买行为的进程，如图 2-7 所示。

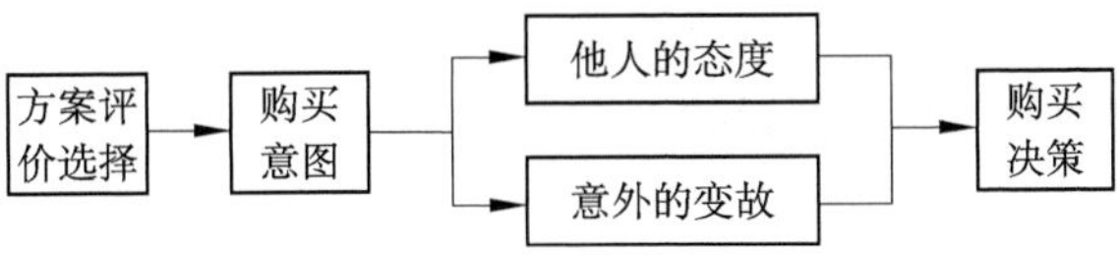

图 2-7　对购买决策的影响因素

(5) 购后行为

消费者购买农产品后，通过食用或使用以及他人的评判，对其购买选择进行检验，把他所观察的实际表现与以前对该农产品的期望进行比较。若发现产品性能与期望大体相符，就会感到基本满意；若发现产品性能超出了期望，就会感到非常满意；若发现产品性能达不到期望，不能给他以预期的满足，就会感到失望和不满。消费者是否满意，会直接影响他购买后的行为，如图 2-8 所示。如果感到满意，他下次很可能到同一家商店购买同类的商品，并对其他人称赞这种产品，而且这种称赞往往比广告宣传更有效。如果感到不满，可能除要求补偿外，还常常采取公开或私下的行动发泄不满，如向新闻单位、工商管理部门和消费者协会等反映意见，向亲友、邻居和熟人抱怨等。

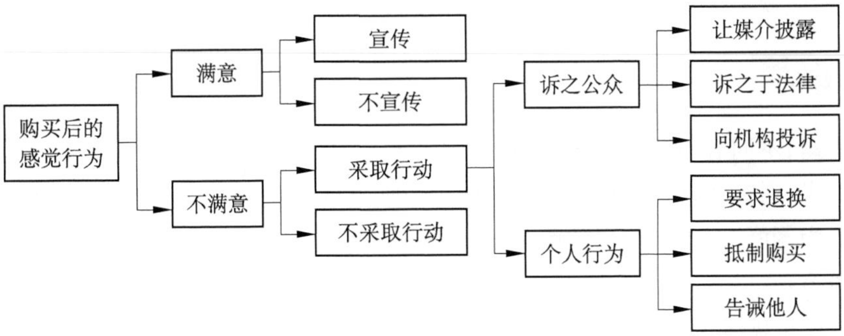

图 2-8　购买后的感觉和行为

农产品经营企业应采取各种措施，尽可能使顾客购买后感到满意。对产品的宣传要实事求是，并适当留有余地，也是途径之一。另外，农产品经营企业还应经常征求顾客意见，加强售后服务和保障，经常同购买者联系，为他们发泄不满提供适当的渠道，以便迅速安排补救措施。

情景模拟

主题:通过挖掘消费动机来制订营销方案。

过程设计:

(1) 事先将学生按照4～6人进行分组。

(2) 各组派代表扮演烤红薯经营者、员工、消费者等,模拟烤红薯的销售。

(3) 各组对烤红薯的销售进行评价,并分析消费者从中体现出来的购买动机。

(4) 各组通过小组讨论,提出烤红薯消费者的消费动机,并据此制订营销方案。

(5) 点评、完善与交流各组设计的营销方案。

模拟要求:

根据任务的需要,模拟销售烤红薯场景的同学应注意心理行为的表达和揣摩,并注意不要刁难同学,其他同学的评价思路要紧扣消费者动机。

情景再现:

在中国,很多人都吃过烤红薯,但是焦黄喷香的烤红薯却难登大雅之堂。据了解,人们熟悉的红薯,被列为13种最佳蔬菜的冠军。卖烤红薯不需要固定摊位,推着三轮车在路边一站,就可以开始一天的生意。烤红薯这么好的东西,为什么还是以这种散乱的、个体的经营方式在运行,而且成为城市的"顽疾",城管撵着走、消费者也不愿意接受,一直卖不好呢?在价值、规范、情感、习惯和身份等众多因素中,消费者购买烤红薯的行为动机难以掩藏,这正是营销人员需要挖掘的。

例如,2012年10月,李某在北京游玩时意外发现了烤红薯的商机。他考察了北京一家卖红薯机器的农产品经营企业后,决定买回机器,卖烤红薯、红薯干等产品,冠名"博士地瓜",目标人群是在校大学生。在母校"试水"8个月后,收益远远超出他的期望值。

很快,李某开了3家店,加上机器费和店面租金,一共投入5万余元,除了自己打工存的两万元,还向同学借了3万元。他还邀请同学入股,并考虑分红给他们。现在小店的生意越做越好,多的时候一天可以卖出300个红薯,月收入超过1.5万元。

职业训练

训练主题:不同客户购买行为的应对技巧。

训练要求:通过实训,要求学生了解对同一种产品,由于客户个体的差异性而会产生不同的购买行为,并针对不同客户的购买行为进行销售技巧的应对训练。

训练内容:

(1) 体验和观察客户的购买行为;

(2) 对客户的购买行为进行分类;

(3) 设计不同类别客户销售技巧的应对方式。

训练准备:学生先在某专柜观察不同客户的购买行为,从客户个性、性格、能力、气质等方面进行分类。

训练资料:影响客户心理的相关因素。

训练步骤：

第一步，各项目组选择要观察客户的农产品经营企业及商品专柜。

第二步，观察不同客户在购买过程的行为。

第三步，剖析不同购买行为中可能受哪些心理活动的影响。

第四步，将相应客户按不同的标准进行分类。

第五步，列出不同类别客户购买行为的特征。

第六步，针对不同客户购买行为的特征，设计相应的销售重点及技巧。

训练成果：不同购买行为类别的客户应对方式报告。

项目小结

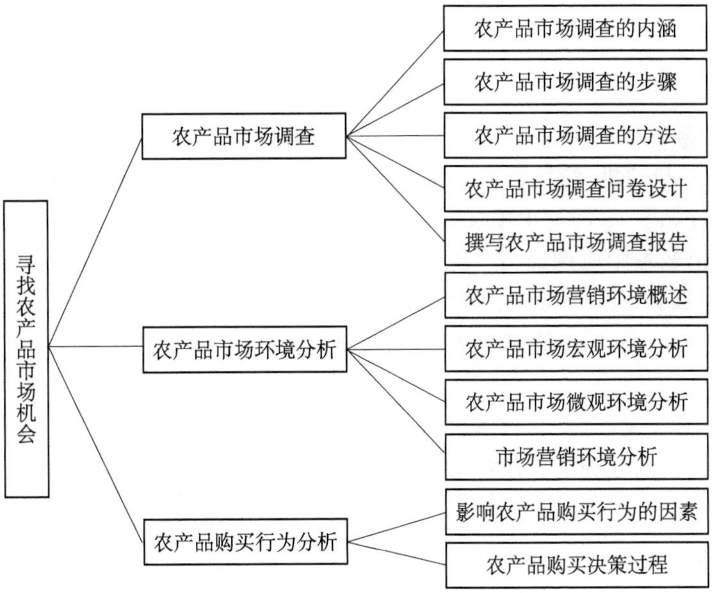

职业能力测试

一、职业能力判断与选择

（一）判断题

1. 市场调查是农产品经营企业正确决策的前提，是预测未来的基础。（　　）

2. 抽样调查是一种选取样本较少、费用低、时间省、效果好的调查方法。（　　）

3. 市场预测是对未来不确定的事件进行推测。（　　）

4. 微观环境直接影响与制约农产品经营企业的营销活动，多半与农产品经营企业具有或多或少的经济联系，也称直接营销环境。（　　）

5. 微观环境与宏观环境之间是一种并列关系，微观营销环境并不受制于宏观营销环境，各自独立地影响农产品经营企业的营销活动。（　　）

6. 同一个国家不同地区的农产品经营企业之间营销环境基本上是一样的。（　　）

7. 市场营销环境是一个动态系统，每一环境因素都随着社会经济的发展而不断变化。（　　）

8. 营销活动只能被动地受制于环境的影响，因而营销管理者在不利的营销环境面前可以说是无能为力。(　　)

9. 消费者的购后感受是不重要的，营销者不必理会。(　　)

10. 小东买水果时总是很冲动，过后却常常后悔。那么小东属于理智型的顾客。(　　)

11. 消费需求在某些商品之间可以相互代替。(　　)

12. 个性较强的人，为了表现自我与众不同，喜欢特别奇异的食物。个性随和的人更愿意跟随大众潮流，购买产品时偏于因循守旧。因此，农产品经营企业要根据目标市场顾客的个性状况，分析所提供的商品的特点，做出不同的经营决策。(　　)

13. 消费者对同一种商品的好恶，会因其心理、生理和社会等因素的影响不同，因人而异。(　　)

14. 人的需求会产生行为，有了行为才会产生各种动机。(　　)

15. 消费者的心理跟消费者的购买行为没有任何关系。(　　)

16. 冬冬是某歌星的超级"粉丝"，他选择薯片时，只买该歌星代言的薯片。从这里可以看出，一个人的消费动机、消费行为会在不同程度上受到相关群体的影响。(　　)

(二) 选择题(1～15 题为单项选择题；16～18 题为多项选择题)

1. 市场营销调查中应用最为广泛的调查方法是(　　)。

A. 重点调查　　B. 抽样调查　　C. 典型调查　　D. 全面调查

2. 将销售人员对市场前景的预测意见汇集起来，加以分析评价，做出预测的方法为(　　)。

A. 经理意见法　　B. 购买者意见法　　C. 销售人员意见法　　D. 专家调查法

3. 在调查研究的基础上运用科学方法对市场需求变化进行分析测算，并预见其发展趋势的过程，即为(　　)。

A. 市场调查　　B. 直销　　C. 定性预测　　D. 定量预测

4. 对农产品经营企业商品销售的所有市场或用户进行的调查为(　　)。

A. 抽样调查　　B. 典型调查　　C. 全面调查　　D. 重点调查

5. (　　)是向农产品经营企业及其竞争者提供生产经营所需资源的农产品经营企业或个人。

A. 供应商　　B. 中间商　　C. 广告商　　D. 经销商

6. (　　)主要是指协助农产品经营企业促销、销售和经销其产品给最终购买者的机构。

A. 供应商　　B. 制造商　　C. 营销中间商　　D. 广告商

7. (　　)就是农产品经营企业的目标市场，是农产品经营企业服务的对象，也是营销活动的出发点和归宿。

A. 产品　　B. 顾客　　C. 利润　　D. 市场细分

8. 影响消费需求变化的最活跃的因素是(　　)。

A. 个人可支配收入　　B. 可任意支配收入

C. 个人收入　　D. 人均国内生产总值

9. 恩格尔定律表明，随着消费者收入的提高，恩格尔系数将(　　)。

A. 越来越小　　B. 保持不变　　C. 越来越大　　D. 趋近于零

10.(　　)主要是指一个国家或地区的民族特征、价值观念、生活方式、风俗习惯、宗教信仰、伦理道德、教育水平、语言文字等的总和。

A. 社会文化　　B. 政治法律　　C. 科学技术　　D. 自然资源

11. 农产品经营企业的营销活动不可能脱离周围环境而孤立地进行,农产品经营企业营销活动要主动地去(　　)。

A. 控制环境　　B. 征服环境　　C. 改造环境　　D. 适应环境

12. 小东长期购买××牌电器,不大受流行因素的影响。那么,小东属于(　　)顾客。

A. 习惯型　　B. 经济型　　C. 冲动型　　D. 疑虑型

13. 朝鲜族人喜欢吃狗肉、辣椒,爱穿色彩鲜艳的衣服;蒙古族人则喜欢吃羊肉,喝烈酒,习惯穿蒙古袍。这是受到(　　)因素的影响。

A. 宗教亚文化　　B. 种族亚文化　　C. 民族亚文化　　D. 地理亚文化

14. 中国人的口味大体上是东辣、西酸、南甜、北咸。这是一种(　　)现象。

A. 民族亚文化　　B. 种族亚文化　　C. 宗教亚文化　　D. 地理亚文化

15. 恒旺食品有限公司采购的小麦属于(　　)。

A. 消费品　　B. 主要设备　　C. 原料　　D. 供应品

16. 一张完整的调查表一般包括(　　)。

A. 被调查者的基本情况　　B. 调查者的基本情况

C. 调查内容本身　　D. 调查表的填写说明

E. 编号

17. 市场营销环境是(　　)。

A. 农产品经营企业能够控制的因素　　B. 农产品经营企业不可控制的因素

C. 可能形成机会也可能造成威胁　　D. 可以了解和预测的

E. 可以通过农产品经营企业的营销努力在一定程度上施加影响的

18. 微观环境是指与农产品经营企业紧密相连,直接影响农产品经营企业营销能力的各种参与者,包括(　　)。

A. 农产品经营企业本身　　B. 市场营销渠道农产品经营企业

C. 顾客　　D. 竞争者　　E. 社会公众

19. 营销中间商主要是指协助农产品经营企业促销、销售和经销其产品给最终购买者的机构,包括(　　)。

A. 中间商　　B. 实体分配公司　　C. 营销服务机构

D. 财务中介机构　　E. 证券交易机构

二、项目案例分析

优果网:网上卖水果成就大事业

时下网购成为新时尚,在网上买衣服、买海鲜,甚至买家具、家电,都已不是什么新鲜事,在电子商务逆市飘红,帮助不少传统农产品经营企业突出重围的影响下,越来越多的传统农产品经营企业纷纷步入电子商务,开始进军网络市场。但并不是做了电子商务就能获得成功,在网络市场中一样有胜者与败者,胜者在于用心经营,脚踏实地去做,优果网就是一个经典案例,在网上卖进口水果卖出了自己的事业,创造了又一个网络传奇。

2007 年,优果网借助 Hishop 正式成立运营,当时的创始人之一李总刚刚研究生毕业,并未像别的研究生一样去找一份安稳高薪的工作，而是认准网络市场，与几个朋友一起创建了优果网，做了一件在当时来说挺疯狂的事——在网上卖水果。在网上卖水果，相对其他行业来说，风险是很大的，因为水果的保质期很短，而当时网购的观念并未普及，稍有不慎损失就会很大，为此优果网的创始人们想出了一个颇有新意的商业模式——零库存销售。

优果网的商业模式通俗点说就是他们先联系好水果供货商，有客户在网上下订单后，他们根据订单的量去采购，然后配送到客户那里。由于水果的保鲜期很短，考虑到物流方面的因素，他们把市场定在了上海本地，只做同城交易。这样一个零库存的商业模式能够有效地降低经营风险，不过由于水果有时效性，因此在刚起步的时候还是亏损的。

历经了三个月的艰苦时期，随着春节的临近，优果网的销售也开始升温，好的品质加上优质的服务，优果网网罗了不少客户。通过这些客户的口碑宣传，又带来大量的新客户。往往是一家公司的某位员工购买过他们的水果，后来整个公司的员工都成了他们的客户。

几年过去了，优果网已经成为家喻户晓的电子商务网站，业务遍及上海各个角落。网站的营业额增长了近 40 多倍，工作人员也从最初创业的几人发展到近 20 人的团队。除了官网外，还开设了淘宝店铺。优果网的成功在于高品质的商品和高质量的服务。用李总的话讲就是："几年下来感觉最大的心得是品质一定要过硬，特别是我们做水果的。水果不是标准化的东西，所以很多人买前都是不太放心的。如果你的品质比用户的期望要好，用户满意，他会与很多人分享。还有就是服务要好，我们售前、售中就不说了，我们售后也是做得相当不错的，我们可以退货、换货。"正是秉承这个理念，优果网才能够从一个名不见经传的网站，发展为业内知名网站。

优果网在 Hishop 的支持下，首先在国内实现了网络"购物卡"，通过系统制订卡号与卡密，制作成实体卡片并附上相应的金额，客户可以购买此卡作为礼品赠送给亲朋好友，企业也可购买作为福利发放给员工，一举解决了产品单一的问题，扩大了业务范围，提升了自身的销量。依托 Hishop 的强大技术支持，优果网的业绩节节高升，已经放弃了当初的零库存经营方式，建立起了自己的冷库，并拥有自己的物流体系。

优果网的创始人认为，优果网能这样迅速地发展，与 Hishop 的合作至关重要。优果网只是专注卖好的水果与提供优质的售后服务，网站技术方面的事情全部交由更专业的 Hishop 团队了。对于优果网提出的问题，Hishop 总是给予最及时的反应，有效地保证了网站的安全、稳定运行。虽然优果网的李总表示近一两年优果网的业务还是仅限于上海，但是相信在不久的将来，有着优秀品质的商品和贴心细致的服务，再依托 Hishop 强大的技术能力，优果网的业务一定会遍布全国。

问题：

(1) 水果一般都是在超市、水果专卖店里出售，为什么在网上也能卖水果，而且取得很大的成功？

(2) 优果网为什么能迅速得到消费者的喜爱？

(3) 要想在网上销售水果，其市场机会如何表现？

分析要求：

(1) 学生分析案例提出的问题，拟出案例分析提纲；

(2) 小组讨论，形成小组的案例分析报告；

(3) 班级交流，教师对各小组的案例分析报告进行点评；

(4) 在班级展出附有“教师点评”的各小组案例分析报告，供学生比较研究。

三、项目实训操作

实训题 1：“市场信息搜集”业务能力训练。

【实训目标】

引导学生参加“市场信息搜集”业务的实践训练；在切实体验“市场信息搜集报告”的准备与撰写等有效的活动中，培养相应的专业能力与职业核心能力；通过践行职业道德规范，促进健全职业人格的塑造。

【实训内容】

在学校内分别以老师和学生作为调查对象，进行“购车需求意愿”的市场信息搜集和整理、分析，并撰写信息报告。

【实训时间】

课堂与课外相结合，并利用周末休息日。

【操作步骤】

(1) 将班级每 5～6 位同学分成一组，每组确定 1 名负责人。

(2) 划分调查范围及调查对象。

(3) 学生按组进入市场调查，并将调查情况详细记录。

(4) 对调查的资料进行整理分析。

(5) 依据市场信息整理，写出分析报告。

(6) 各组在班级进行交流、讨论。

【成果形式】

实训作业：撰写市场信息搜集报告。

实训题 2：“水果超市现场观摩并分析消费者行为”业务能力训练。

【实训目标】

通过实训，使学生学会分析市场，了解消费心理、消费者购买动机和购买过程；学会分析消费者购买心理和购买行为；了解水果经营企业如何把握消费者的购买心理、引导消费者购买行为。

【实训内容】

采用资料分析、现场观察与调查问卷相结合的方法，在指导老师的带领和协调下，分组进行消费者行为分析，各小组形成各自的实训报告。

【实训时间】

课堂与课外相结合，并利用周末休息日。

【操作步骤】

(1) 把班级分成小组，每个小组的人数控制在 4～6 人；

(2) 每个小组选择一家水果超市或水果专卖店，组内分工派人观察高、中、低档水果的消费者的购买过程，并做好记录；

(3) 根据顾客购买行为分析顾客心理活动；

(4) 小组另外派人对所观察的顾客进行访问，了解他们选购不同档次水果的理由；

(5) 观察并分析水果生产商和经销商是如何把握消费者购买心理并引导消费者的购买行为的；

(6) 观察并分析水果超市促销员是如何巧妙分析顾客心理来促进销售的。

【成果形式】

实训作业:撰写水果超市消费者购买行为分析报告。

【实训考核】

"活动过程考核"与"实训作业考核"相结合。

根据"实训题 1"所要求的学生"实训作业"完成情况和学生参与"实训题 1"全过程的表现,参照表 2-2 进行考核。

表 2-2 实训成绩考核表 作业名称:市场信息搜集报告

<table>
<tr><th>评价指标</th><th>评价标准</th><th>分值(100 分)</th><th>评估成绩</th><th>所占比例/%</th></tr>
<tr><td rowspan="5">市场营销环境分析</td><td>1. 搜集市场信息完整</td><td>20</td><td></td><td rowspan="5">70</td></tr>
<tr><td>2. 需求意愿分析符合实际</td><td>20</td><td></td></tr>
<tr><td>3. 营销战略与农产品经营企业相匹配</td><td>20</td><td></td></tr>
<tr><td>4. 报告内容完整、规范</td><td>20</td><td></td></tr>
<tr><td>5. 报告具有实际应用性</td><td>20</td><td></td></tr>
<tr><td rowspan="4">实训过程</td><td>1. 出勤与纪律</td><td>25</td><td></td><td rowspan="4">30</td></tr>
<tr><td>2. 实训态度</td><td>25</td><td></td></tr>
<tr><td>3. 自我学习与管理能力</td><td>25</td><td></td></tr>
<tr><td>4. 团队合作与创新能力</td><td>25</td><td></td></tr>
<tr><td colspan="3">综合得分</td><td colspan="2"></td></tr>
</table>

根据"实训题 2"所要求的学生"实训作业"完成情况和学生参与"实训题"全过程的表现,参照表 2-3 进行考核。

表 2-3 实训成绩考核表 作业名称:消费者购买行为分析报告

<table>
<tr><th>评价指标</th><th>评价标准</th><th>分值(100 分)</th><th>评估成绩</th><th>所占比例/%</th></tr>
<tr><td rowspan="6">消费者购买行为分析报告</td><td>1. 购买行为依据准确</td><td>10</td><td></td><td rowspan="6">70</td></tr>
<tr><td>2. 购买行为标准合理</td><td>10</td><td></td></tr>
<tr><td>3. 购买行为调查方法恰当</td><td>15</td><td></td></tr>
<tr><td>4. 购买行为调查程序可行</td><td>15</td><td></td></tr>
<tr><td>5. 报告内容完整</td><td>25</td><td></td></tr>
<tr><td>6. 报告具有实际应用性</td><td>25</td><td></td></tr>
<tr><td rowspan="4">实训过程</td><td>1. 出勤与纪律</td><td>25</td><td></td><td rowspan="4">30</td></tr>
<tr><td>2. 实训态度</td><td>25</td><td></td></tr>
<tr><td>3. 自我学习与管理能力</td><td>25</td><td></td></tr>
<tr><td>4. 团队合作与创新能力</td><td>25</td><td></td></tr>
<tr><td colspan="3">综合得分</td><td colspan="2"></td></tr>
</table>

项目 3

确定农产品目标市场

职业能力目标

◆ 专业能力

1. 能运用恰当的市场细分方法，按照不同的标准，做出市场细分。
2. 能有效确定目标市场范围，并采取合理的目标市场策略。
3. 能运用市场定位的技术，展开市场定位。
4. 能根据市场细分、目标市场选择和市场定位的工作流程，完成具体任务。

◆ 社会能力与方法能力

1. 具有良好的沟通能力。
2. 具有良好的团队协作能力。
3. 具有市场细分表制作能力。
4. 具有目标市场选择与定位图制作能力。

学习任务 3.1 农产品市场细分

实践感知

奇异王果：深度细分果汁饮料市场

目前，中国果汁饮料市场上存在三股主要竞争力量，一支是内地农产品经营企业，如汇源、娃哈哈等；一支是我国台湾地区的农产品经营企业，如统一和康师傅；还有一支是大型跨国公司，如可口可乐、百事可乐等。如此激烈的市场竞争，使果汁饮料的价格日益透明化，厂家和经销商的利润不断变薄。于是，寻找新的利润增长点、追求市场经营差异化，就成为农产品经营企业的当务之急。

为此，汇源果汁集团在 2007 年 10 月研发推出了一款“奇异王果”的饮料，即国内首款超级 VC 营养饮料。与传统果汁饮料产品不同，汇源旗下的“奇异王果”首次撇开橙、苹果、葡萄等消费者接受程度比较高的大众水果，转向小众水果猕猴桃。在业内人士看来，作为国内果汁行业第一品牌的汇源抢占果汁饮料市场的新拳头产品“奇异王果”的出现就像是一个风向标，实际上开辟了果汁饮料的一个新品类“超级水果”饮料。这标志着国内果汁饮料市场细分将进一步升级。

“其实水果也分很多种类，有些水果某种营养元素特别丰富，它们通常被业内人士称为

‘超级水果’，猕猴桃就是其中的代表，它的维生素C含量是普通水果的几倍到几十倍。”汇源果汁集团有限公司杭州区的有关负责人表示。

到超市购物的消费者都会发现饮料货架上齐刷刷地摆满了琳琅满目的果汁饮料，从橙汁、苹果汁到野酸枣汁、野山楂汁、葡萄汁、蓝莓汁……让人看得眼花缭乱。在杭州物美超市的相关负责人章经理看来，细分一直是果汁饮料市场一个很重要的概念，是把整个行业推上快车道的加速器。“未来几年，国内果汁饮料市场的细分将继续升级。”他分析。相关统计资料显示，目前国内市场大概有350种不同品牌的果汁饮料产品，总产量每年都在以两位数的速度递增。

集思广益

随着人们生活水平的提高，消费观念日趋成熟，消费者对饮料的需求也不断升级，对于果汁饮料市场来说，是一个重大机遇。当然，牵涉果汁饮料市场细分的因素非常多。请举例说明你熟悉的果汁饮料是怎样进行市场细分的。

____

____

____

行动需求

在买方市场的情况下，除了极个别的产品外，大多数农产品对顾客而言，都有很多的选择。同时，任何农产品经营企业也不可能满足一种产品的所有市场需求，而只能满足其中一部分消费者的需要。开展农产品市场细分应完成以下工作。

第一步：确定市场范围。确定农产品经营企业生产什么产品、经营什么产品等，以明确农产品经营企业的产品市场范围。

第二步：列出市场需求。将产品市场范围内所有潜在顾客的所有需求列出。例如，顾客购买黄瓜的需求可能是家庭做菜吃；也可能是榨汁喝；有的是代替水果吃；还有的是用于美容。

第三步：删除相同需求。比较各种市场需求，去掉其中共同的需求，寻找其中具有特性的需求。例如，水果的营养是每个顾客的共同需求，因此没必要将其作为细分标准。

第四步：选择细分标准。在所有需求中删除相同需求，然后选出最重要的两三种，作为市场细分的标准。例如，在花卉市场中，以收入为细分标准，则有高收入的顾客会购买高档盆景和高档花卉；中等收入的顾客则购买普通花卉；低收入者则很少购买花卉。

第五步：展开市场细分。根据不同顾客的特征划分相应的细分市场，并赋予一定的名称，该名称可使人联想到该细分市场上顾客的特征。例如，“酷儿”果汁很容易就让人联想到“酷”、时髦的儿童。

第六步：审查细分结果。更深层次分析各细分市场的不同需求，理解将要进入细分市场的新变数。

第七步：确定细分市场。分析细分市场的潜力，确定细分市场的大小，从中选择农产品经营企业的目标市场。

知识准备

3.1.1 农产品市场细分的内涵

农产品市场细分是指营销者利用一定需求差别因素(细分因素),把某一农产品整体市场消费者划分为若干具有不同需求差别的群体的过程或行为。需要注意以下问题:

① 市场细分不是对自己的产品进行分类;

② 市场细分不是按农产品经营企业的性质进行分类;

③ 市场细分是按照顾客的需要和欲望进行分类。

农产品市场是一个非常庞大而复杂的市场。以家庭养花为例,有的消费者喜欢购买容易管理的,有的消费者要求价格便宜的,有的消费者喜欢能净化空气的,有的消费者则喜欢高档名贵的。因此,通过市场细分工作,区别具有不同欲望和需求的消费者群,就可以将其加以归类,把整个市场划分为若干个子市场、分市场。

3.1.2 农产品市场细分的要求

一般来说,农产品经营企业在进行市场细分时,应把握住下面四个要求。

(1) 要有明显特征

市场细分应使农产品经营企业营销人员能够识别有相似需求的顾客群体,这些群体应有农产品经营企业能分析的明显的特征和行为。例如,对花卉市场细分时,可以用收入作为细分的标准,这样高档花卉盆景与普通花卉的市场差异就非常明显。

(2) 农产品经营企业可以接受

要根据农产品经营企业的实力量力而行。在进行细分时,农产品经营企业应考虑划分出来的细分市场,必须是农产品经营企业有足够的能力占领的子市场,在这个子市场上,能充分发挥农产品经营企业的资源优势。

(3) 农产品经营企业有适当盈利

在市场细分中,被农产品经营企业选中的子市场还必须有一定的规模,即有充足的需求量,能够使农产品经营企业有利可图,并实现预期利润目标。如果细分市场的规模过大,农产品经营企业"吃不了,无法消化",在竞争中处于弱势;如果规模过小,农产品经营企业又"吃不饱",现有的资源得不到最佳利用,利润都难于确保。例如,杭州某花卉公司进行市场细分时,把目标市场的消费者定位于年薪20万~30万元的年轻白领群体,专门生产500~800元/盆的高档鲜花,最终因该群体消费者太少,没形成消费规模,导致市场销售出现困难,该公司也不得不重新细分市场。

(4) 市场有发展潜力

市场细分应有相对的稳定性,细分市场一旦被农产品经营企业选定为目标市场,它应给农产品经营企业带来的利益不仅是目前的,还必须能够带来较长远的利益。所以,农产品经营企业在进行细分时必须考虑市场未来发展的潜力。

3.1.3 农产品市场细分的标准

农产品经营企业要进行市场细分,首先是要确定按照什么样的标准来进行细分。根据农产品市场的特点，市场细分的标准主要有地理因素、人口因素、心理因素、行为因素等。另外，农产品除了作为直接消费品进入消费市场外，还是很多产品的原料，可作为生产资料，其用途也是市场细分的一个重要标准。

视野之窗

一颗豆子烙着"I LOVE YOU"，在情人节的12点钟声响起时，从易拉罐里探出了头，女孩惊喜而感动，这不是童话故事里的情节，现在的科技水平已经将这样的情景搬进了现实。由于传统鲜花店惨烈的竞争，新的特色花卉成为部分花商新的目标。"魔豆"面向的细分市场主要有以下三类。

年轻情侣一族：之所以受年轻人喜爱，是因为"魔豆"的定价一般在几十元左右，消费不高但可以买个新奇。

办公室上班族："魔豆"被上班族所看重，因为它是装饰办公室的理想产品。

公司团体客户：由于可以在"魔豆"上任意刻画图案文字，这种产品也成为很多公司庆典或者发放纪念品时展示公司形象的广告载体。

1. 按地理位置细分

不同地理环境下的顾客，由于气候、生活习惯、经济水平等不同，对同一类产品往往会有不同的需求和偏好，以至于对农产品经营企业的产品、价格、销售渠道及广告等营销措施的反应也常常存在差别。

（1）消费者居住的地区。例如，我国的茶叶市场，南方的消费者喜欢红茶和绿茶，华北、华东地区的消费者喜欢花茶，而少数民族地区的消费者喜欢砖茶。又如，西瓜市场也很复杂，有的城市喜欢黑皮品种，有的城市喜欢青皮品种，还有的城市青睐花皮品种。不同国家的消费者其消费习惯也有较大的差异。例如，美国消费者喜欢绿色石刁柏，欧洲消费者喜欢白色石刁柏；欧洲消费者喜欢偏酸的水果，中国消费者喜欢偏甜的水果。

（2）地形气候。地形可分为山区、平原、丘陵等；气温可分为热带、温带、寒带等；湿度可分为干旱地区、多雨地区等。例如，北方冬天寒冷，水资源较贫乏，在柑橘类产品中更喜欢容易剥皮、食用方便的宽皮柑橘；不易剥皮、需用刀切开，吃完后还得洗手的甜橙类，则在南方市场更适合一些。

2. 按人口因素细分

不同的年龄、性别、收入、职业、教育、宗教、种族或国籍的顾客，会有不同的价值观念、生活情趣、审美观念和消费方式，因而对同一类产品，必定会产生不同的消费需求。

（1）年龄。人们在不同的年龄阶段，由于生理、心理等因素的不同，对农产品的需求和欲望有着很大的区别。例如，在花卉销售中，玫瑰花的购买者多为年轻人，而年橘、金钱树、发财树的购买者多为成年人和老年人。

（2）收入。收入水平不同的顾客，在购买时对商品的要求也不同。高收入的顾客，对产品比较注重"质"的需求，购物场所习惯到水果超市；低收入的顾客，则侧重"量"的需求，通常喜欢到廉价的菜市场、普通商店等。但若以收入作为细分标准，不应忽视低收入群由于"补偿"心理或自身水平有限，也会购买高质量、高价格的产品。

(3) 文化程度和职业。不同文化程度的人,他们的价值观、信念、习惯等存在较大的差异。一般教育程度较高的人,其生活品位相对也比较高,所消费的多为高档农产品,特别是在高档名贵花卉、盆景等方面的消费。

(4) 职业。不同职业的特点,也会使人们有很多购买上的差异。例如,工人、农民、教师、公务员等不同的职业,收入都有差异,在消费需求结构和特点等方面也存在较大的不同。又如,考虑到不少上班族由于生活节奏快,没有充足的时间去菜市场买菜做饭,喜欢去超市买些净菜、配菜,净菜开发就免除了许多烦琐环节,因而深受消费者欢迎。

3. 按心理因素细分

以上地理因素、人口因素相同或相近的顾客,对同一产品的爱好和态度也会截然不同,这主要是心理因素的影响。

(1) 生活方式。生活方式是人们生活的格局和格调,表现人们对活动、兴趣和思想的见解上。人们形成的生活方式不同,消费倾向也不一样。例如,生活俭朴的人一般购买大大众化水果,如苹果、梨、柑橘等;而追求时尚的人则喜欢购买高档的水果,如提子、榴梿等。

(2) 社会地位。消费者所处社会地位不同,他们的消费心理会有较大的差异。例如,就园林树木市场来说,社会地位较低的消费者在房前屋后栽植的是价格便宜的普通园林树木,如玉兰、樟树等;社会地位较高的消费者,栽植的是罗汉松、银杏等名木。

(3) 性格。不同性格的顾客对产品的要求不同。例如,对产品的色彩,内向的人比较喜欢冷色调,外向的人却喜欢暖色调;对产品的款式,追求独特的人喜欢标新立异,依赖型的人却爱跟随众人。

4. 按行为因素细分

按行为因素细分是根据顾客购买或使用某种农产品的时间、追求的利益和对品牌的忠诚度等因素来进行市场细分。

(1) 购买时机。按顾客对产品的需要、购买、使用的时机的认知,并作为市场细分的标准。例如,元旦、春节等节日期间是花卉销售的黄金时段,各商家都会在这一期间全力以赴做好“年宵花”的销售。

(2) 追求利益。根据顾客对产品的购买所追求的不同利益来细分市场。例如,普通果汁的浓度为10%左右,而农夫果园则为30%,将果汁含量提高了3倍,而且是由三种果汁调配而成的,其营养成分更高、更均衡,这对追求营养的消费者是很有吸引力的,因此,农夫果园30%果汁成功地打开了销路。

(3) 品牌(品种)忠诚度。品牌忠诚度是指消费者对某品牌持有肯定态度的程度、承诺的程度以及愿意在未来继续购买的程度。农产品是一类比较特殊的商品,不少农产品没有品牌,如大部分蔬菜,部分水果、花卉,但一般都有品种之分。不同品种之间质量有较大差异,如沙田柚比普通柚更受消费者的欢迎。

5. 产品用途

农产品作为一种生产资料,不同的用户对同种产品的要求可能会有差异。例如,葡萄酒酿造公司要求葡萄的含糖量高、出汁率高,对果实大小、整齐度的要求较低;而用于制干的葡萄则要求无核、含水量低。作为零售的水果则应在成熟后销售,而作为储藏用的水果则在未完全成熟时就要采收。因此,农产品经营企业对不同用途的农产品,要相应的应用不同的市场营销组合,采用不同的市场销售措施。

3.1.4 农产品市场细分的方法

同步实务 3-1　　按照行为因素对花卉市场进行细分

业务分析：市场细分是为农产品经营企业选择目标市场，制定市场营销战略与策略服务的。按照行为因素细分，可考虑消费者购买时机、品种忠诚度和追求利益。

业务程序：若选择消费者追求利益的因素进行细分，则列出花卉市场细分，如图 3-1 所示

- 花卉
  - 食用花卉
  - 美容花卉
    - 菊花
    - 桃花
    - 玫瑰花
    - 茉莉花
  - 保健花卉
  - 宠物花卉
    - 手指玫瑰
    - 罐头花卉
    - 魔蛋
    - 花房精灵

图 3-1　花卉市场细分

业务说明：花卉市场还可以进一步细分。农产品经营企业根据细分的市场和规模，选择一个或几个作为自己的目标市场，有针对性地采取营销策略。

农产品经营企业可以按照细分标准进行市场细分，但由于各农产品经营企业的经营目的、产品规格不同，因而在细分方法上有所差别。例如，葡萄酒的市场营销，区别需求差异的因素主要是社会层次、职业和追求的利益等，而不是性别、家庭规模等；花卉的市场营销，则受性别、年龄、收入等的影响。因此，各农产品经营企业应根据具体情况，灵活运用市场细分的方法。

1. 单一因素细分法

单一因素细分法是指根据影响市场需求的某一种因素对整体市场进行细分的方法。这里所讲的“某一种因素”，可以是地理因素、人口因素、心理因素和行为因素等。例如，汇源果汁饮料根据消费者对不同水果口味的需要，将市场划分为“喝木瓜汁的人群”、“喝野山楂汁的人群”、“喝果肉型鲜桃汁的人群”、“喝葡萄汁的人群”、“喝蓝莓汁的人群”等细分市场，并根据每个细分市场的需要提供相应口味的果汁。

2. 双因素细分法

双因素细分法是指按影响市场需求的两种因素的组合对整体市场进行细分。例如，可口可乐的“酷儿”果汁饮料，在进行市场细分时，引入了人口因素中的“年龄”和行动因素中的“追求的利益”两个因素进行组合，发现市场上缺少针对 5～12 岁年龄段的儿童果汁类饮料，而且市场上的果汁饮料主要突出补充维生素的功能，没有补钙功能的果汁类饮料，最终将 5～12 岁年龄段的儿童作为目标客户，并在饮料中添加钙以满足其生长发育的需要。

3. 三因素细分法

三因素细分法是指按照影响市场需求的某三种因素组合对整体市场进行细分。例如，统一“鲜橙多”针对的目标消费群是“追求健康、美丽、个性的年轻时尚女性”，在目标市场的

选择上引入了人口因素中的性别和年龄、心理因素以及生活方式三个因素进行组合，对市场进行细分，而卖点则直接指向消费者的心理需求——“统一鲜橙多，多C多漂亮”。

4. 系列因素法

系列因素法（完全细分法）是指根据农产品经营企业经营的需要，选择多个细分标准，由大到小、由粗到细进行系列细分市场的方法。

例如，某葡萄酒公司选择多标准对葡萄酒市场进行细分，如图3-2所示。

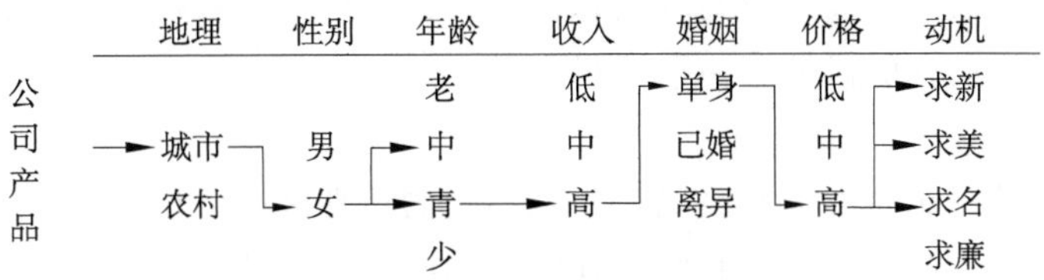

图3-2　某葡萄酒公司对葡萄酒的市场细分

○ 情景模拟

主题：制订水果店的市场细分方案。

过程设计：

(1) 事先将学生按照5～6人进行分组。

(2) 各组派代表扮演水果店老板、员工、顾客、记者和专家，模拟水果店的销售。

(3) 各组对水果店的销售进行评价，并讨论水果店的市场细分标准。

(4) 各组制订水果店的市场细分方案。

(5) 点评、完善与交流各组设计的市场细分方案。

模拟要求：

根据团队合作的目的，模拟销售的同学应提前设计问题和销售环节，并注意不应故意刁难同学；其他同学应以客观的视角做出评价。

情景再现：

某市人民医院附近新开了一家水果店，这家店铺已经换手过好多家餐馆，都没开起来，红红火火开场，落落寞寞关门。这新开的水果店，开张时也是大张旗鼓地搞了几天促销活动，不知命运如何。

一个月、两个月过去了，再去看这家水果店，居然排了两条长队：一条是在排刚上市就特价的新鲜荔枝；另一条是在排2.5元一斤的菠萝。再往店里边的购买区看，人挤人，每个人都挎着个篮子正在选购，在一旁上货的店主人乐得合不拢嘴。这里的水果品种全，无论是小众的榴梿、椰子，还是大众的西瓜、苹果、大鸭梨；无论是进口的加力果、柠檬，还是海南产的莲雾，这里一应俱全，满足各种消费需求。

这个百余平方米的水果店居然在此打开了市场！

○ 职业训练

训练主题：市场细分。

训练要求：通过实训，要求学生学会按照地理因素、人口因素、心理因素、行为因素对自行选中的农产品经营企业进行市场细分。

训练内容：

(1) 学会按照地理因素进行顾客细分。

(2) 学会按照人口因素进行顾客细分。

(3) 学会按照心理因素进行顾客细分。

(4) 学会按照行为因素进行顾客细分。

(5) 学会按照用途因素进行顾客细分。

训练准备：先要求学生利用业余时间，对背景农产品经营企业的产品情况进行调查。

训练资料：上述调查所得的第一手资料。

训练步骤：

第一步，将背景行业的市场按照地区分成不同的地理区域单位。

第二步，将背景行业的市场按照城乡分成不同的地理区域单位。

第三步，将背景行业的市场按照城市规模分成不同的地理区域单位。

第四步，将背景行业的市场按照气候分成不同的地理区域单位。

第五步，将背景行业的市场按照人口年龄结构划分。

第六步，将背景行业的市场按照用途划分。

第七步，将背景行业的市场按照家庭结构划分。

第八步，将背景行业的市场按照职业划分。

第九步，将背景行业的市场按照性别划分。

第十步，将背景行业的市场按照收入划分。

第十一步，将背景行业的市场按照受教育程度划分。

第十二步，将两种以上的细分因素组合后，再划分市场。

第十三步，将背景行业的消费者按照所处社会阶层划分。

第十四步，将背景行业的消费者按照个性划分。

第十五步，将背景行业的消费者按照生活方式划分。

第十六步，将背景行业的消费者按照对产品品牌的偏好程度划分。

训练成果：某农产品市场细分报告。

学习任务 3.2 农产品目标市场选择

实践感知

汶川灾后产业重建让樱桃畅销

2010 年 5 月 22 日，中国阿坝州首届大樱桃节在四川汶川绵虒镇三官庙村拉开序幕，上百名汶川儿女身着羌族传统服饰，载歌载舞庆祝大樱桃丰收。大樱桃作为汶川的支柱产业，在“5 · 12”大地震中受到重创，经过两年的重建，汶川已全面恢复大樱桃 1 万余亩，大樱桃种植户年收入达 1.5 万元以上。

据了解，灾后重建使汶川突破了交通瓶颈，都映高速的开通、映汶路的成功改建，打开了汶川大樱桃的销路。汶川县农业局副局长赵永喜说，汶川大樱桃产业链正在构建之中，利用产销过程中的残果、次果加工制成的“汶川红”樱桃酒、樱桃干等系列产品相继走进市场。

汶川岷江甜樱桃公司董事长袁捷表示，2010 年汶川甜樱桃产量比上一年多 50 万斤，达到 200 万斤。3 年后，仅汶川县产量就将达到 750 万斤，阿坝州将达到 1500 万斤，从而实现汶川甜樱桃“进入寻常百姓家”的目标，帮助震后村民增收致富。

集思广益

市场经过细分之后，应确定哪个或哪几个子市场作为自己的目标市场。请你谈谈对汶川樱桃“进入寻常百姓家”这一目标的看法，并分析汶川樱桃目前的目标消费群体和未来的消费群体。

行动需求

目标市场是指农产品经营企业准备用产品或服务以及相应的一套营销组合为之服务或从事经营活动的特定市场。为农产品确定目标市场，应完成以下工作，如图 3-3 所示。

图 3-3　确定目标市场的步骤

知识准备

3.2.1　评价农产品细分市场

评价细分市场，必须确定一套具体的评价标准，主要可从细分市场本身的特性、市场结构的吸引力、本公司的目标及资源优势这些方面来考虑。

1. 细分市场本身的特性

(1) 市场有没有“适当”的规模。“适当”的规模是一个相对的概念，大农产品经营企业一般重视销售量大的细分市场，小农产品经营企业却经常会选择一些小的细分市场。总地来说，根据农产品经营企业自身的条件，衡量细分市场的规模是否值得去开发，即开发这样的市场是否会由于规模过于小而不能给农产品经营企业带来所期望的销售额和利润。

(2) 市场有没有预期的发展前景。一个细分市场是否值得开发，除了应具备规模这一因素外，我们还要考察市场有没有相应的发展前景。发展前景通常是一种期望值，因为农产品经营企业总是希望销售额和利润能不断上升。但要注意，竞争对手会迅速地抢占正在发展的细分市场，从而抑制本农产品经营企业的盈利水平。

2. 细分市场结构的吸引力

有些细分市场虽然具备了农产品经营企业所期望的规模和发展前景，但可能缺乏盈利能力。迈克尔·波特提出决定某一细分市场长期利润吸引力的五种因素，如表 3-1 所示。

表 3-1　决定某一细分市场长期利润吸引力的五种因素

◆ 该市场同行竞争者的数量和实力
◆ 该市场进入的难易程度及潜在竞争的实力
◆ 该市场有无现实或潜在的替代产品
◆ 该市场购买者的议价能力高低，如购买者有无组织支持
◆ 该市场供应商的议价能力的高低，如该市场的产品生产是否要严重依赖某种由供应商提供的种子和化肥

3. 农产品经营企业的目标和资源

某细分市场具有适合农产品经营企业的规模、良好的发展前景和富有吸引力的结构，能否作为农产品经营企业的目标市场，农产品经营企业仍需要结合自己的目标和资源进行考虑。农产品经营企业有时会放弃一些有吸引力的细分市场，因为它们不符合农产品经营企业的长远目标。当细分市场符合农产品经营企业的目标时，农产品经营企业还必须考虑自己是否拥有足够的资源，能否保证在细分市场上取得成功。

3.2.2 确定农产品目标市场的范围

市场经过细分、评价后，可能得出若干可供进军的细分市场。农产品经营企业是向某一个市场进军，还是向多个市场进军呢？这就需要确定目标市场的范围。农产品经营企业可以在以下五种目标市场类型中进行选择，如图 3-4 所示。

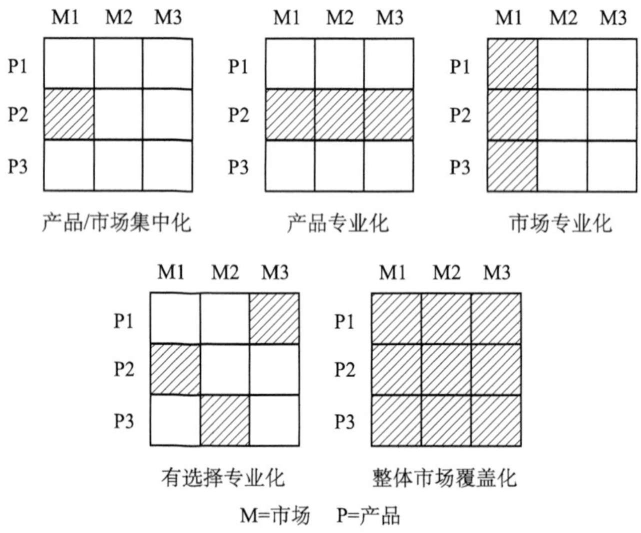

图 3-4　五种目标市场选择类型

1. 产品/市场集中化

农产品经营企业选择一个细分市场作为目标市场，只生产一种产品来满足这一市场消费者的需求。这种策略的优点主要是能集中农产品经营企业的有限资源，通过生产、销售和促销等专业化分工，能提高经济效益。一般适应实力较弱的小农产品经营企业，与其在大(多)市场里平庸无奇，倒不如在小(少)市场里占据一席之地。但是，这种方法也存在着较大的潜在风险，如消费者的爱好突然发生变化，或有强大的竞争对手进入这个细分市场，农产品经营企业很容易受到损害。

2. 产品专业化

农产品经营企业选择几个细分市场作为目标市场,且只生产一种产品来分别满足不同目标市场消费者的需求。这种策略可使农产品经营企业的某种产品树立起很高的声誉,扩大产品的销售,但如果这种产品被全新技术产品所取代,其销量就会大幅度下降。

3. 市场专业化

农产品经营企业选择一个细分市场作为目标市场,并生产多种产品来满足这一市场消费者的需求。农产品经营企业提供一系列产品专门为这个目标市场服务,容易获得这些消费者的信赖,产生良好的声誉,打开产品的销路。但如果这个消费群体的购买力下降,就会减少购买产品的数量,农产品经营企业就会产生经营滑坡的危险。

4. 有选择专业化

农产品经营企业选择若干个互不相关的细分市场作为目标市场,并根据每个目标市场消费者的需求,向其提供相应的产品。这种策略的前提就是每个市场必须是最有前景、最具经济效益的市场。

5. 整体市场覆盖化

农产品经营企业把所有细分市场都作为目标市场,并生产不同的产品满足各种不同的目标市场消费者的需求。只有大农产品经营企业才会选用这种策略。

同步实务3-2　　为某公司的冬枣选择目标市场

业务分析:目标市场选择的类型有产品/市场集中化、产品专业化、市场专业化、有选择专业化和整体市场覆盖化五种。每一种目标市场选择都是在准确的市场细分基础上开展的。

业务程序:

(1) 对冬枣市场运用不同标准进行细分,整理出多个比较可行的子市场,如礼品消费群、保健消费群、时新水果消费群、家庭消费群、单位消费群等。

(2) 根据农产品经营企业的实际情况,运用目标市场选择类型,选择某一个或几个子市场作为目标市场。例如,考虑到冬枣作为一种鲜食水果,因"口感好,营养丰富"而被誉为"水果之王"。因此,中高收入的女性消费群是此类水果消费的主力,她们喜欢接受和尝试新鲜事物,不妨选择该群体为目标市场。

业务说明:运用哪种类型的目标市场选择方式,选择哪个或哪几个细分市场为目标市场,都要紧密结合农产品经营企业的自身要素,如农产品经营企业的发展目标、规模、实力等。

3.2.3 制定农产品目标市场营销策略

所谓农产品目标市场营销策略,是指农产品经营企业对客观存在的不同消费者群体,根据不同产品的特点,采取不同的市场营销组合的总称。农产品经营企业选择的目标市场不同,提供的商品和劳务就不同,市场营销策略也不一样。目标市场的策略有三种:无差异性市场策略、差异性市场策略和密集(集中)型市场策略。如图 3-5 所示,概括了三种营销策略的差别。

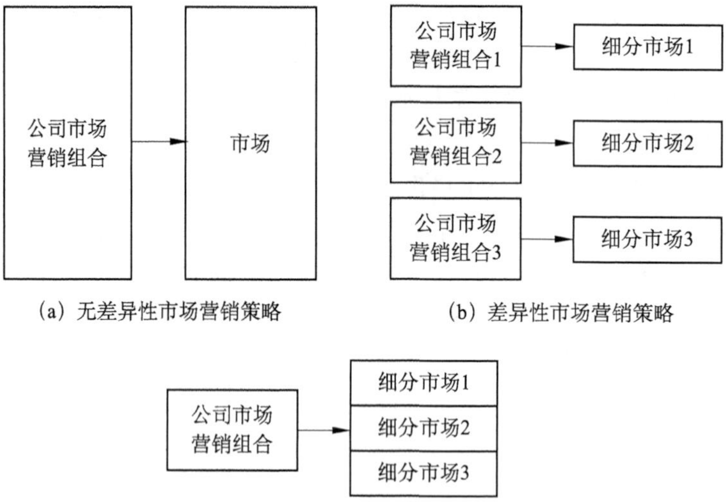

(a) 无差异性市场营销策略　(b) 差异性市场营销策略

(c) 密集型市场营销策略

图 3-5　三种不同的目标市场营销策略

1. 无差异性市场策略

农产品经营企业经过市场细分之后,虽然认识到同一类产品有不同的细分市场,但权衡利弊得失,不去考虑细分市场的特性,而注重细分市场的共性,决定只推出一种产品,或只用一套市场营销策略来满足市场所有顾客的需求,以求适合尽可能多的顾客需求。

由于只有一种产品,农产品经营企业容易做到机械化、自动化、标准化生产,容易做到大批量生产,容易做到生产成本低、产品质量好;又由于仅采用一种营销策略,销售成本也最低。这样,农产品经营企业能以物美价廉的产品迎合消费者的需要。但这种策略也有其不足。首先,不能满足消费者的多种需求。因为市场上的消费者的需求是千差万别的,农产品经营企业只有一种产品难以满足所有消费者的需求和欲望。其次,容易引起竞争过度。一旦农产品经营企业的这种产品销路好,能获得丰厚的利润时,必然招来许多竞争者。最后,不能长期使用。因为一种产品能长期为消费者所接受是罕见的,特别是现在的产品更新换代快,农产品经营企业应不断推出新产品。

这一策略适用于产品初上市的情况,或产品获得专利权的,因为这样的场合没有竞争者或竞争者少。其适合于生产规模大、实力雄厚的大农产品经营企业。

2. 差异性市场策略

农产品经营企业经过市场细分之后,认识到不同细分市场消费者存在不同的需求,农产品经营企业决定推出多种产品,采用多种市场策略,分别去满足多个目标市场消费者的需求。例如,广州花城汽水厂生产各种不同的高档饮料,用不同的口味、不同的功能、不同的包装、不同的广告宣传,分别吸引多个目标市场的消费者。它们用"高橙"饮料去适应北方市场和部队市场消费者的需要,用"高能"饮料去满足运动员、飞行员、强体力劳动者、强脑力劳动者迅速补能的需要,以"人参花饮露"去适应老年人滋补身体的需要,以"乐声宝"去满足演员、教师等消费者护嗓的需要等。

由于构成整体市场的消费者的需求是千差万别的，即使对同一种产品，在型号、规格、款式、颜色等方面的需求也有明显的差异。农产品经营企业选择多个目标市场并根据每个细分市场消费者的需要，用不同的产品、不同的市场策略去满足各个目标市场消费者的需要。所以，这种策略的优点有：一是销售量大。目标市场越多，消费者的需求就越多，产品的销售量就越大。二是风险小。因为农产品经营企业有多个市场，避免因为一个目标市场出现问题时，威胁到整个农产品经营企业的生存和发展。其最大的不足是成本高。由于农产品经营企业生产的产品多，需要多项研究费用，多套生产设备，多种熟练生产工艺的技术人员和生产工人，多种产品包装，加上产品需求批量小，生产成本必然高；且用多套分销渠道网络，多种促销措施，以至于分销费用、储存费用、广告宣传费用、人员推销费用都大幅度增加，销售成本也相当高。

这一策略适应于产品生命周期的成长期后期和成熟期。因为这一时期竞争者多，农产品经营企业采取这一策略可以获取市场竞争优势，增强农产品经营企业的竞争力。

3. 密集性市场策略

密集性市场策略也称集中性市场策略，是指农产品经营企业集中力量去满足一两个目标市场消费者需要。这一策略适应于资源薄弱的小型农产品经营企业，或是处于产品生命周期衰退期的农产品经营企业。

由于农产品经营企业认为自己的资源有限，农产品经营企业应集中所有的力量在这一两个目标市场上，争取在这市场上获取较高的市场占有率，不断取得竞争优势，逐渐扩充自己实力。这种策略的优点是投资少，见效快。因为农产品经营企业只有一两个市场，资金的需要较少，同时由于这一两个市场是农产品经营企业的“命根”，农产品经营企业必然会竭尽全力对目标市场做深入的调查研究，及时收集顾客意见，及时反馈信息，及时按消费者的需求和欲望去改进产品，提供最佳服务，能迅速产生销售效果。但由于农产品经营企业只有这一两个市场，万一市场发生变化，就会导致农产品经营企业经营失利，使农产品经营企业难于翻身。风险大就是这种策略的不足。

视野之窗

有一年元旦，某高校俱乐部前，一位老妇守着两筐大苹果叫卖，因为天寒，问者寥寥。一教授见此情形，上前与老妇商量几句，然后走到附近商店买来节日织花用的红彩带，并与老太太一起将苹果两两一扎，接着高叫道：“情侣苹果哟！两元一对！”经过的情侣们都觉得新鲜，用红彩带扎在一起的一对苹果看起来的确很有情趣，因而买者甚众。不一会儿，尽数卖光。

这位教授对大学门口来往的人群进行的市场细分可谓别出心裁，占比例很大的、成双成对的校园情侣给了他突发灵感，使其觉察到情侣们将是最大的苹果需求市场，从而确定了目标市场。

情景模拟

主　题：制订康乃馨的目标市场方案。

过程设计：

(1) 事先将学生按照5～6人进行分组。

(2) 各组派代表扮演花店店老板、员工、顾客等，模拟花店康乃馨的销售。

(3) 各组对花店的销售进行评价，并讨论康乃馨的目标消费群体。

(4) 各组制作康乃馨的目标市场方案。

(5) 点评、完善与交流各组设计的目标市场方案。

模拟要求：

根据团队合作的目的，模拟销售的同学应提前设计问题和销售环节，并注意不要故意刁难同学；其他同学应以客观的视角做出评价。

情景再现：

母爱是无私的，更是没有国界的。美国国会于1914年5月7日通过决议，确定每年五月的第二个星期天是母亲节。母亲一生为养育儿女呕心沥血，付出的最多。这一天正是提醒每位做儿女的要永远记住母亲的辛劳和养育之恩。为了纪念这个温馨的节日，人们一般都以赠送康乃馨来表达对母亲深深的爱恋。康乃馨是母爱之花，它是慈祥、温馨和真挚的代名词。

离母亲节的到来还有两个月，温馨花店的全体员工都已经投入到备战状态中去了。他们面临的难题是到底把康乃馨卖给谁，有的员工说是卖给青少年，可是又觉得他们的消费实力不大；有的说是卖给白领人士，可是又担心他们大部分是远离母亲在外工作；还有的说……

○ 职业训练

训练主题：目标顾客选择。

训练要求：通过实训，要求学生学会评估背景行业细分市场，并选择目标市场。

训练内容：

(1) 背景行业细分市场评估；

(2) 背景行业目标市场选择。

训练准备：学生先收集背景行业供应商、替代产品、顾客、同业竞争者等相关资料。

训练资料：背景行业供应商、替代产品、顾客、同业竞争者等相关资料。

训练步骤：

第一步，评估背景行业细分市场的规模。

第二步，评估背景行业细分市场发展状况。

第三步，评估背景行业细分市场结构。

第四步，评估背景农产品经营企业目标与资源。

第五步，掌握细分市场的五种模式。

第六步，分析每种选择模式的优劣。

第七步，根据背景行业目标、特点，确定选择细分市场的模式。

第八步，选择目标市场营销策略。

训练成果：细分市场评估报告。

学习任务 3.3 农产品市场定位

实践感知

连锁店中的“高贵”洋水果

陈宽朴实的衣着配上那一脸憨厚的笑容，看上去，根本不像拥有 10 家连锁店的老板。然而，他亲手打造的新农民果业在成都市区繁华路段开了一家又一家专业水果连锁店，如沙湾东一路店、小天竺中街店、西安中路店等店相继亮相，每家店的营业面积从 40 平方米到 100 多平方米不等，生意做得红红火火。

新农民果业市场定位中高档，在白马寺店的 60 多个水果品种中，中高档果占到了 80%以上，其中进口的高档洋水果占 10%。摆放出来的水果视觉效果不错，以 17 元/公斤的台湾红富士、10 元/公斤的草莓、9.6 元/公斤的皇帝柑为代表的中档水果颇受顾客欢迎。蛇果、红提等娇贵的洋水果则被摆放进了店内的大保鲜柜中。虽然 160 元/公斤的车厘子和72 元/公斤的澳洲香芒光顾者并不多，但陈宽还是坚持把这些“高贵”的洋水果摆到店里来。他的想法是，既然是专业的水果店，当然要尽可能保证给顾客提供更全面的品种。再说，洋水果还能提升一个水果店的档次。

真正为自己挣钱的还是中档水果，陈宽心里非常清楚，低档水果聚人气，中档水果挣利润(平均利润在 20%左右)，高档水果抬身价。在他看来，消费者已经越来越追求购物环境，即便是买低档水果也想进形象好一点的水果店。

集思广益

如何使自己的产品与现存的竞争者产品在市场形象上相互区别，这就是市场定位的问题。你认为新农民果业的市场定位合理吗？为什么？

____

____

____

行动需求

第一步：调查影响因素，确认竞争机会。

第二步：明确竞争优势，策划定位战略。

第三步：选择定位基点，策划定位方式。

第四步：策划沟通方案，传播定位观念。

知识准备

3.3.1 农产品市场定位的内涵

农产品市场定位是指农产品经营企业为了实现特定的经营目标，根据消费者的需求及自身的情况，分析自己与竞争对手在目标市场占有的地位，为本农产品经营企业及其产品在目标市场确定一定的市场位置。或者说，为农产品经营企业及其产品创造某特色，在目标用户心目中树立起某种形象，以适应用户的需求和战胜竞争对手。市场定位实际上是在已有基础上更深一层次的市场细分和目标市场选择，即从产品的特征出发对目标市场进行更进一步的细分，进而在消费者需求确定的目标市场内，再选择确定农产品经营企业产品的目标市场。

3.3.2 农产品市场定位的策略

1. 产品定位策略

产品定位的目的是让有形、无形的产品在顾客心目中留下深刻的印象，因此产品定位必须由各种特征，如功能、价格、技术、质量、维护、包装、销售渠道、售后服务等方面入手，使其中的一个或几个能与其他同类产品区分开来，且区别越大越好，特色越明显越好，看上去就好像是市场上"唯一"的。归纳起来，农产品定位策略有下面几种。

(1) 使用者的类型定位。这种定位方法是在市场细分的基础上，根据消费者或用户的不同需求，生产出不同用途或性能的产品，使之定位于不同的消费者群体。例如，随着家庭人口数量的减少，对西瓜的需求就不再仅仅是大西瓜，有些家庭就喜欢购买小型西瓜，因为一次就可以吃完，避免存放和可能造成的浪费。有的农产品经营企业就推出小西瓜、礼品西瓜等，满足部分消费者的需求，也打开了市场销路。

(2) 按产品的特色定位。这种定位方法是农产品经营企业利用其产品的特色如功能、质量、价格等，通过各种营销手段使该产品在消费者心中占据一席之地。例如，某公司推出的一种香味植物具有驱逐蚊子的功能，而对人体无害，比其他香味植物更具特色，而且比购买蚊香、杀蚊剂等更便宜、更环保，一经推出，就受到消费者的追捧。

(3) 按产品为消费者提供的利益定位。这种定位方法是农产品经营企业根据消费者的要求，针对产品的不足进行改进，赋予原有产品一些新的特色，使产品顺其自然地在消费者心中定位。例如，传统的家庭养花都采用泥土或其他基质，外形难看且易弄脏房屋，还不易养护。某农产品经营企业根据消费者的需要，研制出一种"水晶泥"，代替了原来的泥土，干净漂亮，还富有营养，栽上花卉后不用施肥浇水，十分方便，很快就受到目标消费者的青睐。

(4) 根据产品的功能定位。产品主要就是因为它能帮助顾客解决问题，带来方便，获得心理上的满足，这就是产品的功能。顾客一般很注重产品的功能，农产品经营企业可以通过对自己的各种功能的突破、强调给顾客带来比竞争对手更多的利益和满足。

① 多功能定位。提供多种功能，期望顾客买一件产品，可获得多种用途，达到多方面的满足，建立起"功能齐全"的市场形象。

② 重点功能定位。将产品关键的、重要的功能作为突破点，使顾客在产品主要功能方面获得最大的满足，形成产品独特的形象。

③ 单一功能定位。将产品的某一功能设计得特别突出，使一件产品能够完全满足一种功能需要，从而突出产品差异。

2. 品牌定位策略

(1) 档次定位

依据品牌在消费者心目中的价值高低区分出不同的档次。例如，酒店、宾馆按星级划分为1～5个等级，是档次定位的一个例子。因为档次定位反映品牌的价值，不同品质、价位的产品不适宜使用同一品牌。如果农产品经营企业要推出不同价位、品质的系列产品，应采取品牌多元化策略，以免使整体品牌形象受低质产品印象而遭到破坏。例如，顶新集团在中档方便面市场成功推出"康师傅"后，在进攻低档方便面市场时，不是简单地沿用影响力已经很大的"康师傅"品牌，而是推出新的品牌"福满多"。

(2) 类别定位

依据产品的类别建立起品牌联想。类别定位力图在顾客心目中造成该品牌等同于某类产品的印象，以成为某类产品的代名词或领导品牌，在消费者有了某类特定需求时就会联想到该品牌。在饮料市场，"可口可乐"和"百事可乐"是市场的领导品牌，市场占有率极高，在消费者心目中的地位不可动摇。"七喜"汽水"非常可乐"定位就是借助类别定位的一个经典例子。"非常可乐"的定位使"七喜"处于与"可口"和"百事"对立的类别，成为可乐饮料之外的另一种选择。不仅避免了与两巨头的正面竞争，还巧妙地与两品牌挂钩，使自身处于和它们并列的地位。

视野之窗

美国"新奇士"橙曾在市场上率先推出柳橙汁，并一炮打响，当时的广告词是："纯纯果汁，我们叫它新奇士。"显然，新奇士从一开始就希望把自己的产品定位成"果汁领导品牌"，但多年以后，其产品的定位目标并没有完全达到，大多数人都认为"新奇士就是柳橙汁的代名词"。也就是说，在消费者心目中，新奇士的定位是"柳橙汁"而非"果汁"，这种过于被窄化的定位，不但使新奇士的"果汁定位"沦为一厢情愿，而且还使它无法有效地向外拓展"果汁"的产品线，新奇士日后还陆续推出了芭乐汁、水蜜桃汁等，但均未能像其当年推出柳橙汁那样在市场上大放异彩。

(3) 比附定位

比附定位就是攀附名牌，比拟名牌来给自己品牌定位。其目的是借名牌之光，提升自己品牌的价值和知名度。

① 甘居"第二"。明确承认同类产品中另有最负盛名的品牌，自己只不过是第二而已。这种策略会使人产生一种谦虚诚恳的印象，相信其所说的是真实可靠的，因而记住了通常不易为人重视和熟记的序号。

② 奉行高级俱乐部策略。强调自己是某个具有良好声誉的小团体的成员之一。例如，美国克莱斯勒公司就宣称自己是美国"三大汽车公司之一"，推出这个俱乐部的概念，一下子使自己和"巨头"们坐在一起了，很容易在顾客心目中留下较深的印象。

(4) 情景定位

将品牌与一定环境、场合下产品的使用情况联系起来，以唤起顾客在特定情景下对该品牌的联想。例如，"八点以后"巧克力薄饼定位"适合八点以后吃的甜点"，"米开威"(Milky

Way)则自称为“可在两餐之间吃的甜点”。它们在时段上建立了区分，八点钟以后，想吃甜点的顾客自然而然想到“八点以后”这个品牌；而在两餐之间，首先会想到米开威。

同步实务 3-3　　判断冬映红冬枣的品牌定位

业务分析：冬映红冬枣在消费者生活中扮演着“果品营养专家”的角色，致力于提升人类生活品质，创造美好生活体验，致力于打造“水果中的 XO”。

业务程序：

(1) 列出品牌定位的基本策略主要有档次定位、类别定位、比附定位和情景定位；

(2) 冬映红冬枣诉求的“水果中的 XO”为基点展开分析；

(3) 发现冬映红冬枣和高档次的 XO 产生一致的联想，这属于比附定位，从而突出冬映红的品牌价值和品牌档次，易于冬映红品牌高端形象的建立。

业务说明：另外，冬映红冬枣以食品作为类比，有助于引发消费者品尝的欲望。

3. 农产品经营企业定位策略

顾客在购买一种物品的时候，常常会面临品牌太多，而自己又对品牌弄不清楚的情形。这时，顾客往往会倾向于看生产经营的农产品企业是哪一家，再做决定。农产品经营企业作为一个整体，在顾客的心目中有一定的位置。例如，一提到果汁，大多数人脑子里立刻会想到农夫果园、汇源、娃哈哈等一系列的名称。所以，一个农产品经营企业，必须设法让自己作为一个整体，在顾客的心灵中占据一个明显而突出的位置。农产品经营企业作为整体的定位，有以下四种可以选择的策略。

(1) 市场领导者的策略

在同行中，往往有一家这样的大农产品经营企业，它的经济实力雄厚，产品拥有最大的市场占有率，被公认处于市场领导者的地位。这类农产品经营企业为了维护其领导者的地位，通常把自己的整体形象定位在消费者偏爱范围的中心位置，这样的定位最能适合广大顾客的需要，市场占有率最大。

(2) 市场挑战者的策略

在同行业中，一些大农产品经营企业处于第二位、第三位的市场地位，它们不甘心被领导，乐于市场竞争，抢占市场领导者的位置，以提高市场占有率，增加盈利。这类农产品经营企业的市场定位是把自己的整体形象定位在尽量靠近市场领导者的位置，缩小与领导者的差别，便于争夺市场领导者地位。

(3) 市场追随者的策略

在同一行业中，一些处于市场第四位、第五位的农产品经营企业，或处于第二位、第三位的农产品经营企业，它们从利润出发，不愿意冒风险与市场领导者争夺市场领导地位，而宁居次要地位追随、模仿市场领导者。这类农产品经营企业一般选择的定位策略有三：一是紧随其后；二是有距离追随；三是有选择追随。

(4) 市场补缺者的策略

在同一行业中，一些小型农产品经营企业因为资源有限，无法与大农产品经营企业相争，只能经营一些被大企业忽视的小市场。这类农产品经营企业把自己的整体形象定位在远离领导者的位置上，以避免市场竞争，发展自己的事业。

3.3.3 农产品市场定位的技术

1. 市场定位的工具

定位不仅是一种思考，在实践中还需要专业性的工具使之操作具体化。定位图就是进行定位时最常使用的一种工具。

定位图是一种直观、简洁的定位分析工具，一般利用平面二维坐标图的品牌识别、品牌认知等状况进行直观比较，以解决有关定位问题。其坐标轴代表顾客评价品牌的特征变量，图上各点则对应市场上的主要品牌，它们在图上的位置代表顾客对其在关键特征的评价，如图3-6所示。通过定位图，可以显示各产品、各品牌在顾客心目中的印象及之间的差异，在此基础上做出定位决策。

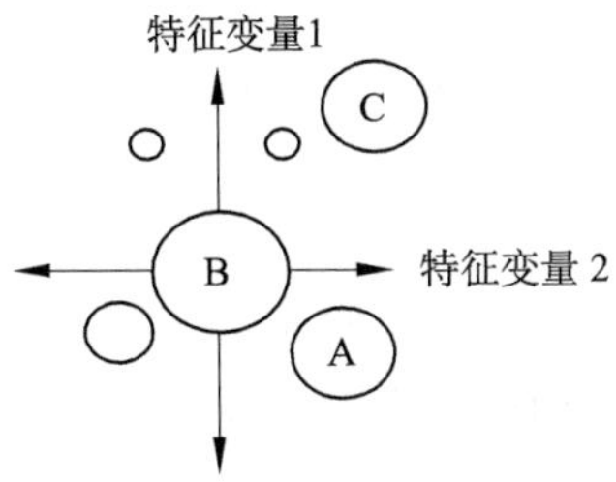

图3-6 品牌定位图

如果需要更复杂的分析（两个以上的特征变量），可用其他的定位工具，如排比图和多元分析的统计软件。

2. 市场定位的方式

(1) 避强定位

农产品经营企业力图避免与实力最强或较强的其他农产品经营企业直接发生竞争，将自己的产品定位于与竞争对手不同的市场区域内，使自己的产品在某些特征或属性方面与最强或较强的对手有显著的差异。这种方式的优点是：能够迅速地在市场上站稳脚跟，并能在消费者或用户心目中迅速树立起一种形象。由于这种定位的方法市场风险较少，成功率较高，常为多数农产品经营企业所采用。

(2) 对抗性定位

农产品经营企业根据自身的实力，为占据较佳的市场位置，不惜与市场上占支配地位的、实力最强或较强的竞争者发生正面竞争，从而使自己的产品进入与对手相同的市场位置。这种定位的方式有时会产生激烈的市场竞争，有较大的市场风险，但不少农产品经营企业认为由于竞争者强大，能够激励自己奋发上进，一旦成功就会取得巨大的市场优势，且在竞争过程中往往能产生轰动效应，可以让消费者很快了解农产品经营企业及其产品，易于树立市场形象。

(3) 重新定位

农产品经营企业实施某种定位方案一段时间以后，有可能发现原有定位效果并不理想，不能达到营销目标；或者没有足够的资源实施这一方案；或者为发展新市场的需要；或者为满足竞争的需要。此时，应该对产品进行重新定位。重新定位有时需要承担很大的风险，农产品经营企业在做出重新定位决策时，一定要慎重，必须仔细分析原有定位需要改变的原因，重新认识市场，明确农产品经营企业优势，选择最具优势的定位，并通过传播、不断强化新的定位。

情景模拟

主 题：制订新型蔬菜市场的定位方案。

过程设计：

(1) 事先将学生按照5～6人进行分组。

(2) 各组派代表扮演蔬菜农户、记者、顾客等，模拟新型蔬菜的销售。

(3) 各组对销售过程进行评价，并讨论该类蔬菜的市场定位。

(4) 各组制作新型蔬菜市场定位方案。

(5) 点评、完善与交流各组设计的市场定位方案。

模拟要求：

根据团队合作的目的，模拟销售的同学应提前设计问题和销售环节，并注意不应故意刁难同学；其他同学应以客观的视角做出评价。

情景再现：

黄瓜也喝上牛奶，吃上鸡蛋了！这可不是天方夜谭。2007年7月3日，在乌鲁木齐县青格达湖乡新联村“农泉神菜”种植基地，我们看到，几位技术人员正手拿小铁勺，给一株株黄瓜苗“喂”牛奶、“吃”鸡蛋。

该种植基地负责人张京召介绍说，用牛奶、鸡蛋、黄豆种植蔬菜的技术，是青格达湖乡2007年4月从山东引进的绿色平衡技术，以一定比例的发酵黄豆混合鲜鸡蛋，加上牛奶调配成特殊的有机肥，在黄瓜苗开花坐果时在其根部进行追肥，而生产出口味和品质大幅提高的蔬菜和果品。

青格达湖乡副乡长马德义说，用牛奶、鸡蛋、黄豆种植蔬菜的技术种植出的蔬菜，成本虽然比普通蔬菜要高一倍，但是市场价格却比普通蔬菜高出3～4倍。目前，青格达湖乡有6户农民用这种技术种植了黄瓜、芹菜、刀豆、茄子、辣子、西红柿等7个品种的蔬菜，种植面积达100亩左右。

马德义说，目前乌鲁木齐市场上普通黄瓜售价在每公斤1.5～2.0元，而这些黄瓜已经被一些公司以每公斤6元钱的价格订购完毕。

马德义说，目前乌鲁木齐周边地区种植的多为大众蔬菜，青格达湖乡人均土地占有面积只有1.7亩，80%以上种植蔬菜，普通蔬菜种植收益不高，发展高、新、特、稀蔬菜品种成为未来趋势。引进的绿色平衡技术种植的“牛奶蔬菜”，产品定位为中高档市场，必将带动当地农民采用先进的种植技术，发展新品种蔬菜种植，实现增产增收。

张京召说，他将“牛奶蔬菜”注册为“农泉神菜”商标，同时在青格达湖乡扩大种植面积，带动农民致富。

职业训练

训练主题：市场定位。

训练要求：通过实训，要求学生能够知晓背景行业的主要目标市场，并分析各主要目标市场的特征，确定产品定位和农产品经营企业定位策略。

训练内容：

(1) 背景行业主要目标市场分析；

(2) 确定各项目组选择产品的定位；

(3) 确定背景农产品经营企业定位策略。

训练准备：学生先收集背景行业在经营管理能力、技术开发能力、采购综合能力、生产能力、市场营销能力、财务能力、产品特色、产品价格、产品包装、服务等方面情况的资料。

训练资料：背景行业上述方面的相关资料。

训练步骤：

第一步，列出各项目组的背景农产品经营企业想要进入的主要目标市场。

第二步，列出目标市场的欲望、需求等特征。

第三步，分析各主要目标市场的特征。

第四步，确定背景农产品经营企业在产品、服务、人员、形象等方面与竞争者的差别。

第五步，准确选择背景农产品经营企业的相对竞争优势。

第六步，分析背景农产品经营企业在目标市场中的地位。

第七步，根据背景农产品经营企业在目标市场中的地位，选择市场定位策略。

第八步，各小组根据背景农产品经营企业采用的不同定位策略，进一步开展具体策略和方法选择。

训练成果：市场定位报告。

项目小结

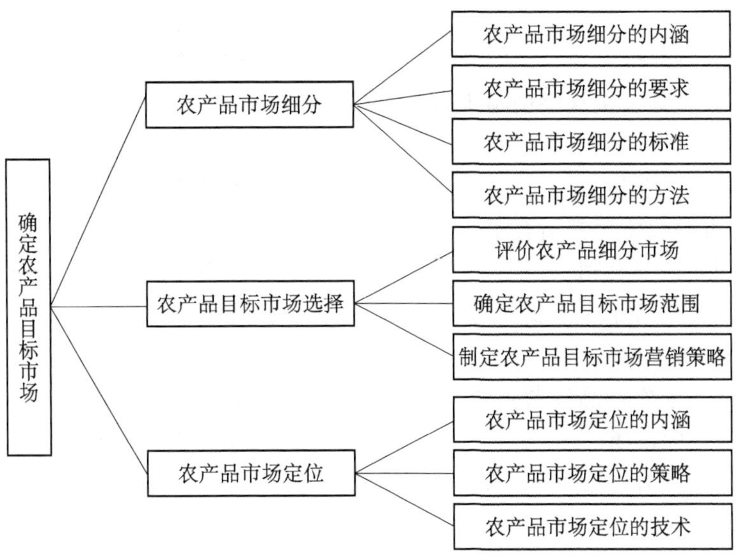

职业能力测试

一、职业能力判断与选择

(一) 判断题

1. 农产品市场细分标准中的有些因素相对稳定，多数则处于动态变化中。(　　)

2. 通过农产品市场细分化过程，划分的每一个农产品细分市场，对农产品经营企业市场营销都具有重要的意义。(　　)

3. 同质性农产品适合于采用集中性市场营销战略。(　　)

4. 集中性市场战略适合于资源薄弱的小型农产品经营企业。(　　)

5. 农产品市场定位与产品差异化无关。(　　)

6. 农产品经营企业采用服务差别化的市场定位战略，就可以不再追求技术的提高。(　　)

7. 农产品经营企业在市场营销方面的核心能力与优势，会自动地在市场得到表现。(　　)

(二) 选择题(1～10 题为单项选择题；11～14 题为多项选择题)

1. 同一农产品细分市场的顾客需求具有(　　)。

A. 绝对的共同性　B. 较多的共同性　C. 较少的共同性　D. 较多的差异性

2. (　　)差异的存在是农产品市场细分的客观依据。

A. 产品　B. 价格　C. 需求偏好　D. 细分

3. 某公司专门向葡萄加工商供应无核葡萄、多汁葡萄、多糖葡萄等一系列不同品种的葡萄，这是一种(　　)策略。

A. 市场集中化　B. 市场专业化
C. 全面市场覆盖　D. 产品专业化

4. 依据目前的资源状况能否通过适当的营销组合去占领目标市场，即农产品经营企业所选择的目标市场是否易于进入，这是农产品市场细分的(　　)原则。

A. 可衡量性　B. 可实现性　C. 可赢利性　D. 可区分性

5. 采用(　　)的模式的农产品经营企业应具有较强的资源和营销实力。

A. 市场集中化　B. 市场专业化
C. 产品专业化　D. 市场全面覆盖

6. 采用无差异性营销战略的最大优点是(　　)。

A. 市场占有率高　B. 成本的经济性
C. 市场适应性强　D. 需求满足程度高

7. 集中性市场战略尤其适合于(　　)。

A. 跨国农产品公司　B. 大型农产品经营企业
C. 中型农产品经营企业　D. 小型农产品经营企业

8. 农产品市场定位是(　　)。

A. 塑造一家农产品经营企业　B. 塑造一种产品
C. 确定目标市场　D. 分析竞争对手

9. 重新定位，是对销路少、市场反应差的产品进行(　　)定位。

A. 避强　B. 对抗性　C. 竞争性　D. 二次

10. 农产品市场细分化是根据(　　)的差异对市场进行的划分。

A. 买方　B. 卖方　C. 产品　D. 中间商

11. 细分农产品消费者市场的标准有(　　)。

A. 地理环境因素　B. 人口因素　C. 心理因素
D. 行业因素　E. 行为因素

12. 无差异营销战略的特点有(　　)。

A. 具有成本的经济性　　B. 不进行市场细分

C. 适用于绝大多数产品　　D. 只强调需求共性

E. 适用于小农产品经营企业

13. 农产品市场定位的主要方式有(　　)。

A. 产品定位　　B. 形象定位　　C. 避强定位

D. 对抗性定位　　E. 重新定位

14. 农产品经营企业在市场定位过程中(　　)。

A. 要了解竞争产品的市场定位

B. 要研究目标顾客对该产品各种属性的重视程度

C. 要选定本农产品经营企业产品的特色和独特形象

D. 要避开竞争者的市场定位

E. 要充分强调本农产品经营企业产品的质量优势

二、项目案例分析

"苗条淑女"动心饮料的市场细分

国内著名制药农产品经营企业"哈药集团制药六厂"(以下简称"哈六")所推出的"苗条淑女"动心饮料为其在快速消费品行业分得了国内功能饮料市场的一杯羹。有人认为一贯靠广告轰炸造势的"哈六",这次主要也还是凭借了电视广告的优势,靠影视红星范冰冰在帮忙吆喝!但专业人士认为,"哈六"的成功主要在于对饮料市场进行了深入细分。

1. 细分南北市场差异,以点及面逐步扩展

不清楚者都会认为,"哈六"进军饮料行业太草率,因为毕竟医药与饮料是两个不同的行业,"哈六"能卖好药但是不一定能够卖好饮料。此话的确不假。不过,"哈六"进军饮料行业绝非冒进,从一定程度上讲,还应该是"摸石探河",非常谨慎。"哈六"一直在想如何利用制药业的优势进军饮料行业,特别是功能饮料。毕竟医药的网络渠道、营销方式与消费特征,与饮品完全是两码事,考虑到南北市场的差异和避免外行涉足的各种不利因素,"哈六"开始并没有直接进入全国市场,而是推出了"纯中纯"水饮料作为"试水石"在东北局部市场作战,结果"纯中纯"系列饮品的推出在当地市场很受欢迎,其中"南波万"纯净水还畅销到了别人来仿冒的地步!当时对娃哈哈等外来品牌的拓展也产生了有力的阻击,这样一来在一定程度上也为"哈六"进军全国饮料市场摸索到了一定的经验。前些年,其产品不仅俏销东北三省,还销售到了河北、北京等地。通过一定时期的精心准备后,2006年"哈六"见时机已经成熟,于是果断出击外埠市场,"苗条淑女"便是进军全国市场的第一主力产品。这里,值得一提的是,"哈六"作为外行资本涉足其他产业,并没有凭着资金优势与气血之热贸然阔步,而是先通过在局部市场的锻炼与学习,再由点及面,逐步扩展。

2. 细分功能饮料市场差异,打出"减肥"招牌

从碳酸饮料、水饮料、果汁饮料、茶饮料到功能饮料、含乳饮料等,虽然饮料市场一路风姿万千,但功能市场素来被不少业界的人士看成是一个赚大钱的"香饽饽"。当然,功能定位也并非易事。一是你的功能不能打胡乱说,信口开河,拿消费者的生命当儿戏;二是功能如太特别、太差异化,又在一定程度上局限了消费群体,"市场培育费"也不轻松;三是饮料本身就是一个大众化产品,有时太突出了功效,反而适得其反。基于这些因素,有人认为"哈六"

的定位是恰如其分，得机得势。所谓“机”，是填补了市场空白，之前没有减肥饮料产品；而“势”则是有效利用了“哈六”的生产与资本优势。从一定程度上讲，以“减肥”功效定位的“苗条淑女”饮料能满足相当部分消费群体的需求。我们都知道随着当今物质生活水平的日益提高，社会肥胖族人群是越来越庞大，减肥产品需求者也越来越多！这是因为肥胖已成为世界面临的一个严重的公共健康问题，据最近公布的中国健康状况的调查结果显示：在7～18岁这个年龄段中，10%的男孩和5%的女孩属于肥胖人群，是1995年的两倍；同时，2005年的一项调查显示20岁以上的中国成年人中有3000万肥胖人口，目前我国肥胖者已远远超过9000万名，超重者高达2亿名。有专家预测说，未来十年中国肥胖人群将会超过2亿。而“哈六”此次适时推出减肥产品，对消费者来说，也是一种福音，因为饮料没有药品贵，且有保健作用，何乐而不为呢？“苗条淑女”动心饮料目前是获得了国家保健食品认证的，也就是说，的确具有减肥功效，因为在国内饮料行业获得此证书的厂家是微乎其微的。以在制药业的名望向消费者告知饮料产品的品质，这一点，相信能增强消费者对“苗条淑女”的忠诚度。不难看出，“哈六”为了实现多元化发展，通过对功能性饮料市场的细分，有效延伸了自己的产品链，即“医疗性药品”→“功能性饮品”。

3. 细分消费群体，“国内第一女性化饮料”横空出世

在现代社会中，胖人越来越多，有男人，有女人，有老人，有少儿。面对消费结构复杂的消费群体，一瓶大众化饮料该由谁来买？少儿不是领导型，老人不是主动型……在男人与女人组成的大千世界里，“哈六”首先选择了女人作为减肥产品的消费主体，而针对女性消费群体，又进行了深入细分，因为在女性肥胖人群中18～25岁之间的年轻女性又是最怕胖的，她们正处于女人最美丽的年龄阶段，不仅希望自己年轻漂亮，更希望自己能长期保持一个苗条淑女般的身材，而这部分消费者又是时尚型、冲动型消费者。这样，“哈六”以“苗条淑女”四个字来作为产品命名，便真正找到了最喜欢喝减肥饮料的对象——最怕胖的青春女孩。总体分析，“苗条淑女”达到了“名实相符”与“名市相符”。所谓“名实相符”，是“苗条淑女”这四个字能深刻诠释产品的功能特征，消费者很容易联想到“减肥”二字；而“名市相符”则是指符合目标市场的消费环境，准确地锁定了目标消费群体。这里，说其是“国内第一女性化饮料”，并不为过。

4. 细分产品包装，推出“淑女”造型

市面上各类饮料包装大同小异，无论是塑瓶装，PET材质、易拉罐，还是复合纸包装等，都十分近似，包装颜色也千篇一律，缺乏个性。让自己的包装新奇夺目，同时又能突显产品的特征，这方面，“哈六”就比较有特色。结合产品的“减肥”功能与目标消费群体定位，其推出的“淑女”造型瓶可谓十分迷人。在超市看到：瓶颈与握手的中间部分好比少女白净的颈项与纤纤细腰，瓶体上端鼓围部分和下边则似丰满的胸部与美丽的“A”字裙，整个瓶型俨然似一个生动逼真的“苗条淑女”；同时，瓶体颜色以紫色为主，以白色衬托，充分体现了美丽、高贵与典雅，而瓶子手感也十分舒适，备受年轻女性的喜爱与推崇。作为减肥饮料，“哈六”没有在产品标识上过度渲染，而仅一个瓶体造型设计，就能让消费者联想到“苗条”，这一点是可以说是难能可贵的。

5. 细分广告诉求，“怕胖”二字迎合了消费心理

在品牌传播方面，广告诉求究竟应该表达什么？就好比作为功能饮料究竟是该突出功能，还是淡化功能，或者是突出其他方面，这一点恐怕多数人都在纳闷。从一个功能饮料产品来讲，我们认为绝对不能太突出功能，因为饮料毕竟是一个大众化产品，太突出了，相反会让消费者质疑你的功能，同时也局限了“功能需求以外”的部分消费群体。而这方面，“哈六”做到了微妙的回避，可谓恰到好处，一句“怕胖喝苗条”！通过暗示的手法有效诠释了产品的减肥功效，有效激发了消费者的购买欲望，特别是在代言人范冰冰拍摄的十五秒舞台广告片中，一句“怕胖的女孩跟我来”更是打动了无数消费者的心，可谓有效满足了目标消费群体的心理需求。而在产品包装本身，“哈六”在产品名称下面并没有标注“减肥饮料”，而是“动心饮料”四字，只是在后面的在产品说明文字里做了减肥功效的阐述。试想，一瓶能让消费者“动心”的饮料难道不比“减肥”二字更具有说服力吗？

6. 细分价位层面，准确定位中高档饮料产品

在饮料产品中，2元左右的产品是主流，3.5元以上的产品基本上就属于中高档了，但相对而言，5元以上价格的产品较少，也就是说在这个价位层面，竞争者也较少。如果只是一瓶普通饮料，肯定价格太高；如果是功能饮料，且是面对有一定经济收入或冲动型、时尚型消费者，那么这个价位层面还是很有市场。所以，虽然“苗条淑女”在超市、商场高达5.2元/瓶，而有的零售店还卖到了6元一瓶，但购买者依然很多，其成功就在于，“哈六”针对产品独特的功效，通过合理的价格定位，准确锁定了功能饮料市场的中高档消费人群。

问题：

(1) “苗条淑女”动心饮料运用了什么因素进行市场细分？

(2) “苗条淑女”动心饮料与“统一鲜橙多”的市场有什么差别？

分析要求：

(1) 学生分析案例提出的问题，拟出案例分析提纲；

(2) 小组讨论，形成小组案例分析报告；

(3) 班级交流，教师对各小组案例分析报告进行点评；

(4) 在班级展出附有“教师点评”的各小组案例分析报告，供学生比较研究。

三、项目实训操作

实训题1：“市场细分”业务能力训练。

【实训目标】

引导学生参加“市场细分”业务的实践训练；在切实体验市场细分报告的准备与撰写等有效的活动中，培养相应的专业能力与职业核心能力；通过践行职业道德规范，促进健全职业人格的塑造。

【实训内容】

在某市选择三家不同规模的菜市场，了解市场经营商品类别、层次，分析其市场细分上的差异。

【实训时间】

课堂与课外相结合，并利用周末休息日。

【操作步骤】

(1) 将班级每5～6位同学分成一组，每组确定1～2名负责人。

(2) 对学生进行商品类别划分培训，确定选择哪几类商品作为调研的范围。

(3) 学生按组进入商场调查，并将调查情况详细记录。

(4) 对调查的资料进行整理分析。

(5) 依据市场细分理论，找出选定商品的市场细分特点与差异。

(6) 撰写出分析报告。

(7) 各组在班级进行交流、讨论。

【成果形式】

实训作业：撰写市场细分报告。

实训题 2："目标市场选择"业务能力训练。

【实训目标】

引导学生参加"目标市场选择"业务的实践训练；在切实体验目标市场选择方案的准备与撰写等有效的活动中，培养相应的专业能力与职业核心能力；通过践行职业道德规范，促进健全职业人格的塑造。

【实训内容】

依据所学内容，创造性地运用于选择目标市场流程设计，对年宵花这一产品，做出目标市场选择。

【实训时间】

课堂与课外相结合。

【操作步骤】

(1) 教师在课堂上布置实训任务，组织学生温习选择目标市场的相关理论与知识。

(2) 将学生分成若干个学习小组，组织讨论选择目标市场流程需要考虑的因素。

(3) 每个学生画出一份选择目标市场流程图，对选择目标市场流程的步骤进行说明。

(4) 确定目标市场范围，并选择目标市场。

【成果形式】

实训作业：制订目标市场选择方案。

【实训考核】

以"活动过程考核"与"实训作业考核"相结合。

根据"实训题 1"所要求的学生"实训作业"完成情况和学生参与"实训题 1"全过程的表现，参照表 3-2 进行考核。

表 3-2 实训成绩考核表 作业名称：市场细分报告

评价指标	评价标准	分值(100 分)	评估成绩	所占比例/%
市场细分报告	1. 细分依据准确	10		70
	2. 细分标准合理	10		
	3. 细分方法恰当	15		
	4. 细分程序可行	15		
	5. 报告内容完整	25		
	6. 报告具有实际应用性	25		
实训过程	1. 出勤与纪律	25		30
	2. 实训态度	25		
	3. 自我学习与管理能力	25		
	4. 团队合作与创新能力	25		
综合得分				

根据"实训题 2"所要求的学生"实训作业"完成情况和学生参与"实训题 2"全过程的表现，参照表 3-3 进行考核。

表3-3 实训成绩考核表 作业名称:目标市场选择方案

评价指标	评价标准	分值(100分)	评估成绩	所占比例/%
目标市场选择方案	1. 细分市场评价合理	20		70
	2. 目标市场范围恰当	20		
	3. 目标市场策略可行	20		
	4. 方案内容完整	20		
	5. 方案具有实际应用性	20		
实训过程	1. 出勤与纪律	25		30
	2. 实训态度	25		
	3. 自我学习与管理能力	25		
	4. 团队合作与创新能力	25		
综合得分				

项目 4

创设农产品品牌与包装

职业能力目标

◆ 专业能力

1. 能为农产品品牌命名。
2. 能组合优化实施农产品品牌策略。
3. 能遵循农产品包装设计的原则，设计包装。
4. 能组合优化实施农产品包装策略。

◆ 社会能力与方法能力

1. 具有一定的包装设计能力。
2. 具有一定的品牌命名能力。
3. 具有良好的沟通能力。
4. 具有良好的团队协作能力。

学习任务 4.1　农产品品牌创建

实践感知

水果品牌创建势在必行

2007 年 10 月 12 日，著名品牌专家、远卓品牌机构策划总监谢付亮先生应邀做客泉州人民广播电台《889 财富通》节目，就水果品牌建设发表了独特见解。以下是这次访谈的节选内容。

主持人："今天我们来探讨的是有关地域性水果的问题，特别是水果的品牌塑造。可能很多朋友每天都要吃各种各样的水果，但是否想过，水果它也有品牌，而且这个品牌的塑造有一定的规律可循，有科学的一些依据。水果是一种季节性、地域性比较强的食品，我们所知道的有烟台的苹果、新疆的哈密瓜，还有我们永春的芦柑等，好像跟地域的接触比较紧密，倒是跟产品、农产品经营企业结合得不是那么紧密，对吗？"

谢付亮："对！这是一个品牌的启蒙阶段。在启蒙阶段的时候以区域的形式呈现，就像主持人刚刚讲得很好，比如你知道'新疆的哈密瓜'、'安徽砀山的梨'、'烟台的苹果'等，这些都是以区域的形式来呈现的。事实上不光是局限在我们的水果行业，就像我们知道的金华的火腿、天津的包子等，这些都是以区域的品牌形式展现给大家的。"

主持人："嗯，那这样吧，我分两个问题来问。从大的概念上来说，这个水果品牌为什么要塑造？为什么要讲究水果品牌？比如从国际竞争力、地域竞争力来讲，您觉得有必要吗？"

谢付亮："对！我觉得是很有必要的，我们可以用很简单的四个字来形容，为什么要塑造水果品牌，实际上就是因为'内忧外患'。什么叫'内忧'？我们来看一组数据，2004 年我国的水果产量已经达到了 15234 吨，比 2003 年增加了 5%，产量世界第一，但是，我们还是处在一个非常低的水平上，至今没有一个能与国际市场接轨的强势水果品牌。我们再看另外一组数据，什么叫'外患'？可以看一个对比，我们都知道猕猴桃，但猕猴桃在新西兰叫奇异果，1905 年由中国引至新西兰的。在这样一个基础上，来看一下价格，在我们的一线城市，奇异果的价格是 3.5～5.2 元一个，但是我们国家的猕猴桃在有些地区的最低批发价竟然只有一块钱左右。所以，我说，'内忧'、'外患'结合在一起，告诉我们必须要塑造自己的品牌。"

集思广益

认为农产品价值小、不需要创建品牌的观念是不符合市场发展的。那么，建设农产品品牌的意义是什么？你认为应该如何创建农产品品牌？

____

____

____

行动需求

要创建一个成功的农产品品牌，不仅要做好品牌规划，并且要有品牌的价值观，产生品牌的自身影响力。创建农产品品牌，应完成以下工作。

第一步：明确农产品理念和准确的市场定位。

第二步：明确农产品的设计风格和要树立的农产品经营企业形象，制定 CIS 系统。

第三步：制订详细可行的营销计划、阶段性的目标。

第四步：制订农产品宣传计划，实施品牌宣传策略。

第五步：关注品牌延伸，为品牌的未来发展设定好道路。可以考虑扩大品牌涉及的行业领域，延伸、扩展品牌的文化内涵。最重要的是，产品一定要与时俱进，要不断革新、创新，不断地推出新产品。

第六步：注重品牌管理，做好品牌维护的工作。在售后服务、销售现场、服务态度、农产品经营企业公关……，即在农产品经营企业运作的过程中，任何一个环节都要传递出一致性，保持和维护品牌的完整。

知识准备

4.1.1　农产品品牌创建的内涵

1. 农产品品牌

品牌是用以识别某个销售者或某群销售者的产品或服务，并使之与竞争对手的产品或服务区别开来的商业名称及其标志，通常由文字、标记、符号、图案和设计等要素或这些要素的组合构成。所谓农产品品牌，是指用于区别不同农产品的商标等要素的组合。相对于工业产品而言，农产品生产受自然环境因素的影响较大，具有季节性、地域性、周期性、质量不稳定等特点，因此给农产品品牌建设带来一定的困难。

品牌是一个集合概念，一般包含品牌名称、品牌标志和商标等。

品牌名称，是指品牌中可用语言表达，可以读出声的部分，也称“品名”。例如，“永春”芦柑、“长城”干红葡萄酒等。

品牌标志，也称“品标”，是指品牌中可以被识别、易于记忆，但却不能用语言表达的特定的视觉标志，包括专门设计的符号、图案、色彩等。

商标，是一个专门的法律术语。品牌或品牌的一部分在政府有关部门依法注册后，称为商标。国际上对商标权的认定，有两个并行的原则，即“注册在先”和“使用在先”。“注册在先”是指品牌或商标的专用权归属于依法首先申请注册并获准的产品经营企业。在这种商标权认定原则下，某一品牌不管谁先使用，法律只保护依法首先申请注册该品牌的产品经营企业。

2. 农产品品牌建设

品牌建设(Brand Construction)是指品牌拥有者对品牌进行的设计、宣传、维护的行为和努力。品牌建设的利益表达者和主要组织者是品牌拥有者(品牌母体)，但参与者包括了品牌的所有接触点，如用户、渠道、合作伙伴、媒体，甚至竞争品牌等。品牌建设包括的内容有品牌资产建设、信息化建设、渠道建设、客户拓展、媒介管理、品牌搜索力管理、市场活动管理、口碑管理、品牌虚拟体验管理等。

4.1.2 农产品品牌策略决策

农产品营销者必须制定有关品牌的决策，主要包括品牌有无策略、品牌归属策略、品牌命名策略、品牌扩展策略和品牌重新定位策略等。

1. 农产品品牌命名策略

纵观农产品品牌，不难发现这些品牌名称良莠不齐：有的朗朗上口，易读易记；有的寓意深刻，给人以美好的联想；有的新颖别致，让人过目不忘；有的却拗口冷僻，晦涩难懂；有的地域特征太浓，没有大品牌的气概；有的太过土气，甚至俗不可耐。究其原因，是人们对农产品品牌价值的认识不同，有的深谙品牌命名之道，有的则对此一窍不通。

(1) 农产品品牌命名的基本要求

为农产品取名实际上是选择适当的词或文字来代表商品。对消费者而言，品牌名称是引起其心理活动的刺激信号，它的基本心理功能是帮助消费者识别和记忆商品。品牌名称的好坏给消费者的视觉刺激、感受程度和心理上引起的联想差别很大，从而对生产农产品经营企业的认知感也会不同。

① 品牌名称要有助于建立和保持品牌在消费者心目中的形象。品牌名称要清新高雅，不落俗套，充分显示商品的高品位，从而塑造出高档次的农产品经营企业形象。

② 品牌名称要有助于使产品区别于其他同类产品。选择名称时，应避免使用在其他同类商品上已经使用过的或音义相同、相近的名称。如果不注意这点，难免会使消费者对品牌认识不清和对农产品经营企业认识模糊，鲜明的农产品经营企业形象的建立更是无从说起。

③ 品牌名称要充分体现产品的属性所能给消费者带来的益处，从而通过视觉的刺激，使消费者产生对产品、对农产品企业认知的需求。这是农产品经营企业形象深入人心的基

础。例如,"方欣"大米能使消费者信任,放心购买!

④ 品牌名称要符合大众心理,能激发消费者的购买动机,使农产品经营企业形象的树立有一个立足点。这是品牌最需要注意的问题。例如,现在的人比较注意身体和心理的健康,注意营养元素的合理搭配,所以像富含硒元素的富硒葡萄、养神静目的静宁苹果一度受到消费者的青睐。

⑤ 品牌名称应注意民族习惯的差异性。这样树立农产品经营企业形象才更有效,更具针对性。国内、外各地区的喜好、禁忌不同,品牌的命名更应慎之又慎。

⑥ 品牌命名要合法。要遵循商标法和知识产权法的有关规定;否则,即使市场运作开了,也容易为他人作嫁衣裳。

(2) 农产品品牌命名的基本策略

① 根据产地来命名。一方水土养一方人。许多农产品受水土的影响,其质量、味道、口感差别较大,因而农产品流行的地域性比较强。用产地来命名,有助于了解这些地方的人对产品产生亲近感和信任感。例如,山西老陈醋、王屋山猕猴桃、福建龙井、信阳毛尖、鳌莱山牌苹果、沽河牌蔬菜、马家沟牌芹菜、仙居杨梅、玉环文旦等。

② 以动物、花卉名称命名。用形象美好的动物、花卉名称命名,可以引起人们对商品的注意与好感,并追求某种象征意义。例如,"玉麟"西瓜、"猕猴"榨菜丝、"铁棍"山药、"三只松鼠"坚果等。

③ 根据人名命名。这种名称或以人的信誉吸引消费者,或以历史、传说人物形象引起人们对商品的想象。例如,"詹氏蜜蜂园"蜂产品、"志东"牌甜桔柚、"禹王"牌农机产品等。

④ 以农产品经营企业名称命名。这种以农产品经营企业名称命名的品牌,突出了商品生产者的字号和信誉,能加深消费者对农产品经营企业的认识,有助于突出品牌形象,以最少的广告投入获得最佳的传播效果。例如,方欣米业的"方欣"牌大米,三真米业的"三真"富硒米、驻马店"1+1"面业的"1+1"面粉等,都是以农产品经营企业名称作为产品品牌名称的典范。

⑤ 根据商品制作工艺和商品主要成分命名,以使消费者对其质量产生信赖感。例如,"山贝"山货特产食品、"其鹏"有机茶、"长园"野生茶油等。

⑥ 以具有感情色彩的吉祥词或褒义词命名,以引起人们对商品的好感。例如,"好想你"枣、"方欣"(谐音放心)大米、"金玉"牌滁菊等,给人带来滚滚财源。

⑦ 以现代科技为由头来命名。用这种方法命名具有时代感,使人有现代、时髦等感受。例如,灵宝的"SOD"蜜苹果、"三真"富硒米等。

视野之窗

河南方欣米业有限公司是河南金鼎粮食集团所属的集大米加工、科研、稻种培育、技术开发、营销为一体的专业化公司。公司以打造知名大米品牌为己任,取放心之谐音"方欣"为商标,既表达了公司向广大消费者提供营养、卫生、安全、放心的大米食品的心愿,具有极强的亲和力;又寓意着公司事业方兴未艾、欣欣向荣。

2. 农产品品牌基本策略

(1) 品牌有无策略决策

农产品营销者首先要确定生产经营的产品是否应该有品牌。尽管品牌能够给品牌所有者、品牌使用者带来很多好处,但并不是所有的产品都必须要有品牌。现在仍旧有许多商品不使用品牌,如大多数未经加工的初级原料,像棉花、大豆等;一些消费者习惯不用品牌的商品,如生肉、蔬菜等;临时性或一次性生产的商品等。在实践中,有的营销者为了节约包装、广告等费用,降低产品价格,吸引低收入购买力,提高市场竞争力,也常采用无品牌策略。例如,超市里就有无品牌产品,它们多是包装简易且价格便宜的产品。

必须要说明的是,农产品无品牌也有对品牌认识不足、缺乏品牌意识等原因。当然,农产品有无品牌不是一成不变的。随着品牌意识的增强,原来未使用品牌的农产品也开始使用品牌,如泰国香米、新奇士橙子、红富士苹果等。品牌的使用大大提高了农产品经营企业的利润率。

(2) 品牌归属策略决策

确定在产品上使用品牌的营销者,还面临如何抉择品牌归属的问题。一般有三种可供选择的策略:一是农产品经营企业使用属于自己的品牌,这种品牌称为企业品牌或生产者品牌;二是农产品经营企业将其产品售给中间商,由中间商使用自己的品牌将产品转卖出去,这种品牌称为中间商品牌;三是农产品经营企业对部分产品使用自己的品牌,而对另一部分产品使用中间商品牌。

一般来说,在生产者或制造商的市场信誉良好、农产品经营企业实力较强、产品市场占有率较高的情况下,宜采用生产者品牌;相反,在生产者或制造商资金拮据、市场营销薄弱的情况下,不宜选用生产者品牌,而应以中间商品牌为主,或全部采用中间商品牌。必须要指出,若中间商在某目标市场拥有较好的品牌忠诚度及庞大而完善的销售网络,即使生产者或制造商有自营品牌的能力,也应考虑采用中间商品牌。这是在进占海外市场的实践中常用的品牌策略。

(3) 品牌统分策略决策

营销者必须决定农产品经营企业不同种类的产品是使用一个品牌,还是各种产品分别使用不同的品牌。通常有以下四种可供选择的策略。

① 统一品牌策略。统一品牌是指厂商将自己所生产的全部产品都使用一个统一的品牌名称,也称家庭品牌。例如,江西的三百山脐橙、三百山食用菌、三百山灵芝等。农产品经营企业采用统一品牌策略,能够显示农产品经营企业实力,在消费者心目中塑造企业形象;集中广告费用,降低新产品宣传费用;企业可凭借其品牌已赢得的良好市场信誉,使新产品顺利进入目标市场。然而,不可忽视的是,若某一种产品因某种原因(如质量)出现问题,就可能牵连其他种类产品,从而影响整个农产品经营企业的信誉。另外,统一品牌策略也存在易相互混淆、难以区分产品质量、档次等令消费者感到不便的问题。

② 个别品牌策略。个别品牌是指农产品经营企业对各种不同的产品分别使用不同的品牌。这种品牌策略可以保证农产品经营企业的整体信誉不会因某一品牌声誉下降而承担较大的风险;便于消费者识别不同质量、档次的商品;同时,也有利于农产品经营企业的新产品向多个目标市场渗透。显然,个别品牌策略的显著缺点是大大增加了营销费用。

③ 分类品牌策略。分类品牌是指农产品经营企业对所有产品在分类的基础上让各

类产品使用不同的品牌。例如，企业可以对自己生产经营的产品分为蔬菜类产品、果品类产品等，并分别赋予其不同的品牌名称及品牌标志。分类品牌可把需求差异显著的产品类别区分开，但当公司要发展一项全新的产品线时，现有品牌可能就不适用了，应当发展新品牌。

④ 复合品牌策略。复合品牌是农产品经营企业对其各种不同的产品分别使用不同的品牌，但需在各种产品的品牌前面冠以企业名称。复合品牌的好处在于，可以使新产品与老产品统一化，进而享受农产品经营企业的整体信誉，节省促销费用。与此同时，各种不同的新产品分别使用不同的品牌名称，又可以使不同的新产品彰显各自的特点和相对的独立性。

(4) 品牌重新定位策略决策

品牌重新定位策略也称再定位策略，就是指全部或部分调整或改变品牌原有市场定位的做法。虽然品牌没有市场生命周期，但这绝不意味着品牌设计出来就一定能使品牌持续到永远。在品牌运营实践中还必须适时、因势地做好品牌重新定位工作。

农产品经营企业在进行品牌重新定位时，要综合考虑两方面影响因素：一方面，要考虑再定位成本，包括改变产品品质费用、包装费用和广告费用等。一般认为，产品定位或品牌定位改变越大，所需的成本就越高；另一方面，要考虑品牌重新定位后影响收入的因素，如该目标市场上有多少顾客、平均购买率、竞争者数量、潜在进入者数量、竞争能力如何、顾客愿意接受的价格水平等。

(5) 多品牌策略决策

多品牌策略是指农产品经营企业同时为一种产品设计两种或两种以上互相竞争的品牌的做法。虽然多个品牌会影响原有单一品牌的销量，但多个品牌的销量之和又会超过单一品牌的市场销量，增强农产品经营企业在这一市场领域的竞争力。

采用多品牌策略的优点有以下方面。

① 多种不同的品牌可以在零售商的货架上占用更大的陈列面积，既吸引了消费者更多的关注，同时也增加了零售商对生产农产品经营企业产品的依赖性。

② 提供几种品牌不同的同类产品，可以吸引那些求新好奇的品牌转换者。

③ 多种品牌可使产品深入多个不同的细分市场，占领更广大的市场。

④ 有助于农产品经营企业内部多个产品部门之间的竞争，提高效率，增强总销售额。

采用多品牌策略的主要风险就是使用的品牌数量过多，以致使每种品牌产品只有一个较小的市场份额，而且没有一个品牌特别有利可图，使农产品经营企业资源分散消耗于众多的品牌，而不能集中到少数几个获利水平较高的品牌上，这是非常不利、得不偿失的一种局面。解决的办法就是对品牌进行筛选，剔除那些比较疲软的品牌。因此，企业如果采用多品牌策略，则在每推出一个新品牌之前应该考虑该品牌是否具有新的构想；这种新的构想是否具有说服力；该品牌的出现可能夺走本企业其他品牌及竞争对手品牌的销售量各有多少；新品牌的销售额能否补偿产品开发和产品促销的费用等。如果这几方面的估测结果得不偿失，则不宜增加这种新品牌。

3. 农产品品牌延伸策略

农产品品牌延伸是指农产品经营企业采用现有成功的品牌产品的品牌，将它应用到新产品经营的全过程。农产品经营企业在激烈的市场竞争中，持续地推出新产品是赢得竞争优势的根本途径；把原有品牌资产发扬光大则是事半功倍的谋略。我国的农产品经营企业虽然在品牌运作方面整体起步较晚，但也有一些品牌已经步入稳定发展阶段，有必要也有条件和能力实施品牌延伸策略。

(1) 向上延伸策略，是指农产品经营企业以低档或中档产品进入市场，之后渐次增加中档或高档产品。这种策略有利于产品以较低的价格进入市场，市场阻碍相对较小，对竞争者的打击也较大。一旦占领部分市场，向中、高档产品延伸，可获得较高的销售增长率和边际贡献率，并逐渐提升农产品经营企业产品的高档次形象。例如，"好想你"枣类产品在原来普通包装的基础上推出礼品装(精装或者豪华包装等)。

(2) 向下延伸策略。这种策略与向上延伸策略正好相反，是指农产品经营企业以高档产品进入市场后，逐渐增加一些较低档的产品。此策略有利于公司或产品树立高档次的品牌形象，而适时发展中、低档产品，又可以躲避高档产品市场的竞争威胁，填补自身中、低档产品线的空缺，为新竞争者的涉足设置障碍，并以低档、低价吸引更多的消费者，提高市场占有率。这种策略的优点是有利于占领低端市场，扩大市场占有率；缺点是容易损害核心品牌形象，分散核心品牌的销售量，甚至在核心品牌的消费族群中留下负面印象。

(3) 双向延伸策略。这是指生产中档产品的农产品经营企业，向高档和低档两个方向延伸。这种策略有利于形成农产品经营企业的市场领导者地位，而且由中档市场切入，为品牌的未来发展提供双向的选择余地。例如，"好想你"枣类产品在原来普通包装的基础上推出礼品装(精装或者豪华包装等)的同时，也推出更为简单包装的枣类产品。这种策略的优点是有助于更大限度地满足不同层次消费者的需求，扩大市场份额；缺点是容易受到来自高、低两端的竞争者的夹击，或者造成农产品经营企业品牌定位的模糊。

(4) 单一品牌延伸策略，是指农产品经营企业在进行品牌延伸时，无论纵向延伸还是横向延伸都采用相同的品牌，品牌名称、商标等品牌要素都不改变。这种做法的好处就是让品牌价值最大化，充分发挥名牌的带动作用，相对节省品牌推广费用，快速占领市场；局限性是有些产品不一定适合这个品牌，致命的缺点就是一旦某一产品出了问题会连累其他产品，损害整个品牌的形象，造成一损俱损的后果。

(5) 主副品牌策略，就是以一个主品牌涵盖农产品经营企业的系列产品，同时给各产品打一个副品牌，以副品牌来突出不同产品的个性形象。利用"成名品牌＋专用副品牌"的品牌延伸策略，借助顾客对主品牌的好感、偏好，通过情感迁移，使顾客快速认可和喜欢新产品。但需要注意的是，副品牌只是主品牌的有效补充，副品牌仅处于从属地位，副品牌的宣传必须要依附于主品牌，而不能超越主品牌。

(6) 亲族品牌延伸，是指农产品经营企业经营的各项产品市场占有率虽然相对较稳定，但是产品品类差别较大或是跨行业，原有品牌定位及属性不宜做延伸时，企业往往把经营的产品按类别、属性分为几个大的类别，然后冠之以几个统一的品牌。例如，中国粮油食品进出口总公司在罐头类产品上使用"梅林"商标，在调味品上使用"红梅"商标，在酒类商品上则使用"长城"商标。

亲族品牌策略的优势是避免了产品线过宽、使用统一品牌而带来的品牌属性及概念的模糊，且避免了一品一牌策略带来的品牌过多、营销及传播费用无法整合的缺点。亲族品牌策略无明显的劣势，但是相对统一品牌策略而言，如果目标市场利润低，农产品经营企业营销成本又高，则亲族品牌策略营销传播费用分散，无法起到整合的效果。因此，如果农产品经营企业要实施亲族品牌策略，应考虑行业差别较大，现有品牌不宜延伸的领域。

同步实务 4-1　　为某花卉公司制定花卉品牌实施战略

业务分析：品牌建设是一项长期而艰巨、系统且复杂的工作，它需要开拓创新，又脚踏实地去策划、设计和实施。对于一个花卉新兴农产品经营企业，要实施好品牌战略，应采取以下措施。

业务程序：

(1) 优化品牌的定位和设计。品牌定位中，品牌的形象设计是重要的环节，它包括品名的称谓、品标的图案以及颜色搭配，除应包含产品的性能、功能、质量、技术、款式等内在要素外，更重要的是应包含品牌定位所需反映的品牌整体形象，使顾客乐于接受，并能感知农产品经营企业品牌。

(2) 不断提高品牌所代表的现实产品品质。当前的国内花卉业界，追求"高科技、高品质、低成本"的种苗及其成品是主流愿望，也是国内花卉消费市场的主要倾向。因此，品牌农产品经营企业往往定位并宣传"高档"形象。

(3) 牢固树立以消费者为中心的思想。

(4) 从根本上塑造良好的农产品经营企业形象。

(5) 积极有效地开展品牌经营

业务说明：品牌的成长也有其规律性，它是个循序渐进的过程，即品牌知名度—品牌可信度—品牌美誉度—品牌忠诚度—品牌依赖度。因此，对花卉品牌建设来说，精准的定位、积极的宣传、优质的产品、完善的服务、深厚的文化，是花卉品牌建设早日实现其终极目标的关键所在。

4.1.3 农产品品牌策略的实施

实施农产品品牌策略，往往需要长时间的艰苦创造和努力，是一项复杂的系统工程，必须从全局出发，综合谋划。

1. 从农产品生产经营主体来看

(1) 转变观念，树立农产品品牌意识和名牌意识。要充分认识建立品牌、创立名牌是提高农产品科技含量和商品化程度，促进农民增产增收的需要；是提高农产品档次，改善人们生活质量，取得良好社会效益的需要；是经营者参与市场竞争并立于不败之地，拓展生存与发展空间的需要。

(2) 科技创新是实施品牌策略，提高农产品质量的关键措施。市场竞争就是产品竞争，产品竞争就是质量竞争，而质量竞争往往是通过科技创新和争创名牌来实现的。争创名牌就是要追踪世界高新技术前沿，逐步形成科技创新体系，加快科技成果的转化。因此，名牌的形成过程就是创造优质产品的过程。质量是产品的生命，是竞争力的源泉，是高效益的保证。我们必须把实施名牌农产品发展策略作为提高农产品质量的首要任务来抓，要顺应国际市场发展要求，为名牌农产品注入新的活力，为我国农产品尽快抢占国际市场奠定坚实的基础。

(3) 实施科技创新，生产有特色的优质农产品。一是以产业组织为主体，加强农产品优良品种的培养，优化品种结构，形成各自特有的专用性品种。二是加强农产品的采收、包装、储藏、运输和加工技术的研究与开发，通过农产品的精加工，提高农产品的科技含量和附加值。

(4) 要实施农产品品牌策略，须建立产业化组织。在生产方面，可以建立农产品生产协会、专业性生产合作组织；内部实行不同程度的企业化管理与经营，如专业性生产某一种类或品种的农产品，统一进行产品的加工并使用同一品牌销售。在市场方面，建立有特点的品牌产品产地市场，集中销售当地的名特优农产品；同时，建立稳定的销售渠道、开拓新的业务关系，促进农产品的大流通。在有条件的地方，还可以促进品牌农产品走向世界市场。

(5) 要采取有力措施，依法保护名牌农产品。在市场经济中，品牌与市场主体的生存、发展有紧密联系。市场对国内品牌农产品的冲击主要来自两个方面：一是假冒伪劣农产品的冲击；二是自砸牌子的行为。目前，来自第一种冲击的风险非常大。相对于工业产品来说，农产品更容易被假冒或侵权。农产品要在市场上站得稳、立得住，就必须用法律来保护它。农业农产品经营企业必须重视产品商标专用权，因为商标就是自己产品的“身份证”，是农产品经营企业进军市场、抢占制高点的“秘密武器”。

视野之窗

影视作品拥有最广泛的受众，不妨将花卉产品或品牌策略性地融入电影、电视剧或电视节目之中，让观众在不知不觉中留下对产品及品牌的印象。

实际上，美丽的花卉并非游离于电影之外。在许多优雅的电影场景里，导演经常会把很长时间的镜头停留在美丽的花丛中。甚至一些电影直接以花为名，在当时的电影市场曾经风靡一时。例如，以玫瑰命名的电影有：《红玫瑰与白玫瑰》、《巴黎野玫瑰》等。象征着圣洁爱情的菊花常见于韩国电影中，如《雏菊》、《菊花香》。在2007年的贺岁大片《满城尽带黄金甲》中，著名导演张艺谋对花卉更是达到一种疯狂痴迷的程度。据说，为拍摄摧毁菊花这场戏，张艺谋剧组从云南等地空运菊花4次，每次都达数十万盆，耗费千万元。

2. 从政府的支持和领导来看

(1) 要制定有利于实施农产品品牌策略的倾斜政策，支持以品牌生产为龙头的农业农产品经营企业化组织建设。一是要选择农产品品牌“苗子”，提供引导投资，即政府通过优惠利率、贷款贴息、投资补贴等措施引导农产品经营企业按政府意愿投资。二是要调整好科研任务和研究方向，开发农产品品牌产品并加强相关技术的科技攻关。针对农产品新品种培育、配套，在配合饲养技术、产品加工、包装和市场营销等环节，开展多学科、多领域的科技攻关，为实施农产品品牌策略提供技术储备和支撑。三是推进产业标准化。标准化是实施农产品品牌策略的重要基础，没有标准化就难以实施品牌策略。四是政府各部门之间要加强协调，从全局的利益出发，认真贯彻执行品牌策略倾斜政策。

(2) 加大品牌宣传力度，营造创立名牌的社会氛围。各级政府要通过各种途径，广泛进行质量、品牌、商标、广告和营销策略的宣传教育，让农产品生产经营者把经济发展的出发点和落脚点放在实施品牌策略上。各新闻媒体要通过对农产品经营组织先进典型的报道，宣传品牌经营的经验，增强全社会的品牌意识。

(3) 各级执法部门和司法部门要紧密配合，旗帜鲜明地运用法律手段扶持龙头农产品经营企业，实施品牌经营。品牌保护既是对农产品经营企业利益的保护，也是对顾客和社会利益的保护。对假冒品牌农产品的行为和虚假广告，要坚决查处打击，为品牌农产品脱颖而出创造良好的市场环境，做到创一个品牌，带一个行业，兴一方经济。

(4) 深化改革，增强农产品经营企业的创新能力。推进品牌策略的实施，必须加快和深化体制改革，使农产品经营企业成为实施品牌经营的主体。实施农产品品牌策略是企业的行为，只有当他们真正成为市场主体，拥有经营自主权时，才会有市场竞争的强烈意识，才会有品牌意识。

情景模拟

主题：制订信丰脐橙品牌推广方案。

过程设计：

(1) 事先对学生按照 5～6 人进行分组。

(2) 各组派代表扮演超市销售员、顾客、记者和专家等，模拟信丰脐橙的销售，并突出对不同求脐橙品牌的选择。

(3) 各组对信丰脐橙的销售进行评价，并讨论信丰脐橙品牌推广的要点。

(4) 各组制作信丰脐橙品牌推广方案。

(5) 点评、完善与交流各组设计的信丰脐橙品牌推广方案。

模拟要求：

根据团队合作的目的，模拟销售的同学应提前设计问题和销售环节，并注意不应故意刁难同学；其他同学应以客观的视角做出评价。

情景再现：

某日，一顾客在某市沃尔玛超市看见，在同一个货架上摆放着两种熟悉的脐橙。一种是信丰脐橙——赣南脐橙的杰出代表，500 克售价 2.9 元；一种是美国新奇士脐橙，500 克售价 10.6 元。

该顾客站在货架边不愿离去，想寻找美国新奇士脐橙售价高出信丰脐橙 3 倍多的理由。两种脐橙都经过分级、上蜡等加工工序。从果形看，新奇士脐橙大小、形状比较统一，略胜一筹；从颜色看，新奇士脐橙颜色淡黄，信丰脐橙颜色金黄，符合节日气氛和国人的审美习惯；从果形饱满度看(这是衡量脐橙水分含量和新鲜程度的重要指标)，新奇士脐橙偏软，信丰脐橙结实。比来比去，显然是信丰脐橙略占优势。

现在，两种脐橙在外观上至少持平，在口感上赣南脐橙还略胜一筹，但差距并未由此缩小。为什么？这是因为多年来我们一直在走弯路——忽视品牌建设。

目前，赣南脐橙品牌很多。在信丰至少有安西、信丰两种品牌，安远有安远品牌，寻乌有寻乌品牌，总数不下十几个，但均形不成某种程度上与新奇士抗衡的能力，而且还削弱了赣南脐橙这个品牌的影响力。

职业训练

训练主题：农产品品牌创建。

训练要求：通过实训，要求学生学会运用品牌创建的策略，创建并实施品牌。

训练内容：

(1) 选择某一熟悉的农产品经营企业；

(2) 调查该农产品经营企业品牌建设现状；

(3) 为该农产品经营企业的新产品创建品牌。

训练准备：学生先收集背景农产品经营企业品牌建设的相关资料。

训练资料：以上调查所得资料。

训练步骤：

第一步，了解背景农产品经营企业品牌建设的现状。

第二步，评估背景农产品经营企业的产品品牌。

第三步，了解背景农产品经营企业将要推出的新产品。

第四步，分析该新产品的目标市场及市场定位。

第五步，拟订品牌创建的基本方案。

第六步，征求该农产品经营企业的品牌创建意见。

第七步，评价每种方案的市场效益。

第八步，确定该农产品经营企业新产品的品牌创建方案。

训练成果：农产品品牌建设报告。

学习任务 4.2　农产品包装设计

实践感知

“水果”≠“水泥十果”

2011 年 1 月，央视新闻频道《朝闻天下》栏目报道了在北京的水果市场上，普遍存在一种“重量级包装”：一些商贩为牟取不正当利益，在包装苹果的纸箱夹层内灌入水泥以增加重量，一个纸箱净重能达五六斤。报道一出，一石激起千层浪。记者暗访南京水果批发市场，才明白水果箱里的秘密还不止这个，这已是行业里的“潜规则”。

记者找到了一位长期做水果经营生意的摊主小张，他告诉记者，这很常见，早就是水果批发行业里的“潜规则”了，就连南京最大的水果批发中心××物流也有这样的批发户。

小张告诉记者，他做水果贩运生意有 3 年了，对于水果批发各种“潜规则”也算基本见识过了。“水果箱里的这些秘密都是为了给水果增重，有很多时候，一些批发商之所以敢低价倾销水果，最后赚的也就是这个纸箱子的钱，水果本身则无利可图了。”

小张说这事已经不是什么秘密，许多水果批发商除了在批发水果的时候使用水泥包装箱外，更多的则是在水果箱里垫上厚厚的草纸，还洒上水；在水果包装箱里放上两个装满水的大水瓶；为给芒果“催熟”在箱底垫上两三斤重的用纸包好的生石灰，那都是水果行业里的“潜规则”。“尤其枇杷成熟的时节，批发一筐枇杷，都会留下半筐潮湿的纸，许多人都觉得到批发市场批发水果划算，其实你不买他们的纸啦、水泥啦，谁都不会这么低价卖水果给你！”

对于批销商这些“潜规则”，小张说当这种伎俩被消费者揭穿时，商贩则借口是为了水果运输防震、给水果催熟才这么做的。对于水果批发市场存在的“潜规则”，他们也没有办法，到最后只能将这种价格转嫁给终端消费者。

集思广益

商贩借口是为了水果运输防震、给水果催熟做了特殊的包装，但这损害了消费者的利益。对此，你认为水果包装的要求是什么？为什么要做水果包装？如何做水果包装？

行动需求

第一步：了解产品本身的特征。产品的质量、体积、强度、防潮性以及使用方法等，不同的产品有其不同特点。这些特点决定着其包装的材料和方法，应符合产品特性的要求。

第二步：了解产品的使用对象。由于顾客的性别、年龄以及文化层次、经济状况的不同，形成了他们对商品的认购差异。因此，产品必须具备针对性，而了解掌握了该产品的使用对象，才有可能进行定位准确的包装设计。

第三步：了解产品的销售方式。产品通过销售，才能真正成为商品。产品经销的方式有许多种，最常见的商场货架销售，还有不进入商场的邮购销售、直销等，也意味着采用的包装形式有所区别。

第四步：了解产品相关费用。这包括产品的售价、产品的包装及广告的预算等，对费用的了解直接影响着预算下的包装设计。

第五步：开展包装设计市场调研。如产品市场需求、包装市场现状，以及对同类产品包装的了解等。

第六步：拟订包装设计计划。

第七步：形成包装设计创意。

第八步：执行包装设计方案。

知识准备

4.2.1 农产品包装设计的内涵

包装是产品生产的继续，产品只有经过包装才能进入流通领域，实现其使用价值和价值。产品包装作为重要的营销组合要素，在营销实践中成为市场竞争中的一种重要手段。我国农产品及加工品在传统包装上存在许多问题，如采用不透明包装材料无法使顾客直观挑选、保鲜包装袋多采用化学杀菌剂和PE薄膜包装，这样不仅用后的废弃物不能生物降解而污染环境，水分容易蒸发，而且水果蔬菜中会残留有毒物质。

农产品包装是指对某一农产品设计并制作容器或包扎物的一系列活动。也可以说，包装有两方面含义：其一，包装是指为农产品设计、制作包扎物的活动过程；其二，包装是指包扎物。一般来说，商品包装应该包括商标或品牌、形状、颜色、图案和材料等要素。在现代营销中，以保护产品为主的传统包装观念已被突破，包装被赋予了更多的意义，已成为产品策略的重要因素，有着识别、便利、美化、促销和增值的功能。包装已成为有力的营销工具，有人将包装(package)称作营销组合的第5个“P”。

产品包装设计是指选用合适的包装材料，针对产品本身的特性以及受众的喜好等相关因素，运用巧妙的工艺制作手段，为产品进行容器结构造型和包装的美化装饰设计，包括销售包装设计和运输包装设计。销售包装是指与商品装配成一体，随同商品一起出售的包装方式，通常称为内包装；运输包装是商品最外层的包装，起保护商品的作用，不一定同商品一起出售。

4.2.2 农产品包装设计的原则

“人要衣装，佛要金装。”重视包装设计是农产品经营企业市场营销活动适应竞争需要的理性选择。一般来说，农产品包装设计还应遵循以下几个基本原则。

(1) 安全。安全是农产品包装最核心的作用之一，也是最基本的设计原则之一。在包装活动过程中，包装材料的选择及包装物的制作必须适合产品的物理、化学、生物性能，以保证产品不损坏、不变质、不变形、不渗漏等。

(2) 便于运输、保管、陈列、携带和使用。在保证产品安全的前提下，应尽可能缩小包装体积，以利于节省包装材料和运输、储存费用。销售包装的造型要注意货架陈列的要求。此外，包装的大小、轻重要适当，便于携带和使用。

(3) 美观大方，突出特色。包装具有促销作用，主要是因为销售包装具有美感。富有个性、新颖别致的包装，更易满足消费者的某种心理要求。

(4) 包装与商品价值和质量水平相匹配。包装作为商品的包扎物，尽管有促销作用，但也不可能成为商品价值的主要部分。因此，包装应有一个定位。一般来说，包装应与所包装的商品的价值和质量水平相匹配。经验数字告诉我们，包装不宜超过商品本身价值的13%～15%。若包装在商品价值中所占的比重过高，即会因易产生名不符实之感而使消费者难以接受；相反，价高质优的商品自然也需要高档包装来烘托商品的高雅贵重。

(5) 尊重消费者的宗教信仰和风俗习惯。由于社会文化环境直接影响着消费者对包装的认可程度，所以为使包装收到促销效果，在包装设计中，应该深入了解消费者特性，区别不同国家或地区的宗教信仰和风俗习惯，设计不同的包装，以适应目标市场的要求。切忌出现有损消费者宗教情感、容易引起消费者忌讳的颜色、图案和文字。

(6) 符合法律规定，兼顾社会利益。包装设计作为农产品经营企业市场营销活动的重要环节，在实践中必须严格依法行事。例如，应按法律规定在包装上注明农产品经营企业名称及地址；对食品、化妆品等与人体健康密切相关的产品，应标明生产日期和保质期等。

(7) 绿色环保。包装设计应兼顾社会利益，坚决避免用有害材料做包装，注意尽量减少包装材料的浪费，节约社会资源，严格控制废弃包装物对环境的污染，实施绿色包装战略。

此外，包装还要与产品价格、渠道、广告促销等其他营销要素相配合，并满足不同运输商、不同分销商的特殊要求。

4.2.3 农产品包装设计的要点

1. 包装标签

包装标签是指附着或系挂在产品销售包装上的文字、图形、雕刻及印制的说明。标签可以是附着在产品上的简易签条，也可以是精心设计的作为包装的一部分的图案。标签可能仅标有品名，也可能载有许多信息，能用来识别、检验内装产品，同时也可以起到促销作用。

通常，产品标签主要包括：制造者或销售者的名称和地址、产品名称、商标、成分、品质特点、包装内产品数量、使用方法及用量、编号、贮藏应注意的事项、质检号、生产日期和有效期等内容。值得提及的是，印有彩色图案或实物照片的标签有明显的促销功效。

2. 包装标志

包装标志是在运输包装的外部印制的图形、文字和数字以及它们的组合。包装标志主要有运输标志、指示性标志、警告性标志三种。运输标志又称唛头(Mark)，是指在产品外包装上印制的反映收货人和发货人、目的地或中转地、件号、批号、产地等内容的几何图形、特定字母、数字和简短的文字等。指示性标志是根据产品的特性，对一些容易破碎、残损、变质的产品，用醒目的图形和简单的文字做出的标志。指示性标志指示有关人员在装卸、搬运、储存、作业中引起注意，常见的有“此端向上”、“易碎”、“小心轻放”、“由此吊起”等。警告性标志是指在易燃品、易爆品、腐蚀性物品和放射性物品等危险品的运输包装上印制特殊的文字，以示警告，常见的有“爆炸品”、“易燃品”、“有毒品”等。

同步实务 4-2　　为大蒜分别设计销售包装和运输包装

业务分析：产品包装设计关键在于构图。构图是将商品包装展示面的商标、图形、文字和组合排列在一起的一个完整的画面。这四方面的组合构成了包装装潢的整体效果。包装品设计的构图要素如商标、图形、文字和色彩的运用得正确、适当、美观，就可称为优秀的设计作品。

业务程序：销售包装的设计要注意既能保护大蒜品质，又有一定的观赏价值，便于宣传、陈列、展销，而且携带方便。如图 4-1 的左图所示，用礼品四轮马车包装的大蒜，非常实用和便利，包括：非常独特的亮丽的木制板条箱；外表美观、特大的大蒜；可用来储藏大蒜的赤土色陶器；罐盖下的大手帕；另外还赠送一些礼品作为纪念。

运输包装的设计，主要是考虑为了便于运输装卸和仓储，一般用木箱和瓦楞纸箱。如图 4-1 的右图所示，这里的大蒜是用木制板条箱包装的，方法独特，板条箱用钉子钉牢，然后用铁丝网住，每条板之间留有空隙是为了让大蒜能通风透气。

图 4-1　大蒜的包装设计举例

业务说明：大蒜包装首先要考虑的是它的材料与结构，包装材料选用是否合适，直接影响到产品的质量，若盲目地追求一种表面华丽的装饰和浮躁的色彩，会过犹不及。

4.2.4 农产品包装设计的策略

成功的农产品包装策略对于顺利完成流通过程、实现经营目标与营销策略，有同等重要的地位。常用的包装策略有以下类型。

1. 类似包装策略

类似包装策略是指某一农产品经营企业生产经营的农产品都用相同或相似的包装，各种产品的包装物上都采用相同的外形图案、近似的色彩，共同的特征。这种策略可使消费者识别产品的出处，扩大企业声势，促进销售，节省包装设计费用，与企业的品牌策略配合使用会收到良好的效果。

2. 分量式包装

对于一些称重的农产品，根据消费者在不同时间、地点、使用量等情况，采用重量大小不同的包装，给消费者购买提供方便。也有一些价格较贵的产品，实行小包装给消费者以便宜感，也给偏好分批量购买的消费者提供更多的购买机会，同时又可以兼顾不同购买力消费者的购买。例如，一些高档水果、特有蔬菜均可采用这样的包装策略。

3. 等级式包装

为了区别不同农产品的不同质量，按其质量等级采用相应包装，这是一种常用的包装形式，其目的在于区分产品档次，满足不同需求层次消费者的需要。

4. 透明式包装

在包装物上留有"窗口"或用透明材料包装，据抽样调查显示，95%以上的消费者买箱装水果时都要开箱查看。如果在包装时采用部分透明材料，既可增加美感以提高购买者欲望，又增加可信度，可谓两全其美。高档水果、蔬菜使用这种包装，可使购买者对内装产品质量一目了然。

5. 密封式包装

将产品密封包裹起来，常用于需防潮、防晒、防尘等易损、易变质的农产品，其目的在于确保商品质量。

6. 名贵式包装

专门用于包装名贵产品，包装设计精良，具有一定的艺术价值，常见于名贵的果酒等，其目的在于给消费者一种高贵、典雅的感觉。

7. 礼品式包装

包装装饰华丽，富有欢乐色彩，包装物上常冠以"福"、"禄"、"寿"、"喜"、"如意"等字样及问候语，其目的在于增添节日气氛，满足人们交往、礼仪之需要，借物寓情，以情达意。

视野之窗　　水果包装凸显六大发展趋势

小型化：目前，城乡市场的水果消费已出现现买现吃的特点，针对这种现象，及时推出5公斤的轻便包装，将受到消费者欢迎。

精品化：洋水果在国内市场上较走俏，其主要原因除水果品质好外，包装精美也是一大因素。

透明化：消费者在购买水果时，都喜欢开包检查，看有没有次果、烂果。因此，在包装时采用部分透明材料，既显示诚实信用，又增加了包装的美感。

组合化：在市场销售的实践中，一部分果农别出心裁地把自产的苹果、酥梨、葡萄进行组合包装，消费者只要买上一包，就可品尝到各种水果的美味，效果非常好。

绿色化：针对目前包装污染严重的问题，果农们就地取材，用绿色植物来编织小篮盛装水果，既美观又无污染，消费者自然喜欢选购。

礼品化：针对部分消费者购买水果为送礼的特点，果农们投其所好，推出了礼品化包装，如馈赠祝福型、地方特色型等，都很受消费者欢迎。

8. 特色式包装

异于同类产品的包装策略，追求包装的独特风格，目的在于使消费者有新奇感，使消费者产生较为深刻的印象，易于本企业产品与其他同类产品相区分；同时，可以起到一定的预防仿制和假冒的作用。

(1) 组合化

人们不论是馈赠亲友，还是自己食用，都喜欢多元化。如果我们按某种规律组合包装，一定大有可为。例如，把圆苹果、长香蕉、串葡萄进行组合包装。另外，还可将不同颜色、不同性质、不同产地的水果进行组合包装。例如，一箱苹果内装富士、秦冠、国光、元帅等多品种，让消费者有一品多味的尝试。

(2) 多样化

从包装形状上看，包装箱不一定是长方形的箱，圆形、扇形、筒形、连体型等都可以考虑；还可以从用途上考虑，分自用廉价型、馈赠祝福型、旅游方便型、产地纪念型等。总之，每一个新变化都会给人一种新鲜感，刺激一种新欲望，最终达到扩大销售的目的。

情景模拟

主题：制订礼品水果包装设计方案。

过程设计：

(1) 事先将学生按照 5～6 人进行分组。

(2) 各组派代表扮演水果店老板、员工、顾客、批发商和设计师等，模拟礼品水果的销售，并突出对包装的要求。

(3) 各组对礼品水果的销售进行评价，并讨论礼品水果包装设计的要点。

(4) 各组制作礼品水果包装设计方案。

(5) 点评、完善与交流各组设计的礼品水果包装方案。

模拟要求：

根据团队合作的目的，模拟销售的同学应提前设计问题和销售环节，并注意不应故意刁难同学；其他同学应以客观的视角做出评价。

情景再现：

中秋渐近，又到向亲友表达心意的时节。说起送礼，多少让人有点头痛，人人都送月饼，显不出心意。

在一家大型超市内，一位女士在水果货架前做了再三比较，最后买了一箱 98 元 1 斤的台湾水果，并要求销售员做了精美的包装。

高价水果的热卖并非偶然，经我们走访发现，购买这些高价水果的人多为送礼。一位超市水果销售负责人介绍，前来购买高价水果的顾客几乎都是送礼。因为每个顾客，都要求挑选最贵的水果，并要求包装精美。如今送礼，烟酒已经不是人们的首选，牛奶和普通水果只能在亲友之间互送，高价水果比较符合许多送礼人的要求。

一位水果经销商认为，高价水果好卖的确是因为更多人选择水果送礼。还有一个重要原因是，近年来很多水果经销商针对高价水果的销售专门做了营销策划，从高价水果的包装到销售终端，都刻意与普通水果相区别，营造出一种有档次、有品位的销售模式。

○ 职业训练

训练主题：包装设计。

训练要求：通过实训，要求学生学会根据包装设计原则、要点和策略，设计农产品包装。

训练内容：

(1) 学会运用农产品包装设计原则；

(2) 学会设计农产品包装设计的要点；

(3) 学会运用农产品包装设计策略。

训练准备：先要求学生利用业余时间，选择某一种农产品开展包装设计前的市场调查。

训练资料：上述调查所得的第一手资料。

训练步骤：

第一步，调查了解该农产品本身的特征，如保险要求、食用特点、运输要求等。

第二步，调查了解该农产品的使用对象。

第三步，调查了解该农产品的销售方式。

第四步，设计该农产品的包装构图要素。

第五步，检验该农产品包装的市场需求。

第六步，确定该农产品包装设计方案。

训练成果：农产品包装设计方案。

项目小结

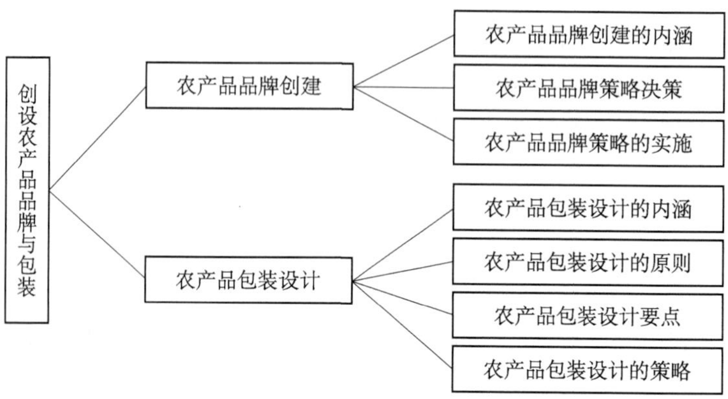

职业能力测试

一、职业能力判断与选择

(一) 判断题

1. 商标是指已获得专用权并受法律保护的品牌。(　　)

2. 农产品品牌设计雷同,将有助于提高消费者的品牌忠诚度。(　　)

3. 农产品多品牌策略是农产品经营企业为多种产品设计两种或两种以上互相竞争的品牌的做法。(　　)

4. 良好的农产品包装能提高产品的竞争能力。(　　)

5. 农产品品牌既有利于维护消费者的利益,又有利于保护农产品经营企业的合法权益。(　　)

6. 农产品分类包装是根据消费者购买目的的差异,对不同质量等级的农产品产品采用不同的包装。(　　)

7. 农产品更新包装只是改变包装的形式、材料、颜色、图案等,并没有改变农产品内在的质量和功能。(　　)

(二) 选择题(1～4 题为单项选择题;5～7 题为多项选择题)

1. 为建立农产品经营企业产品品牌优势;保证产品有稳定的市场占有率,以下(　　)能从本质上解决。

A. 扩大知名度

B. 重视形象塑造

C. 建立品牌忠诚

D. 增加销售人员数量

2. 品牌中可以被认出,但不能用言语称呼的部分如符号、设计等,称为(　　)。

A. 品牌形象　　B. 标签　　C. 品牌实体　　D. 品牌标志

3. 有人认为,包装是“无声推销员”。这句话说明包装的最主要功能是(　　)。

A. 可以保护商品,便于运输和保存

B. 具有促销功能,引起消费者注意,激发其购买欲望

C. 可以提高商品价值,增加农产品经营企业利润

D. 增加产品成本,从而提高商品价格,影响产品销售

4. 对同一种商品采用不同级别的包装,以适应不同的购买力水平,这种包装决策称为(　　)。

A. 差异包装决策　　B. 复用包装决策

C. 改变包装决策　　D. 分等级包装决策

5. 使用统一品牌的好处有(　　)。

A. 顺利推出新产品

B. 促销费用较低

C. 便于消费者识别不同质量、档次的商品

D. 显示农产品经营企业实力,塑造农产品经营企业形象

E. 有利于农产品经营企业的新产品向多个目标市场渗透

6. 某农产品经营企业采用环保再生纸包装低档水杯，用进口合成塑料包装高档水杯，并在外包装上附加水杯垫，它所采取的包装策略有（　　）。

A. 类似包装策略　　B. 配套包装策略　　C. 再使用包装策略
D. 等级包装策略　　E. 附赠品包装策略

7. 包装策略包括（　　）。

A. 类似包装策略　　B. 等同包装策略　　C. 配套包装策略
D. 等级包装策略　　E. 单独包装策略

二、项目案例分析

彩色甘薯缘何未能在市场大放异彩

从营养价值方面来说，彩色甘薯比普通甘薯营养更丰富；从外观上说，彩色甘薯的颜色以及迷你型彩色甘薯小巧的个头能够带给人们视觉上的享受，从而吸引人们的购买欲和食欲；从口感上来说，彩色甘薯绵甜可口，香味浓郁，并带有水果味道；从产量上说，彩色甘薯产量高，易于推广和管理，市场售价也要高出一般甘薯很多倍，农民收入相对于种植其他农产品来说要高很多。彩色甘薯具有如此多的优点，但就目前的彩色甘薯市场来看，并没有我们预期的那么好，甚至很多人都没有听说过，更没有品尝过彩色甘薯。其原因究竟何在？

症结一：没能形成自己的品牌

彩色甘薯犯了我国农产品不重视建立品牌的通病。人们提到买甘薯就犹如提到买萝卜、白菜一样，没有任何的差异性和选择性。农民作为独立的生产主体，使我国的农产品表现出产业规模小、品质低、价格低、无品牌以及竞争力差等缺点，体现在市场上，就是产品同质化严重、价格竞争激烈以及没有品牌溢价。山东省的蔬菜产量大、质量好，已成为当地农村经济的支柱产业，畅销大江南北。但山东品牌蔬菜很难在大都市的超市里看到，而只能在农贸市场销售。山东蔬菜的出口量也很大，大部分出口到日本、韩国，但在国外市场上也很难看到中国山东标识的蔬菜，山东蔬菜只能作为初级农产品提供给国外商人，然后贴上他们的品牌商标销售，处于“为他人作嫁衣裳”的窘境。现在我们的彩色甘薯市场也面临着同样的命运。

症结二：宣传力度不够

郑州大学营销管理研究中心“彩色甘薯知名性的抽样调查”统计结果显示：超过50%的城市市民都爱吃并经常购买甘薯吃；60%的人知道甘薯有一定的好处却不了解其具体的功效；52%的人没有听说过彩色甘薯更没有品尝过彩色甘薯。告知人们彩色甘薯的好处后，57%的人表示非常乐意去购买和品尝彩色甘薯；45%的人认为彩色甘薯的高价格因素不会成为人们的购买阻力。显然，为数较多的人是乐意接受彩色甘薯的，可是传播的局限性和狭隘性使人们不了解此产品从而无法形成真正的购买力。人们对农产品的认识大多还只是通过蔬菜瓜果市场，了解渠道非常单一，了解程度也很浅显。

症结三：产品包装没有特色

农贸市场上的甘薯几乎不存在包装，农户们用破旧的大塑料袋随意装成一袋袋，然后摞得高高的，扔在一边。即使是商超中的甘薯，包装也极为简单、随意。这些简单的包装一来没有向人们传达产品的性能；二来也不能很好地促销产品。包装是农产品经营企业品牌营销的缩影，它是农产品经营企业货架上的“无声推销员”，是品牌营销的最后一步，农产品经营企业要想将品牌营销进行到底，就要将包装这个“无声的推销员”淋漓尽致地表现出来，达到包装与品牌“双剑合璧”的营销效果。现代社会物质如此丰富，消费者对产品包装选择也越来越挑剔。研究发现一个产品的价值60%来自包装。因为消费者有时候并不了解产品本质，往往借助于包装设计、文字说明、生动展示才能感觉到，尤其是差异性小的农产品更需要通过包装，向消费者传达产品的质量。对农产品的经营者来说，在包装上应特别注明选购的理由和独特的卖点。

症结四：产品销售渠道过于单一

我国传统的农产品营销渠道流程，其上游由各农户、农业生产基地、专业农产品生产公司等厂商组成，他们共同提供农产品的生产供给；下游是由千家万户的居民所组成；农产品的销售与流通主要由大中型的农产品批发市场和集贸市场所组成。当然，也有少数农户实行自产自销，跨过批发市场将农产品直接贩卖给最终消费者。应该说，这种模式在农产品总体短缺供给不足的时候，对农产品的快速流通起到了积极的作用。但是，当前我国农产品供求状况已经发生了变化，出现了供大于求的情况，这种典型的"生产营销观念"主导的农产品营销模式显然与这种变化不相适应，严重阻碍了农产品的流通与营销。目前，消费者购买甘薯还似乎只能从集贸市场获得。如果实行"农改超"，农产品可采用直销的方式，直接从农产品生产基地进货，或从下面农村整片的菜地进货，最大限度地减少了传统批发中诸多的中间环节，避免了流通环节中的加价。

症结五：产品品种过于单调，无法满足消费者的差异化需求

市面上见到的甘薯大都是大个头、形状不均匀、浑身是泥、颜色单一的品种，人们选择的空间很小。彩色甘薯市场应该着重开发彩色迷你型甘薯。迷你型甘薯个头小巧，便于包装和整箱销售，价格更是高达每千克8～11元。发展迷你精品型甘薯的前景很好，一来农户们可以向宾馆、酒店供货，因为这里聚集的都是城市的高端人群，对口感好、营养佳、形象俏的食品特别钟爱，这片市场的需求量很大；二是超市、菜场的需求也很旺；三是礼品的需求。地方特色精包装后，可以成为馈赠佳品；四是加工的需求。迷你精品型甘薯可以加工成烤甘薯、薯条等各种各样的产品；五是出口的需求。专家预测，国际市场对迷你精品型甘薯的需求量将会迅速攀升。开创特色产品出口创汇是农产品品牌走向国际化的主要法宝。

症结六：产品质量参差不齐，缺乏必要的品质保证

目前，市面上买到的彩色甘薯，颜色不是很均匀，味道也不是非常纯正，经常存在今天买到的甘薯与昨天买到的甘薯在口感上具有明显差异的现象。虽然彩色甘薯对种植环境要求不高，非常易于生产和管理，但农户们还是应该结合当地的土质、气候状况，配以合适的生产肥料，再通过农药无害化的使用以及病虫害控制，生产出高质量的彩色甘薯。彩色甘薯安全生产工艺有：品种的选择；育苗，包括种薯精选与处理、建造苗床、种薯栽植和苗床管理；生产田的选地与整地；适时栽插，合理密植；田间管理，包括肥水管理、安全病虫害控制、适当提蔓等环节；适时收获；运输、贮藏、加工。

症结七：科技成果产业化低且市场不明确

农户种植彩色甘薯的盲目性很高，对市场行情不了解，也缺乏科学的指导。看到别人种，赚了钱，自己也跟着种，结果造成彩色甘薯大量囤积，产品质量低，卖不出高价钱，非常不利于彩色甘薯市场的发展，农民也大失信心。

问题：

(1) 从包装和品牌的角度来看，你认为彩色甘薯营销症结的根本原因是什么？

(2) 你认为彩色甘薯应如何对其市场展开推广活动？

分析要求：

(1) 学生分析案例提出的问题，拟出案例分析提纲；

(2) 小组讨论，形成小组的案例分析报告；

(3) 班级交流，教师对各小组案例分析报告进行点评；

(4) 在班级展出附有“教师点评”的各小组案例分析报告，供学生比较研究。

三、项目实训操作

实训题 1：“品牌创建”业务能力训练。

【实训目标】

引导学生参加“品牌创建”业务的实践训练；在切实体验品牌创建报告的准备与撰写等有效的活动中，培养相应的专业能力与职业核心能力；通过践行职业道德规范，促进健全职业人格的塑造。

【实训内容】

在本地的农产品产业中选择一种特色产品，了解该产品在市场中的品牌建设情况，分析其分析评价其品牌发展的市场状态，并提出进一步的品牌建设思路。

【实训时间】

课内与课外相结合，并利用周末休息日。

【操作步骤】

(1) 将班级每 5～6 位同学分成一组，每组确定 1～2 人负责。

(2) 对学生进行特色农产品培训，确定选择哪种产品作为品牌建设的对象。

(3) 学生按组进入市场调查，并将调查情况详细记录。

(4) 对调查的资料进行整理分析。

(5) 依据品牌创建理论，找出选定产品品牌现有基础及发展对策。

(6) 写出分析报告。

(7) 各组在班级进行交流、讨论。

【成果形式】

实训作业：撰写品牌创建方案。

实训题 2：“包装设计”业务能力训练。

【实训目标】

引导学生参加“包装设计”业务的实践训练；在切实体验农产品包装设计方案的准备与撰写等有效的活动中，培养相应的专业能力与职业核心能力；通过践行职业道德规范，促进健全职业人格的塑造。

【实训内容】

依据所学内容，创造性地运用于农产品包装设计，对玫瑰花这一产品进行包装设计。

【实训时间】

课内与课外相结合。

【操作步骤】

(1) 教师在课堂上布置实训任务，组织学生温习农产品包装设计的相关理论与知识。

(2) 将学生分成若干个学习小组，组织讨论农产品包装设计的原则、要点和策略。

(3) 每个学生设计出一份玫瑰花包装的草图，对设计好的包装细节进行文字说明。

(4) 确定玫瑰花包装设计稿，并实施设计方案。

【成果形式】

实训作业：制订玫瑰花包装设计方案。

【实训考核】

“活动过程考核”与“实训作业考核”相结合。

根据“实训题 1”所要求的学生“实训作业”完成情况和学生参与“实训题 1”全过程的表现，参照表 4-1 进行考核。

表 4-1 实训成绩考核表 作业名称：农产品品牌创建方案

评价指标	评价标准	分值(100 分)	评估成绩	所占比例/%
品牌创建方案	1. 品牌命名科学	10		70
	2. 品牌策略恰当	10		
	3. 创建程序可行	15		
	4. 品牌具有实施性	15		
	5. 方案内容完整	25		
	6. 方案具有实际应用性	25		
实训过程	1. 出勤与纪律	25		30
	2. 实训态度	25		
	3. 自我学习与管理能力	25		
	4. 团队合作与创新能力	25		
综合得分				

根据“实训题 2”所要求的学生“实训作业”完成情况和学生参与“实训题 2”全过程的表现，参照表 4-2 进行考核。

表 4-2 实训成绩考核表 作业名称：玫瑰花包装设计方案

评价指标	评价标准	分值(100 分)	评估成绩	所占比例/%
包装设计方案	1. 设计原则准确	20		70
	2. 包装用途恰当	20		
	3. 包装图案符合市场	20		
	4. 方案内容完整	20		
	5. 方案具有实际应用性	20		
实训过程	1. 出勤与纪律	25		30
	2. 实训态度	25		
	3. 自我学习与管理能力	25		
	4. 团队合作与创新能力	25		
综合得分				

项目 5

制定农产品营销价格

职业能力目标

◆ **专业能力**

1. 针对不同的农产品综合使用不同定价方法。
2. 运用不同的定价策略，开展农产品定价活动。
3. 掌握不同阶段的农产品价格调整技巧。

◆ **社会能力与方法能力**

1. 具有良好的沟通能力。
2. 具有良好的团队协作能力。
3. 具有独立思考和解决问题的能力。

学习任务 5.1 农产品定价策略

○ 实践感知

蔬菜定价机制揭秘：流通环节涨幅随行就市

2011 年 11 月，我们来到某蔬菜批发市场。在“青菜区”，探问冬季市民餐桌上最常见的大白菜，发现价格已达到了 2.0 元/公斤。在某蔬菜批发市场从事蔬菜批发近 5 年的黄先生说，2011 年的蔬菜价格和去年同期相比都有不同程度的提高，而目前的这个价格可能还要再持续一段时间。在青菜区转了一圈，黄瓜 4 元/公斤，菜心 5 元/公斤，比农田收购价提高了 0.5～1 元/公斤。其他的如青椒 1.5～1.7 元/公斤，西红柿 3.6～4 元/公斤，茄子 1.2～1.4 元/公斤……低于 1 元钱的青菜几乎看不到了。

而另外一个蔬菜零售市场，早上 4 点钟，就有菜商开始收菜卖菜。我们看到，很多面包车运来苦瓜、豆角、茄子、叶菜、胡萝卜等蔬菜，有的直接卸到市场的地摊上一边卖一边批发，有的卸到另外的车上拉到其他小市场卖。大大小小菜商忙碌着把自己买下的菜尽快流转出去。

有一个固定摊位的安徽籍赵老板，为人热情，他说：“我以做批发的生意为主，也有一小部分在自己的摊点卖。我有一辆小面包车，平时一早我就到附近的地里收菜，跑一次要花近 20 升油。我们菜商在城市里生活，生活成本高，汽油费、摊租费要付，而卖菜的收入时多时少，还要承担批发不出去的风险。例如，菜心，批发出去要比买回的价钱贵出 5 角钱左右，市民买的价格就在 2.5～3 元，最后一层菜商风险比较大，他 2 元买的菜，3 元卖出去，赚 1 元钱，降价，就少赚点，直到卖不出去，他亏 2 元。卖叶菜不好搞，不能过夜。我一般是别人跟我订菜，我收了菜就直接送过去。我这里存放的都不是叶菜。"赵老板还说："现在本地菜价上涨基本上是种菜成本推动，外地菜数量也对本地菜价有影响，有时会压低本地菜价，有时会带涨本地菜价，碰上菜源少，求大于供，菜价才会涨得猛。"

另外一个陈女士专卖生姜、大蒜。问及"蒜你狠""姜你军"，她说："生姜、大蒜涨价后，我们的利润也没有增加。进价高就卖价高，来买的人少了，一次卖一点，过去一天卖一百多斤，现在一天卖三四十斤，不好卖，利润没有以前多。我每天早上 4 点就要到摊位了，旁边卖茄子的 3 点就要来到摊位，一直守到晚上八九点才得回家。我现在要运一大袋蒜头回家剥皮，明天剥皮的蒜头才卖得出去，一天才睡 4 小时。"我们发现，从地头到餐桌，蔬菜价格一路上升。例如，菜心在地头上是 4.0 元/公斤，最终零售价 6.0 元/公斤，涨幅 50%；大白菜在地头是 1.6 元/公斤，最终零售价为 3.2 元/公斤，涨幅 100%；韭菜地头收购价是 3.6 元/公斤，最终零售价是 6.0 元/公斤，涨幅 40%；香葱地头收购价为 7.0 元/公斤，最终零售价为 10.0 元/公斤，涨幅为 30%。一位经营小区净菜店的宋女士告诉我们，与农贸市场相比，小区蔬菜店里的蔬菜价格涨幅会再增加 10%左右。

集思广益

农产品特别是蔬菜水果的价格持续涨价，我们在了解为何涨价的同时，也要应对市场变化。随行就市定价法是农产品定价时常采用的方法，请问该定价法有什么适用之处？除此之外，还有哪些定价法？

行动需求

农产品定价的多少不仅关乎农产品经营企业的利润，也高度影响市场销售的情况，体现了消费者的利益。合理的定价需要以下几个步骤。

第一步：确定定价目标。利润最大化、市场占有率、打击对手、树立产品形象。

第二步：分析目标客户及市场特点。供不应求的产品，定价可以稍高些；供需正常者，定价可以稍低，以吸引需求，提高市场占有率。测定市场需求，首先要进行深入细致的市场调查，正确估计价格变动对销售量的影响程度，从而为后续定价的顺利进行提供依据。

第三步：核算产品成本。在农产品的价格构成中，成本所占比重最大，是定价的基础。要根据成本类型，全面分析不同生产条件下生产成本变化情况，估算不同营销组合下的农产品成本，以此作为定价的重要依据。

第四步：分析竞争对手。对竞争者产品与价格的分析，可通过了解消费者对其产品与价格的态度来实现，并重点调查分析市场上同一产品竞争者可能做出的反应，以及替代产品的生产等情况。

第五步：选择定价策略。产品的成本是价格的最低下限，消费者的需求和竞争者的价格决定着产品的上限。然后，参考市场环境中的其他因素，如国家的政策法规，消费者心理的影响等，选择合适的定价方法，确定最终价格。

第六步：农产品报价。

知识准备

5.1.1 农产品价格的特点及变动规律

农产品价格与工业品价格相比，有价格变动频繁、变动幅度大和地区差异大等特点。尽管农产品的市场价格变动频繁，但这种变动又是有规律可循的，这就是农产品价格的季节变动规律和周期变动规律。例如，蔬菜等农产品，刚上市时，价格较高；到了农产品大量上市时，价格就会降低。有些农产品只能在特定的地区生产，如新疆可以种植无核葡萄和哈密瓜，其他地区则不能生产，因此会导致同一种农产品在不同的地区价格差异较大。

1. 价格的季节变动规律

农产品随季节变动的规律主要是由农产品季节性生产规律所决定的。例如，南方不少地区在春天生产各种蔬菜，但北方只能生产菠菜、小白菜等蔬菜；夏天南方生产多种水果，但北方只有桃、杏、草莓等早熟水果；秋天各种蔬菜、瓜果等相继上市；冬天虽然生产的农产品较少，但海南等地的蔬菜还是正常生产。

农产品生产具有季节性，而人们的消费却是常年性的，因此使农产品的价格随季节不同而变化。一般来说，迎季农产品供应量大，价格相对较低；过季农产品需要储存与加工，且供应量小，价格相对较高。

2. 价格周期变动规律

价格周期变动规律是指市场价格发生变动引起需求量变动，而农产品生产不能立即做出反应，只有等到下一个生产周期才能调整生产，调整了之后可能又会出现新一轮的变动，如此周期性地循环。造成农产品价格循环周期变动的原因主要有三个。

(1) 农产品生产周期相对长，不可能像工业品那样根据市场供需状况和价格信号立即调整生产结构和生产量，改变市场供需状况。

(2) 当前大多数农产品还是由亿万分散的农户生产的，这种小生产与大市场的格局，使生产结构和生产数量难以迅速适应市场需求的变化。

(3) 当前，多数农产品经营者仍处于封闭状态生产经营，还没有形成以市场为导向的经营观念，搜集不到市场供需变化的准确信息，只凭直观感觉决策，往往是某种农产品当年市场价格高，下一年便一哄而上；当年市场价格低，下一年又一哄而下，使生产总是滞后于市场供需。

5.1.2 影响农产品定价的因素

影响农产品价格的一些因素，如地域、气候、消费水平、政策等，主要有以下几个方面。

1. 国家经济政策

虽然国家直接管理和干预农产品价格的种类已经很少，但是国家政策，尤其是经济政策的制定与改变，都会对农产品价格产生一定的影响。

视野之窗

据《新文化报》报道，能购买到既放心价格又便宜的水果和蔬菜是每个市民的愿望。据吉林省物价局局长冯晓波介绍，全省将建立 100 家平价商店。

目前，为保障百姓的生活，政府采取了很多措施，其中最主要的就是建立社会保障和低保标准与物价上涨挂钩的联动机制。当价格涨幅达到一定程度，政府拿出钱给低收入群体补贴。“我们想通过平价商店来抑制物价。政府拿出一部分资金对平价商店进行补贴。2011 年年底前，我们基本能够达到在全省建设 100 家平价商店，最起码可以达到每个县城都建一个。”王处长如此表示。

2. 农业生产状况

(1) 天气

近年来极端气候频现令相关农产品价格波动更为剧烈，尤其是干旱、洪涝、冻害等可能严重影响农作物产量的灾害性天气出现，会为农产品价格的上涨甚至暴涨提供潜在动力。例如，2010 年从年初的西南大旱、北方寒潮袭击到南方洪涝、北方高温，灾害天气接连发生，对农产品市场行情带来了较大波动，增强了市场通胀预期。

(2) 原材料

随着生产资料价格上涨，农产品生产成本大幅上升。近五年来，农民现金收入增加 55%，带动农村用工价格大幅度提高，如粮食生产成本每亩上升 23.9%。农民外出务工增加，收入来源多元化，造成种植业相对效益下降。

(3) 生产结构

近年来，许多农产品出现了供大于求，造成了价格的波动起伏，这种供求失衡，造成农产品品种上的过剩，从而影响了定价。

3. 市场供需

农产品价格变化更多地与它的供给有关，绝大部分农产品价格的放开，受到市场供需状况的影响。市场上农产品供求不平衡是经常的，因此必然引起农产品价格随供求变化而变化。

4. 流通因素

除粮、棉、油、烟叶、茶叶、木材以外，其他农副产品都进入各地的集贸市场。因当前市场法规不健全，导致管理无序，部分农产品被小商贩任意调价。同时，农产品销售渠道单一，流通不畅，客观上影响着农产品的销售价格。

5.1.3 农产品定价目标

农产品的价格不是漫无边际地随意波动的。农产品定价目标是农产品生产经营目的的具体化和数量化，它是确定定价策略和定价方法的重要依据。农产品的定价目标主要有以下几种。

1. 以维持生存为目标

在激烈的市场竞争中，如果农产品经营者将维持生存作为自己的主要目标，那么人们就会选择降低产品价格，即价格只要能弥补可变成本和部分固定成本。采用这一定价目标，通常是经营者处于不利的市场环境中而实行的一种缓兵之计，只能作为短期目标。一旦市场环境好转，它将被其他目标所取代。

2. 以利润最大化为目标

许多农产品经营者都喜欢制定高价格来快速取得市场利润。这种定价目标是从静态的角度给产品定价，它忽视了影响价格的其他因素和竞争者的反应。因此，只有农产品在市场竞争中处于有利地位时，才是切实可行的。

3. 以销售增长率最大化为目标

一般情况下，销售额越大，单位成本就越低，经营者的利润也就越高。因而，农产品经营企业一般可以采取低价格来吸引对价格敏感的顾客。

4. 以高质量的产品为目标

通过提高产品价格提升产品的质量，现实中农产品经营者可以通过名、优、特、新产品的生产来获得高价格和高利润。

5. 以市场份额为目标

在竞争性市场上，农产品经营者用保持和增加市场份额作为定价目标，有利于参与竞争。此定价目标一般适用于下述情况：一是市场需求对农产品价格有较大弹性，低价能刺激更大需求；二是单位产品的成本能随着产量的增大而迅速下降；三是低价能阻止现有或潜在竞争者进入市场，巩固其市场份额。

6. 以适应竞争为目标

大多数经营者对于竞争者的价格都十分敏感，在定价之前，做认真比较，并主要以对市场有决定影响的竞争者的价格作为定价基础。

7. 以稳定价格为目标

在市场竞争和供求关系比较正常的情况下，为了避免不必要的价格竞争，保持生产的稳定，以求稳固地占领市场，经营者常常以保持价格稳定为目标。

5.1.4 农产品定价方法

根据不同情况、不同定价目标，农产品经营企业采用不同的定价方法。概括起来，最常用的定价方法有成本导向定价法、需求导向定价法和竞争导向定价法。

1. 成本导向定价法

成本导向定价法是以产品单位成本为基本依据，再加上预期利润来确定价格的成本导向定价法，是农产品经营企业最常用、最基本的定价方法。其公式为

单位产品价格＝单位产品成本＋单位产品成本×成本利润加成率

＝单位产况成本×(1＋成本利润加成率)

例如，某农产品经营企业出售整箱的苹果，每箱成本为80元，加成率为15%则该箱苹果售价：

80×(1＋15%)＝92(元)

成本导向定价法的主要优点如下。

(1) 它比需求导向定价法更简单明了；

(2) 在考虑生产者合理利润的前提下，当顾客需求量大时，价格显得更公道些。

成本导向法虽简单易用，但有其缺点。包括：

(1) 不考虑市场价格及需求变动的关系；

(2) 不考虑市场的竞争问题；

(3) 不利于农产品经营企业降低产品成本。

为了克服成本加成定价法的不足之处，农产品经营企业可按产品的需求价格弹性的大小来确定成本加成比例。成本加成比例和价格是否确定合理，主要依赖于需求价格弹性估计的准确程度。这就迫使农产品经营企业必须密切注视市场，只有通过对市场进行大量的调查、详细的分析，才能估计出较准确的需求价格弹性，从而制定出正确的产品价格，增强农产品经营企业在市场中的竞争能力，增加农产品经营企业的利润。

成本导向定价法是通过一个个假想的期望销售数字计算出的定价，如果销售数字没达到预期要求，则必然无法达到预期利润。

2. 需求导向定价法

需求导向定价法是依据消费者对农产品价值的理解和需求差别来制定价格的方法。也就是说，相同的农产品因消费者需求和认识的差别，也可以是不同的价格。在产品供过于求时，农产品经营企业运用需求导向法定价，效果会更好。这种定价方法以销售地点、销售时间、产品质量、销售方式等发生变化所产生的需求差异为定价依据，对同一产品，根据不同的需求制定不同的价格。其主要包括以下几种不同的需求差异。

(1) 根据地区差异定价，即同一种农产品，在同一时期、不同地区的实施不同的销售价格或收购价格。

(2) 根据季节差异定价，即同一种农产品，在同一地区、不同季节的实施不同的销售价格或收购价格。

(3) 根据质量差异定价，即同一种农产品，在同一时期、同一市场上因产品质量不同而实施不同的销售价格或收购价格。

(4) 根据购销差异定价，即同一种农产品，在同一时期、同一产地实施不同的购进价格与销售价格。

(5) 根据批零差异定价，即同一种农产品，在同一时期、同一地区实施不同的批发价格与零售价格。

采用这种定价方法，要具备一定的前提条件，首先要搞好市场细分，各细分市场的需求差异比较明显；其次，是要防止转手倒卖；再次，实行差异定价要有充足的理由，避免引起顾客的反感；最后，不能因实行差异定价增加过大的开支，否则得不偿失。

3. 竞争导向定价法

在竞争十分激烈的市场上，农产品经营企业通过研究竞争对手的生产条件、服务状况、价格水平等因素，依据自身的竞争实力，参考成本和供求状况来确定农产品价格。这里，这种定价方法就是通常所说的竞争导向定价法。

竞争导向定价主要介绍随行就市定价法。

随行就市定价法是农产品定价最常用的方法。例如，黄瓜定价：A 菜市场 3.2 元/斤，

B菜市场3.5元/斤，根据随行就市定价策略为3.3元/斤。其主要是根据生产季节、货源供应情况及产品质量等随行就市定价。生产旺季，价格就低一些；有时一天中的价格也不一样，特别是新鲜蔬菜和水果，早晨一般价格较高一些，到下午蔬菜的新鲜度下降，价格就会相对低一些。

随行就市定价法适应于质量差异不大、竞争激烈的产品，或者成本不易测算、市场需求和竞争者反应难以预料的产品。其优点：一是容易被消费者所接受，因为通行价格往往被人们认为是"合理价格"；二是可以使自己获得平均利润；三是可以避免挑起激烈的价格战，造成两败俱伤。

视野之窗

在国家发展和改革委员会价格监测中心主办的"中国价格信息网"上的"农产品价格"专栏里面，有农产品价格信息的宏观性预测。我们还可以参考"中国蔬菜网"、"中国果品信息网"、"浙江农业信息网"等网站，这些网站都提供给我们很多有参考价值的当前市场价格信息。

5.1.5 农产品定价策略

1. 新产品定价策略

(1) 撇脂定价，也叫高价策略，是以获取最大的利润为目标，将价格定得较高的一种定价策略。采用这种定价法的前提是该农产品供应紧张，或是刚刚引进，或是培育的新、奇特品种，其价格要高出其价值的几倍或十几倍。

(2) 渗透定价，也叫低价策略，是以追求市场占有率为目标，将价格定得较低，薄利多销，让产品迅速占领市场的策略。这种方法适用于需求弹性较大的农产品，价格低了，人们购买得就多；价格高了，购买量就显著下降。一般在购买力较低的目标市场或是高档、名贵的农产品考虑采取此价格策略较为合适。例如，反季节蔬菜、名果、名贵的花卉、盆景等。

(3) 满意定价，也叫温和价格，是一种介于撇脂定价策略和渗透定价策略之间的价格策略。其所定的价格比撇脂价格低，而比渗透价格要高，是一种中间价格。这种定价策略由于能使生产者和顾客都比较满意而得名。这种定价策略适宜于普通农产品。

2. 折扣折让价格策略

这种策略通过将农产品按原价的几成降价销售或购买量超过一定数量后附赠一定量的农产品来吸引顾客。例如，我们常见在大型超市里蔬菜、水果按购买数量实行差价销售。我们知道，下午蔬菜的鲜度远不如早晨，为了减少因腐败变质而带来的损失，要在当天把全部农产品卖掉，商家可运用价格折扣折让策略来促进销售。但是，这种折扣让价销售必须建立在诚信的基础上，而不是先提价，再打折，欺骗消费者。

3. 心理定价策略

消费者心理促销定价是针对消费者的不同消费心理，制定相应的价格，以满足不同的类型消费者的需求的策略。一般包括尾数定价、整数定价、声望定价、习惯定价、最小单位定价、招徕定价。

(1) 尾数定价策略

经营者生产的产品或者零售商制定一个与整数有一定差额的价格,使顾客产生心理错觉从而促进购买的一种价格策略。零售同一品种黄瓜的标价 2.9 元或标价 3.1 元,比标价 3 元销售要好。在大多数消费者看来,给人以货真价实的感觉。当然,尾数定价一般适用价值比较低的农产品。

(2) 整数定价策略

与尾数定价正相反,以显示农产品的高档,带有尾数,反而有失身份,这是针对求名或自尊心理强的顾客所采用的定价策略。

(3) 声望定价策略

消费者一般都有求名心理,根据这种心理行为,经营者将有声望的产品,制定比市场中同类农产品价高的价格,即声望定价策略。它能有效地消除购买心理障碍,使顾客对农产品或零售商产生信任感和安全感、声誉感。

(4) 习惯性定价策略

消费者在长期生活中形成了对某种农产品价格的一种稳定性的价值评估。某种农产品,由于同类产品多,在市场上形成了一种习惯价格,个别生产者难以改变。降价易引起消费者对品质的怀疑,提价则可能受到消费者的抵制。例如,对某些农产品,其价值不高,但消费者必须经常重复地购买,因此这类农产品的价格也就“习惯成自然”地为消费者接受。

(5) 最小单位定价策略

它是指经营者同种产品按不同的数量包装,以最小包装单位量制基数定价,通常包装愈小,实际单位数量产品价格愈高,包装越大,实际单位数量产品价格低。

同步实务 5-1　　运用最小单位定价策略为某品牌茶叶进行定价

业务分析:最小单位定价因为小包装及其价格不仅便于携带,能满足消费者在不同场合下的不同需要,又容易使消费者产生心理错觉,误以为廉。因此,该定价策略在茶叶定价中常被使用。

业务程序:

(1) 确定单位。若以每 500 克为单位,价格相应较高,容易使消费者望而却步;若以 50 克为单位,价格较之前也应降低 10 倍,能刺激消费者购买需求;若以 125 克为单位,价格换算会使消费者因嫌麻烦而无法比较价格的合理性。

(2) 赋予价格。选择好单位后,为该单位的茶叶确定价格,如每 50 克 30 元等。

业务说明:最小单位定价策略是众多定价策略中的一种,而实际定价中很多产品都会综合运用几种定价策略。对于茶叶也是如此,除最小单位定价策略外,还可以同时使用声望定价策略等。另外,对于不同产品、不同公司来说,定价单位也不尽相同。有的茶叶可能就以 100 克或者 250 克等为单位。

(6) 招徕定价策略

这是适应消费者“求廉”的心理,将个别产品价格定得低于一般市价以吸引顾客、扩大销售的一种定价策略。采用这种策略,虽然几种低价产品不赚钱,甚至亏本,但从总的经济效益看,由于低价产品带动了其他产品的销售,经营者还是有利可图的。

情景模拟

主题:利用新产品定价策略对有机农产品进行定价。

过程设计:

(1) 事先将学生按照5～6人进行分组。

(2) 每组分别扮演顾客、农产品经营者、中间商等,参加有机农产品的定价模拟。

(3) 各组制作有机农产品定价策略。

(4) 点评、完善与交流各组设计的有机农产品定价策略。

模拟要求:

根据团队合作的目的,模拟新产品定价的同学要全面的理解定价方法,并注意价格的可行性;扮演顾客的同学应以客观的视角做出评价。

情景再现:

著名成功农产品经营企业家、资深技术专家共同携手,于2009年1月再次全新创业,××公司全力开拓北美有机农产品新市场。

产品生产目标:提供安全又方便的有机集装箱农产品;五年内成为北美最受信赖的有机农产品供应商。

已建立的市场关系:所有产品都在本地生产包装;产品系列在大温哥华的几家天然食品零售商进行测试,市场反应良好;成功地与四家Whole Foods超市,两家天然食品零售商和几家分销渠道(包括Thrifty Foods)谈判签订零售协议;所有产品系列正在获发Fraser Valley有机生产者协会的认证书。

初期开发的产品:有机土壤,有机肥料和有机种子。

有机种子:所有种子都具有太平洋农业认证协会的有机认证书;挑选最佳种子,种子大小符合小户型园艺的标准。

职业训练

训练主题:农产品定价。

训练要求:通过实训,要求学生学会按照新产品定价策略、折扣折让定价策略、心理定价策略对自己感兴趣的农产品进行定价。

训练内容:

(1) 确定并熟悉某农产品的市场价值。

(2) 分析产品的相关成本。

(3) 按照不同定价策略进行定价。

训练准备:先要求学生利用业余时间,对某一农产品进行调查了解。

实训资料:上述调查所得的第一手资料。

训练步骤:

第一步,确定定价目标。

第二步,分析目标客户及市场特点。

第三步,核算产品成本。

第四步,分析竞争对手。

第五步，选择定价策略。

第六步，农产品报价。

训练成果：农产品定价报告。

学习任务5.2 农产品价格调整技巧

实践感知

康师傅调高桶装方便面价格

据了解，康师傅2011年8月1日开始对旗下的桶装方便面进行了价格调整，每件(12桶装)的出厂价提高了2元，终端的销售价格每桶提升3毛。该公司的员工说，提价主要是因为成本的压力，同时给流通留出一些利润。他说，由于主要原材料如面粉、棕榈油、糖等价格持续上升对行业造成压力，该公司毛利率比2009年下滑6%～28.4%。方便面毛利率都下滑2%～3%。

消费者对此次涨价反应还是比较平淡的。但有市民对某品牌的单桶方便面测算后称，该产品生产成本环比将上涨8.4%，净利率将达到14.3%，比调价前净利率高出4.2个百分点，比2010年平均净利率高出1.1个百分点。这个价格调控相对比较高，他们认为不稳妥。如果方便面涨价厉害，他们就会选择其他的产品。有市民说，食品可选择的产品比较多，方便面又不是生活的必备食品，涨价对市民的生活影响不是很大，大家所要关心的是食品是否安全和健康。

目前，各方农产品经营企业便也通过其他方法消减成本压力。不少厂家通过减少面饼重量来达到变相涨价的实质。中投顾问食品行业研究员周思然介绍，在国际粮价不断上涨的背景下，国内粮食价格也一路飙升，玉米、小麦等原材料价格不断上涨，食糖等食品加工辅料价格也出现大幅度的上涨；人工成本、运输费用的上涨同样也加剧了食品农产品经营企业成本压力。例如，康师傅这类涉及饮料、方便面等众多食品细分行业的农产品经营企业，成本上涨对其生产影响确实较大。

由于食用油、面粉、糖等大宗食品原料的价格居高不下，甚至持续走高，整个食品农产品经营企业的成本压力仍没有减弱的迹象。分析人士认为，政府逐年提高农产品最低收购价的政策，在很大程度上促使市场形成农产品价格将逐年提高的心理预期，再加上目前长江中下游旱情等，强化了农户惜售的心理，助推农产品价格呈现上涨态势，约谈难以对农产品经营企业提价起到治本的作用。往往会借助配方升级、换包装、换口味等方式进行变相提价。

集思广益

不可否认的是某些农产品经营企业往往会借助配方升级、换包装、换口味等方式进行变相提价。那么，康师傅农产品经营企业提高价格的真正原因是什么？消费者对此次提价的反应怎么样？为什么出现这种情况？

行动需求

第一步：分析农产品所处的环境变动情况。

第二步：确认农产品价格调整的原因。

第三步：确定农产品价格调整的技巧。

第四步：确定农产品价格调整的幅度。

第五步：选择农产品价格调整的时机。

第六步：设立农产品价格调整后遇到困难时的应对措施。

知识准备

在生产经营农产品过程中，无论是经营者，还是竞争者都会面对不断变化的环境而调整产品价格，并可能由此引发一系列的价格竞争。经营者到底应该在什么时候调整产品价格；消费者和竞争者会做出什么反应；竞争者为什么要调整产品价格；经营者应该采取什么对策等，都是经营者经常要考虑的问题。

5.2.1 农产品价格调整原因及技巧

1. 降价的原因

降价的原因有以下几个方面。

① 经营者在加强促销、产品改进等手段都不能达到扩大销售的目的时考虑降价。

② 经营者面临激烈的价格竞争并且市场占有率正在下降时，为了增加竞争能力、维持和提高市场占有率，必须降价。

③ 经营者为应付竞争者降价压力，采取“反价格”战，即制定比竞争者的价格更有竞争力的价格。

④ 经营者产品成本低于竞争者但在市场上并未处于支配地位时，也应该降价。通常降价可以提高经营者的市场占有率，再利用销量的增加和生产的扩大，进一步降低成本和提高市场占有率，形成良性循环。

⑤ 在宏观经济不景气或行业需求不旺时，降低价格是经营者借以渡过难关的重要手段。

2. 降价的技巧

降价最直截了当的方式是将农产品的价格或标价绝对下降，但降价往往造成同业者的不满，引发价格竞争。企业更多的是采用各种变相的削价形式来降低价格，如数量折扣、现金折扣等形式；赠送小礼物和优惠券，实行有奖销售；给批发商提取推销奖金；免费或优惠送货上门；提高产品质量等。由于这些方式具有较强的灵活性，在市场环境变化的时候，即使取消也不会引起消费者太大的反感，在现代经营活动中运用越来越广泛。

降价控制技巧有以下几点。

① 确定农产品的降价幅度时，应以农产品的需求弹性为依据。需求弹性大的农产品只要有较小的降价幅度就可以使农产品销量大增；需求弹性小的农产品则需要较大的调价幅度才会扩大销售量。由于需求弹性小的农产品降价，可能会引起销售收入和销售利润的减少，所以掌握调价幅度时要慎重。

② 调价时，应考虑的最重要的因素还是消费者的反应。因为调整农产品的价格是为了促使消费者购买农产品，只有根据消费者的反应调价才能收到好的效果。

③ 实施降价控制时，必须能对降价做出估计并修改最近各期的进货计划，以反映每次实行降价的理由。实施降价控制使管理人员能对各项政策的执行情况进行检查，如检查商品的储备方式、检查最近的新商品验收情况等。

3. 提价的原因

调高价格是在市场营销活动中，为了适应市场环境和农产品经营企业内部条件的变化，把原有产品的价格提高。提价一般会引起消费者、批发商甚至农产品经营企业推销人员的不满，但成功的提价决策会增加经营者的利润。调高价格的原因主要有三个方面。

(1) 成本增加对盈利影响很大，需要提高价格。任何农产品定价都离不开成本，成本包括：运营成本、原料成本、固定设施成本、人力资源成本、营销成本等。如果脱离成本空谈定价，那农产品经营企业的盈利将难以保证。所以，成本增加，产品的价格应该相应提高；否则，该产品就应该逐渐退出市场。

(2) 经营者的产品供不应求，无法满足所有消费者的需要，通过提价可将产品卖给需求强度最大的消费者，不但平衡了需求，而且也增加了利益。

(3) 农产品提价和天气的关系。例如，天冷了蔬菜生长也缓慢，产量小了一点。当然，也不排除因利所致等人为因素。同时，目前缺乏大型蔬菜批发市场，大型蔬菜生产农产品经营企业在主要农贸市场上也没有直销网点，市场的蔬菜摊点少且过于集中，中间环节多了，价格也比较高。

4. 提价的技巧

除直接提价外，农产品经营企业还往往运用某些间接提价措施。

(1) 公开真实成本。在价格上涨的同时，通过各种途径将成本上涨情况如实地告诉消费者，使价格提高得到消费者的认可。

(2) 提高产品质量。为减少提价给消费者带来的压力，农产品经营企业通过提高农产品质量，使顾客感觉花较多的钱买到的是货真价实的产品。

(3) 附送赠品或优待。提价时以不损害经营者正常收益为前提，随产品赠送一点小礼物，以减少提价给消费者带来的困扰与不安。

(4) 保持价格不变，而采用更便宜的材料作替代品，或采用廉价的包装材料，或减少产品的服务和分量等。

(5) 保持农产品价格不变，但将原来提供的包装或服务从产品整体中分解出来，另行定价。

在方式选样上，农产品经营企业应尽可能采用间接提价。把提价的不利因素减到最低程度，使提价不影响销量和利润，而且能被潜在消费者普通接受。同时，农产品经营企业提价时应采取各种渠道向顾客说明提价的原因，配之以产品策略和促销策略，并帮助顾客寻找节约途径，以减少顾客不满，维护农产品经营企业形象，提高消费者信心，刺激消费者的需求和购买行为。

5.2.2 农产品价格调整时机

对农产品经营企业来说，降价应注意选择降价的时机及降价的幅度。降价能帮助农产品经营企业摆脱困境，提高市场占有率。但调低价格会打乱农产品经营企业原有市场营销策略的协调，同时可能导致同行业竞争加剧，有时降价不当反而适得其反，给农产品经营企业造成损失。因此，农产品经营企业在降价前应采取极为慎重的态度，进行周密分析，只有在降低价格后企业能达到预期的销售量，使利润有所提高，降价才有意义。降价时机的选择是非常重要的。在很多情况下，某种农产品必须降价，但是做出决定却关系重大，要考虑时机的选择以便迅速地贯彻执行。

1. 降价的时机选择

(1) 早降价。在即将达到农产品盛产期时，一般都会采用早降价策略，实行早降价有以下好处。

① 可以在还有一定市场需求的情况下顺利地将农产品降价出售。

② 与在销路好的季节后期降价相比较，实行早降价的策略中只需要较小的降价幅度就可以把农产品卖出去。

③ 可以为新农产品腾出销售空间。

④ 可以改善现金流动状况。

(2) 迟降价。季节性农产品在季末的时候降价出售虽然会亏本，但所收回的货款可以再投资到其他农产品上，再创销售机会，这样总比让农产品烂掉要好得多。

(3) 交错降价。交错降价就是在销路好的整个季节期间将价格逐步降低。这种方式往往和“自动降价计划”结合运用。在“自动降价计划”中，降价的幅度和时机选择是由农产品库存时间的长短所制约的。

2. 提价的时机选择

(1) 原产品定位过低或偏差时，重新定位调整价格。

(2) 新品刚上市时，比竞争产品有明显的差异和优势。此时是定价比竞争产品高的最好时机。

(3) 遇行业环境变化，例如，通胀带来的供应原料成本提高，如农资、土地承包费等。

(4) 产品得到广泛认可，供给不能满足需求时(供不应求)。

视野之窗

食品饮料:2010 行业环境变化

(1) 随着农产品价格的不断走高，2010 年食品饮料行业成本压力将随之增加。但部分酒精饮料是当年生产，次年销售，因此成本压力得到缓解。

(2) 受扩大内需政策影响，消费量还将继续增加，增幅超过 2009 年，其中酒精饮料以及乳制品消费增幅为 10%。

(3) 需求旺盛会推动成本压力转嫁，价格上升在一定范围内会再次出现的预期越来越强。

(4) 消费者的消费趋于理性，消费结构将不断向安全、健康、营养和文化品位方向发展。这有利于推动行业整合，大型龙头农产品经营企业的竞争优势更明显。

5.2.3 农产品价格调整的幅度技巧

1. 对主推的农产品调整

这里,以零售价1~2元的产品为例。

针对1元品,最高零售调整幅度可在1.5元,最佳零售调整幅度建议在1.2元;针对2元品,最高零售调整幅度可在2.8元,最佳零售调整幅度建议在2.4元。

以上主要考虑因素有:产品价值、消费者购买频次、消费者对促销活动的参与度、消费者对价格的透明度与敏感度、行业品牌溢价能力在15%~20%(指常规同等质量的产品有品牌与无品牌之间的价格差比值)。另外,具体渠道利润可做相应调整与再分配,需留出促销活动调整的空间。

2. 对非主推产品价格的调整

(1) 平时销量不大、购买频次不多、价格相对不透明,可在其价格不敏感区间做调整,如快速消费品相应价格不敏感区间在18~30%(不能超过平时主流价格的1/3)。

(2) 平时销售大、利润低、能形成自然产品回复的低附加值产品,可考虑其日常消费购买消费频次,其价格的透明度和敏感度相对较高,消费者对终端活动参与度也高,这种情况可做8%~15%价格调整;

5.2.4 价格调整后应对不同问题的技巧

1. 工作量加大,渠道成员不配合

提价前进行各渠道应有的沟通(如提前1~2个月发调价通知书),在提价的过程中可以对渠道成员重新分配利润,由于产品原材料及加工生产成本增加,整个产品线的价格都要调整,那么经营者在保证利润的同时,必须考虑渠道各个环节的利润。没有利益相伴,就没有渠道各个环节的支持。给予短期的阶段性的返利刺激,如在提价三月内按照实际销售量给予2%~3%的阶段性返利或因提价短期销量下滑利润补贴等,激励渠道成员在提价前期配合农产品经营企业提价策略和执行农产品经营企业提价。

另外,也可加大重点终端建设。行业全面提价的过程,也是行业洗牌的过程。如果经营者不能全面支持终端拉动,消费者就可能对产品消费失去信心。而重点终端的建设正是树立经营者形象,重点突破市场的关键所在。通过重点终端的堆头、促销、人员推广等方式不断地告诉消费者,原本受消费者青睐的产品依然受消费者欢迎,是消费者的首选。

2. 同行没有涨价,竞争对手借机打压

在整个行业提价的大潮下,如果同类产品没有提价,想通过价格战来切分市场份额,这对提价经营者来说,将是非常大的打击。如何减少竞品对市场的抢夺,首先要制造全行业提价的舆论。因为大家共同面对的都是原辅料的提价,经营者的生产成本都在同步增长,如果不提价,经营者将亏本经营,这样亏本能坚持多久?如果区域内竞争品不提价反而促销来借机打压本品,使农产品经营企业产品销量下滑,需要农产品经营企业采取针锋相对的措施,即在提价初期加大消费者促销,并强化终端人员推广中的“一分钱一分货”。也可以这样来说,虽实行新价格销售,但促销折算后与原价格持平或略高3%~5%,并根据市场实际情况逐步减小促销力度，且在促销的同时，要向消费者传递提价是为了保证产品品质。

3. 消费者嫌贵，不接受产品价格

消费者在提价后觉得产品贵，需要终端销售人员和终端客户向消费者说明价格为什么贵？要贵得有道理，如现普遍物价都高、原材料成本高、一分钱一分货、品质有保证等。单从消费者的角度来分析，如果是大品牌，有一定的品牌影响，价格调整不是太离谱，经过一段时间的牢骚和怨言，消费者的消费嗜好却是不会轻易改变的。

由于产品的提价，消费者在初期肯定要有一个反应与适应的过程，犹如温水青蛙。只有通过消费者促销活动，先稳住消费者，只有消费者稳定了，他们才会逐渐接受现实。对于已经发生消费转换的消费者，需要通过更系统的活动、品牌传播、公关活动等方式来挽回。

情景模拟

主题：农产品价格调整市场调查分析。

过程设计：

(1) 事先将学生按照 5～6 人进行分组。

(2) 各组收集农产品价格调整的资料。

(3) 各组派代表扮演记者、经营者、顾客和相关部门工作人员等，模拟调查农产品市场价格变动的情况。

(4) 各组对农产品价格调整资料进行分析，讨论其价格调整技巧，并制作调整方案。

(5) 点评、完善与交流各组设计的农产品价格调整方案。

模拟要求：

为确保价格调整方案的可行性，模拟场景应以实际情况为背景。根据团队合作的目的，模拟调查的同学应注意礼貌用语。

情景再现：

据调查发现，2011 年进入 9 月，北京蔬菜价格开始持续上扬。水屯市场信息办对蔬菜价格的监测结果显示，中秋节这周蔬菜加权平均价为 1.94 元/公斤，环比上涨 19.75%。

与上周相比，在市场监测的近 70 余个品种中，有 34 种蔬菜价格上涨，14 种蔬菜价格下跌。其中，上涨幅度较大的三种蔬菜分别为：扁豆、大白菜、小白菜，价格为每公斤 3.58 元、1.11 元、1.13 元，上涨幅度为 98.89%、79.03%、52.7%；下跌幅度较大的三种蔬菜分别为：盖菜、油菜、韭菜，下降幅度为 55.05%、44.32%、41.18%，价格为每公斤 1.38 元、2.01 元、1.1 元。

经营户介绍，本周蔬菜加权平均价无论是环比还是同比均有不同程度的上涨，主要原因如下：一是受节日效应的拉动，大部分蔬菜呈现上涨势头，尤其是细类菜价格比较高，走量放大，导致加权平均价上涨幅度较大；二是礼盒蔬菜走量较大，价格也比较高，拉升了蔬菜价格；三是大众菜如黄瓜、番茄等价格有所上扬，黄瓜价格环比上涨 48.83%，番茄价格环比上涨 17.61%；四是大白菜的价格上涨幅度较大，大白菜上市量较大，价格上涨明显，提升了蔬菜整体加权平均价格；五是之前的降雨影响了蔬菜的生长、采摘、运输和销售。

预计下周随着节日效应的减退，蔬菜价格继续大幅上涨的可能性不大，在企稳的基础上伴随小幅波动。

职业训练

训练主题：农产品价格调整。

训练要求：通过实训，要求学生学会农产品价格调整的技巧和时机。

训练内容：

(1) 农产品价格调整技巧的应用；

(2) 农产品价格调整时机的选择。

训练准备：学生先收集某农产品的行业供应商、替代产品、顾客、同业竞争者等相关资料。

训练资料：农产品的行业供应商、替代产品、顾客、同业竞争者等相关资料。

训练步骤：

第一步，分析选定农产品的成本构成。

第二步，分析该农产品所处的市场环境因素。

第三步，分析该农产品价格调整的原因与方向。

第四步，使用农产品价格调整的技巧。

第五步，选择农产品价格调整的时机。

第六步，调整后价格的市场验证。

训练成果：农产品价格调整报告。

项目小结

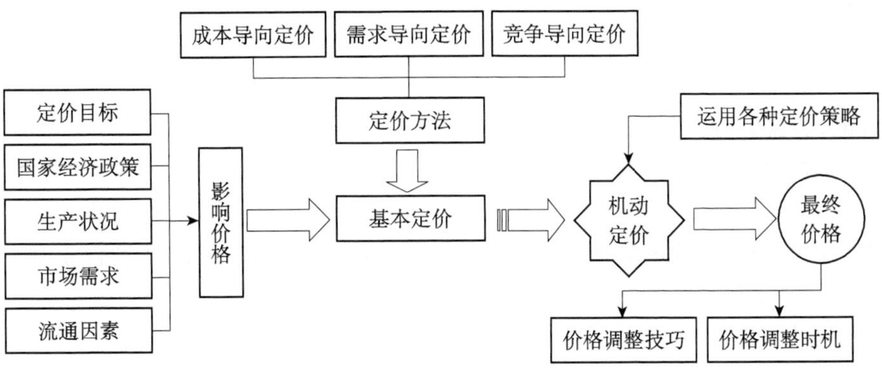

职业能力测试

一、职业能力判断与选择

(一) 判断题

1. 消费者十分重视农产品的牌子，认为“一分价钱一分货”，是名牌，价格高些也买，对

于不熟悉的新产品价格便宜也不敢买，这种心理称为自尊心理。（　　）

2. 竞争导向定价，是定价时以竞争对手的产品价格为主要依据，根据自己产品的竞争能力，选择制定有利于市场竞争的价格。（　　）

3. 对于力量较强的农产品经营企业，要扩大市场占有率，可采用高于竞争对手价格出售产品的方法。（　　）

4. 经营者面临激烈的价格竞争并且市场占有率正在下降时，为了增加竞争能力、维持和提高市场占有率，必须降价。（　　）

5. 经营者的产品供不应求，无法满足所有消费者的需要，通过提价可将产品卖给需求强度最大的消费者，不但平衡了需求，而且也增加了利益。（　　）

6. 生活必需品类型的农产品采取提价措施可以增加收入。（　　）

（二）选择题（1～10 题为单项选择题；11～15 题为多项选择题）

1. "赚钱产品的生产不要赶，赔钱产品的生产不要丢"的经验，是农产品价格（　　）的表现。

A. 季节变动规律　　B. 周期变动规律

C. 市场经济变动　　D. 市场供求规律

2. 对于新产品，如果农产品供应紧张，或是刚刚引进，或是培育的新、奇特品种，那么宜采取（　　）的定价目标。

A. 撇脂定价策略　　B. 渗透定价策略

C. 满意定价策略　　D. 心理定价策略

3. 在实际营销中，产品定价的基础因素是（　　）。

A. 利润　　B. 供求

C. 成本　　D. 竞争

4. 随行就市定价祛，最适合于（　　）。

A. 同质产品　　B. 异质产品

C. 无形产品　　D. 工业品

5. 价值比较低的农产品适合用（　　）。

A. 整数定价法　　B. 尾数定价法

C. 声望定价法　　D. 最小单位定价法

6. 在农产品经营企业的几种定价目标中，有一种只能作为农产品经营企业的短期目标，这就是（　　）。

A. 渡过困难目标　　B. 市场占有率目标

C. 利润最大化目标　　D. 稳定价格目标

7. 某农产品经营企业欲运用需求导向定价法，通过降低产品价格提高其销售量，一般情况下，这种策略对（　　）类产品效果明显。

A. 产品需求缺乏弹性　　B. 产品需求富有弹性

C. 生活必需品　　D. 名牌产品

8. 为减少提价给消费者带来的压力，农产品经营企业通过（　　），使顾客感觉花较多的钱买到的是货真价实的产品。

A. 公开真实成本　　B. 附送赠品

C. 上门服务　　D. 提高产品质量

9. 理解成本导向定价法运用的关键是(　　)。

A. 确定适当的目标利润

B. 准确了解竞争者的价格

C. 正确计算产品的单位成本

D. 找到比较准确的理解价值

10. 在(　　),是定价比竞争产品高的最好时机。

A. 行业环境变化时　　B. 产品定位偏差时

C. 新品刚上市时　　D. 产品供不应求时

11. 从价格制定的不同依据出发,我们可以把定价方法分为(　　)。

A. 成本导向定价　　B. 利润导向定价

C. 需求导向定价　　D. 生产导向定价

E. 竞争导向定价

12. 农产品定价的目标包括(　　)。

A. 以维持生存为目标　　B. 以利润最大化为目标

C. 以销售增长率最大化为目标　　D. 以产品高质量来提高产品价格。

E. 以市场份额为目标

13. 新产品价格策略包括(　　)。

A. 撇脂价格策略　　B. 渗透价格策略

C. 一揽子价格策略　　D. 满意价格策略

E. 配套价格策略

14. 在调整农产品价格时,农产品经营企业更多的是采用各种变相的削价形式来降低价格,主要有(　　)。

A. 数量折扣　　B. 现金折扣

C. 赠送小礼物和优惠券　　D. 实行有奖销售

E. 免费或优惠送货上门

15. 属于差别定价的是(　　)。

A. 某农产品经营企业对特定的社会成员给予优惠

B. 在节假日或换季时举行的“大甩卖”、“酬宾大减价”等活动

C. 对不同花色、不同规格的农产品所定的不同价格

D. 对大量购买的顾客所给予的优惠

E. 农产品在不同时间段制定不同的价格

二、项目案例分析

农产品价格“大跌大涨”深层经济结构调整不容忽视

2011年4月至5月间,全国各地的生鲜农产品相继出现令人瞠目的一轮跌势,我们深入调查时发现,农产品的价格在经济生活中普遍存在着“后涨先跌”的情况,此轮农产品价格快速跌落凸显的经济结构深层调整,需要加以高度重视。

鲜活农产品价格快速跌落,“扎堆上市”导致价格续跌。4月初以来,全国菜价降速明显加快。4月下旬,13种主要监测蔬菜全国日均价降幅超过15%。其中,尖椒、菜椒价格下降

分别达 38.9%和 33.6%,其余品种的价格降幅多在 10%～30%。与去年同期价格相比,叶菜类价格下降尤为明显,降幅达 20%～50%。

常年从事物价监测的广西壮族自治区价格监测中心的刘健告诉我们,2011 年以来,我国从南到北,普遍面临着蔬菜“卖难”、“烂市”现象,河南省中牟县的芹菜、郑州惠济区的莴笋、周口淮阳县的包菜每斤几分钱也少人问津。

2011 年以来的气候异常情况,导致整个生鲜农产品将会在 5 月中下旬后呈现“扎堆上市”,不排除价格迅速滑落到历史最低点的情况出现。

问题:

(1) 分析引发农产品价格下降的原因;

(2) 如何调整农产品的价格。

分析要求:

(1) 学生分析案例提出的问题,拟出案例分析提纲;

(2) 小组讨论,形成小组的案例分析报告;

(3) 班级交流,教师对各小组案例分析报告进行点评;

(4) 在班级展出附有“教师点评”的各小组案例分析报告,供学生比较研究。

三、项目实训操作

实训题:“农产品定价策略应用”业务能力训练。

【实训目标】

引导学生参加“农产品定价策略应用”业务的实践训练;在切实体验定价策略方案的准备与撰写等有效的活动中,培养相应的专业能力与职业核心能力;通过践行职业道德规范,促进健全职业人格的塑造。

【实训内容】

深入农产品生产基地或农贸市场、超市等场所调查农产品的价格状态,从中选择某一特色农产品,分析其市场价格走势,并提出促进市场发展的定价策略方案。

【实训时间】

课内与课外相结合,并利用周末休息日。

【操作步骤】

(1) 分组:3～5 人一组;

(2) 每组选择几类或几个农产品作为调查对象;

(3) 每组选择一个生产基地或农贸市场、超市对选定的农产品价格进行观察调研;

(4) 整理分析调研资料,并撰写调研报告和本组调研对象价格策略分析报告;

(5) 将撰写的报告交经营者或农民认定,做出评价;

(6) 小组之间进行交流经验体会。

【成果形式】

实训作业:制订定价策略方案。

【实训考核】

“活动过程”考核与“实训作业考核”相结合。

根据“实训题”所要求的学生“实训作业”完成情况和学生参与“实训题”全过程的表现,参照表 5-1 进行考核。

表 5-1　实训成绩考核表　　作业名称:定价策略方案

<table>
<tr><th>评价指标</th><th>评价标准</th><th>分值(100 分)</th><th>评估成绩</th><th>所占比例/%</th></tr>
<tr><td rowspan="6">定价策略方案</td><td>1. 选定产品合理</td><td>10</td><td></td><td rowspan="6">70</td></tr>
<tr><td>2. 调查客观实际</td><td>10</td><td></td></tr>
<tr><td>3. 价格分析准确</td><td>15</td><td></td></tr>
<tr><td>4. 方案内容完整</td><td>15</td><td></td></tr>
<tr><td>5. 价格策略可行</td><td>25</td><td></td></tr>
<tr><td>6. 方案操作性强</td><td>25</td><td></td></tr>
<tr><td rowspan="4">实训过程</td><td>1. 出勤与纪律</td><td>25</td><td></td><td rowspan="4">30</td></tr>
<tr><td>2. 实训态度</td><td>25</td><td></td></tr>
<tr><td>3. 自我学习与管理能力</td><td>25</td><td></td></tr>
<tr><td>4. 团队合作与创新能力</td><td>25</td><td></td></tr>
<tr><td colspan="4">综合得分</td><td></td></tr>
</table>

项目6

组建农产品销售渠道

职业能力目标

◆ 专业能力

1. 根据市场的具体条件和农产品特点，成功销售农产品。
2. 开展农产品订单直销、观光采摘及零售直销等基本操作。
3. 掌握某种间接销售渠道的机构、操作方式、程序和基本原则。
4. 能在网络上进行收集农产品市场信息、价格调查以及网上推销农产品。
5. 能选择合理的产品进行跨界销售。

◆ 社会能力与方法能力

1. 具有良好的沟通能力。
2. 具有良好的团队协作能力。
3. 具有操作农产品销售渠道的意识。

学习任务6.1 农产品直接销售

○ 实践感知

社区刮起"田头超市"之风

上海奉贤区积极应对国际金融危机对农产品出口造成的不利影响，探索发展农产品"田头超市"连锁经营，努力拓宽农产品内销市场和农民增收渠道。该区提出将通过"田头超市"的窗口和平台，整合区内59家规模型农业龙头农产品经营企业、180多家农民专业合作社的1000多种农产品，进行整体包装、品牌宣传和市场拓展，推动形成农产品原产地直销新模式。

2010年4月26日，该区首家"田头超市"——绿都田头超市正式营业，首日销售额超过100万元。下一步，该区计划在区内各乡村旅游景点设立"田头超市"连锁网点，逐步构建覆盖全区、便捷高效的农产品直销网络。

超市以"奉贤新鲜直供、安全放心便宜"为特色，得到附近居民的普遍认可。田头超市自有蔬菜特价销售，每天保持有几个特价菜，价格低于菜场等处市场价20%～30%；外购的蔬菜也微利甚至无利销售。春节期间，积极组织货源，确保蔬菜供应的品种和数量充足，并加大副食品供应力度，方便居民就近购买年货。在春节前2个月内，以0.5元价格（低于市场价格的一半)供应青菜，在春节前菜价上涨时间也保证不变，为平抑菜价做出了自己的努力。

社区菜店的优势之一是距离居民近，但一公里范围内有不少年老体弱者行动不便，还是难以经常光顾，为此，菜店对他们不收上门费，提供送货服务，几块钱的生意也做。对于店内没有的商品，或预约进货或帮助代购，受到普遍欢迎。为替区里更多的居民服务，他们又经常参与商务委牵头，南京西街道、静安寺街道、石门二路等街道组织的“特色特价菜进社区”活动，将新鲜便宜的蔬菜送进社区，全年累计参与进社区活动10次；同时，大力发展电子商务(BtoC)，推广网上购物。超市还非常注重对员工进行培训，经常举办各种现场培训和练习，鼓励他们与居民打成一片，让人有宾至如归之感。

集思广益

目前，农产品经营者创建了“田头超市”等销售新载体，使农产品中间环节再减少，消费成本再降低，流通时间再缩短，商品价格再提升，确保农产品从田头到餐桌“最新鲜、最绿色、最营养、最安全”。请思考，农产品直销渠道还表现在哪些方面？

行动需求

随着农产品营销方式的多样化，直销这种形式也由面对面的营销发展到网上直销，从现货直销到期货直销。开展农产品直销的工作应包括以下方面。

第一步：明确营销的农产品。

第二步：确认采用直销方式的条件。

第三步：建立客户的数据库，与目标客户互动。

第四步：开展直销活动。

第五步：评价直销活动。

知识准备

6.1.1 农产品直接销售的内涵

营销渠道也称营销网络或销售通路，有时也称贸易渠道或分销渠道，即商品和服务从生产者向消费者转移过程的具体通道或路径。在通常的情况下，农产品生产者必须通过渠道商(包括批发商、零售商、代理商和经纪人)把产品(或服务)推广给顾客才能完成营销的过程，批发商通过做“中转”而分得一杯羹，零售商则负责完成产品市场流通的最后一个环节，把产品资金变现为货币资金。可见，渠道既是营销的“主战场”，又是农产品经营企业财富变现的途径。

20世纪80年代以来，随着通信技术、网络技术及信用手段的快速发展，直接营销获得空前的发展，现已被世界所有发达国家的几乎所有农产品经营企业普遍采用，甚至被称为21世纪最具发展潜力的营销模式。直接营销是指同精确细分的个体消费者进行直接联系以获得他们的迅速响应并培养持久的客户关系。营销人员经常在一对一、互动的基础上同客户进行直接沟通。通过详尽的数据库，他们将产品和沟通方式定制为适合特定细分市场甚至是个人需要的形式。

农产品采用直接销售的方式很多。例如，蔬菜种植户把生产的新鲜蔬菜直接销售给用户；农产品加工、农产品经营企业，直接向生产者采购产品；一些用户直接到田间地头采摘或购买水果、蔬菜等；生产者把农产品直接送到客户（旅馆、饭店）手中，或者生产者利用网络直接与客户达成交易等。

6.1.2 农产品直接销售的方式

1. 农产品零售直销

一些农产品生产者在田间、地头、农贸市场直接把产品出售给消费者，或直接把农产品送到客户（农产品经营企业、旅馆、餐馆）手中，都属于农产品零售直销。直销中，生产者和消费者都处于主动地位，不仅保证了生产者的收入和消费者的合理支出，而且保证了农产品的鲜活性，减少损耗。当然，这种销售方式要求生产者具备一定的销售能力和承担市场风险的能力。农产品零售直销的形式主要有以下类型。

(1) 在集贸市场上出售农产品。生产者参与流通，获取部分利润，同时也能及时了解市场行情和客户的需求。

(2) 把农产品直接送到客户手中。这是一种重要的销售形式，如上门配送是以拜访式销售为主。例如，某个村有一家农产品合作社，销售的对象有农贸市场、酒店宾馆、沃尔玛超市等。其负责人就需要直接找上面这些公司的负责人推销自己的产品，如果推销成功了，就有了长期的合作，以后按月定量供应农产品数量。当然，合作商希望把他提供的农产品作为某地区品牌来推广，这样就需要签订合约，规范双方的商业义务和权利。如果能达到这个层次，那么就说明推销比较成功。

(3) 门市营销，就是店面式销售。这种营销方式成本大，对农产品的销售，并不都适合。如果要将农产品推向国内及海外市场，显然门市销售不具备这个功能。

2. 农产品订单直销

订单直销是由农产品加工、农产品经营企业或最终用户与生产者在安排生产之前，直接签订购销合同的直销形式。农产品由于市场变化大，行情不稳定，加上产销衔接不好，影响生产效益和农产品生产者收入的提高。如果根据市场需求的订单安排生产，不仅有利于生产结构的调整，而且解决了农产品的销售问题，为发展产销对接奠定基础。例如，蔬菜订单销售、水果订单直销，减少了流通环节和流通费用，搞活了果蔬市场。

然而，农产品在发展订单直销的过程也有不少困难，从而阻碍了市场的发展。农产品经营者应注意以下几个方面的问题，在提高自身经营素质的同时，做好风险规避措施。

(1) 违约现象较为普遍。订单是具有法律约束力的文件，签约双方都必须自觉履行。但是，由于多方面原因，目前订单违约现象屡见不鲜，主要形式有两类：一类是购方违约。当订单合同价格远远高于目前市场价时，部分商家为避免亏损，便制造种种借口，拒不履约；另一类是售方违约。当农产品市场价高于订单合同价时，一些生产者为增加收益，便借故毁约。

(2) 地方行政干预过多。一些地方政府急于求成，通常以乡（镇）政府或村委会的名义代替生产者与收购农产品经营企业签订订单，然后再由乡(镇)政府或村委会通过行政手段落实给各个生产者。当对市场需求出现判断失误、农业订单因这样或那样的原因得不到履行时，基层政府常常被夹在收购农产品经营企业和农户中间，陷入两难的被动局面。

(3) 质量标准认定不一。其主要表现为履约时，收购农产品经营企业往往称生产者没有按必需的技术手段精心种植，导致订单种植产品产量低、质量差，达不到收购要求，因而拒绝收购或压价收购；而生产者则指责收购农产品经营企业提供的种子不合格或配套服务不到位，因而要求收购农产品经营企业必须履约。双方为此互相指责，各执一词，难以调和，严重影响了农产品订单的兑现率

(4) 以订单为幌子实施欺诈。在发展订单的热潮中，一些不法经营者打着订单农业的旗号，采取多种欺诈方式，诱骗乡、村组织或生产者与其签订所谓订单，借机高价推销低劣种子、假冒伪劣生产资料，或以收取保证金、抵押金等方式诈骗农户钱财，然后逃之夭夭，使不少生产者蒙受了惨重损失。

(5) 订单不规范产生消极影响。不少订单合同内容不详细，程序不完善，运作不规范，特别是对产品的品种、规格、数量、质量和各自应承担的风险、责任以及权利含糊不清，签约内容缺乏可行性、科学性、规范性、合法性，从而为履行订单埋下了一系列剪不断、理还乱的隐患。

视野之窗

四川省白沙镇充分利用高山气候优势，大力发展米椒订单农业，不仅为农业产业结构调整奠定了基础，也给广大农民群众增收致富吃下了“定心丸”。

2010年，白沙镇在发展特色产业、促进农业升级中，以发展“订单”农业为切入点，广开渠道，引导农民发展品种优质的米椒，以“订单”种植、保价回收的方式，解决农民种得多卖不出的问题。同时，出台一系列政策和措施，在信息等方面给予扶持。针对群众在种植米椒过程中缺乏经验和技术，白沙镇还邀请农技人员对种植户进行手把手的指导，确保高产高收，实现农业增效农民增收的目标。

家住白沙镇往川坝村村民吴大爷，这几天显得特别忙碌，他除了翻耕土地改种米椒以外，还要参加技术培训，签订订单合同。据了解，2010年白沙镇发展米椒600亩，仅此一项可为群众创下160万元的收入。

3. 农产品观光采摘直销

它是通过观光、采摘、垂钓等方式，直接推销自己农产品和服务的一种直销形式。观光采摘能寓交易于娱乐之中，能够在消费者直接接触、观赏、与自然和谐相融的氛围中，引发消费欲望，促进农产品的直接销售。

在农产品观光采摘直销中，通过举办采摘活动或举行开节仪式，可吸引大批中外宾客和多家宣传媒体的到来，从而提高了本地区的知名度，对本地区农产品的销售及经济发展起广告宣传作用。它的形式和类型很多，主要有以下几种。

(1) 观光农园：在城市近郊或风景区附近开辟特色果园、菜园、茶园、花圃等，让游客入

内摘果、拔菜、赏花、采茶，享受田园乐趣。

(2) 农业公园：按照公园的经营思路，把生产场所、消费场所和休闲旅游场所结合为一体。

(3) 教育农园：这是兼顾生产与科普教育功能的农业经营形态。代表性的有法国的教育农场、日本的学童农园、我国台湾地区的自然生态教室等。

(4) 民俗观光村：到民俗村体验农村生活，感受农村气息。

视野之窗

北京锦绣大地农业股份有限公司，在销售农产品外，还发展观光旅游农业方面，有许多具体措施。公司观光园区占地600多亩，其中人造湖泊面积60亩，修建278个独立单元。针对季节性生产对观光旅游的影响，公司力求四季都有景看，都有地方玩，建立了现代化大温室，引进国际先进现代农业设施，展示计算机自动控制温度、湿度、施肥、无土栽培和新特农产品品种，成为农业科普旅游基地等，冬季游客也可以进行参观游览。同时，特种农业的产品在公司展厅内展出，游客在参观展室时，通过讲解员介绍不仅了解了特种作物的有关知识和产品的性能，而且购买了其产品等。

6.1.3 农产品直接销售的操作

1. 农产品直销的基本操作

首先，农产品经营企业的营销对象必须是明确的。成功的直销将其产品目标定位于明确的顾客群，这个顾客群必须是可衡量的、可掌握的，市场的规模足够大并能获得利润。这样才能使农产品经营企业同目标对象的沟通更为快捷，成本也更低。正因为直销所针对的目标顾客群是明确的，常称为“靶子营销”。

其次，建立客户数据库是实施直接营销的基础。一线销售农产品经营企业之间的决战不是在实际的销售地点，而是在客户数据库。客户数据库的建立是任何直销活动运作的基础。农产品经营企业可根据客户数据库中的资料得知有关顾客的情况，与顾客进行主动的业务接触，企业也可以按照客户资料通过电话沟通、直接邮寄宣传品等直销活动，以保持与顾客的良好关系。

最后，要与目标客户互动，获得订单。在进行直销过程中，信息传播、搜集、促销与销售集为一体。在这个过程中不管采用何种工具，这些工具都有针对性地传递服务信息，具有实施销售促进及实现销售的功能，并且通过信息反馈掌握市场上的第一手资料，选择目标客户，与其签订订单。

2. 农产品直销操作中的注意事项

(1) 零售直销

① 质量是生命，信誉是效益。

② 农贸市场的建设是发展农产品零售直销的基础。

③ 信息反馈及时，是农产品零售直销的关键。

④ 借助于中介组织，发展农产品零售直销。

(2) 订单直销

① 要对市场进行调查，至少对消费者、竞争同行有基本了解。

② 政府要为农民签订订单把好关。

③ 维护订单的严肃性。

④ 发展订单直销必须始终注重提高农产品质量。

(3) 观光采摘直销

① 观光园的优质服务和产品的新、奇、特是扩大销售的重要因素。

② 观光园要突破季节性的限制。

③ 改善观光园的外部环境。

④ 提高观光园经营档次。

○ 情景模拟

主题：晨龙太空农业科技园太空蔬菜直接销售。

过程设计：

(1) 事先将学生按照 5～6 人进行分组。

(2) 各组派代表扮演晨龙太空农业科技园董事长、员工、顾客，模拟农产品直接销售。

(3) 各组对模拟晨龙太空农业科技园的销售进行评价，并讨论直接销售的注意事项。

(4) 各组制作晨龙太空农业科技园太空蔬菜特色销售方案。

(5) 点评、完善与交流各组设计的直接销售方案。

模拟要求：

根据团队合作的目的，模拟销售的同学应提前对晨龙太空农业科技园太空蔬菜直销情况进行了解；其他同学应以客观的视角做出评价。

情景再现：

晨龙集团采取"以工哺农"形式，重组原缙云县药物场，创办 680 亩航天育种太空农业科技园。农业园与中国空间技术研究院长期合作，运用航天技术和地面模拟试验，创新蔬菜制种，生产特色太空蔬菜瓜果，主要建设内容是现代农业科技栽培设施 400 亩，包括育种玻璃温室、连栋温棚，钢架大棚和简易生产大棚，配套的滴、喷灌设施，3.3 万立方米的水库。

所生产的太空蔬菜直接销售到超市，开展"农超对接"；园内除种植水果外，还利用优美的自然风光为游客提供清静、幽雅的休闲、就餐环境，其经营的农家菜保持绿色、传统的特点，体现了休闲、娱乐、采摘为一体的主题。

绿色果品观光采摘园内文化建设内容丰富，观光采摘园以大自然为舞台，以传统文化为内涵，以休闲、求知、观光、采摘为载体，赋予了观光采摘园独特的文化品格。采摘园以园内水果为主题，在绿荫通道上印制有关水果的文化知识，如樱桃的起源、品种、药用价值等。在观光园门两旁张贴富有地方特色的对联，使得观光园的文化氛围更加浓厚。

○ 职业训练

训练主题：农产品的直接销售。

训练要求：通过实训，要求学生了解直接销售的操作过程，并针对农贸市场状况进行分析，提出扩大销量的有效措施。

训练内容：

(1) 学生按所住区域分成5～6人的小组。

(2) 就本区域内的农产品贸易市场进行调研，注意寻找农产品直销的经营户。

(3) 住在郊区的可以就集市贸易进行调研。

(4) 将最后的材料汇集、统计、分析，写成直销过程描述和实践认识。

训练准备：组织参观一个直销市场。

训练资料：网上了解客户与生产基地的直销活动；了解直销的方式的特点、环节、难点、应掌握的技能等。

训练步骤：

第一步，到农贸市场上调查农产品直销的基本情况，并深入分析销售现状。

第二步，明确选择模拟销售的农产品。

第三步，选择直接销售的方式。

第四步，寻找目标客户，展开销售。

第五步，模拟直销总结。

训练成果：农产品直销方案。

学习任务6.2 农产品间接销售

实践感知

自行销售蔬菜的批发商费用分析

2011年，某地的芹菜批发商自行负责从当地农户手中收购芹菜，收购价格为0.80元/公斤，在批发市场销售价格为1.30元/公斤。用自营的载重10吨卡车将芹菜运至沈阳市十二线蔬菜批发市场销售，批发商自己开车，整个过程的费用支出情况如表6-1所示。

表6-1 芹菜批发商的费用统计表

项目	油费	包装费	生活费	进场费	保险费	装卸费	保温费	人工费	损耗	总计
10吨/元	400	500	150	450	28	800	29	1200	200	3757
比例/%	10.65	13.31	3.99	11.98	0.75	21.29	0.77	31.94	5.32	100

从表6-1中可以看出，在芹菜批发商的所有费用支出结构中，人工费所占比重最大，已经超过了30%。这说明当前农村劳动力成本和价格在不断提高，只要能够给农民提供足够多的就业机会，农民的工资性收入一定会有大幅度提升。其次是装卸费，所占比重超过了21%，这里面同样体现的是农民人工费，比重较高的还有包装费、进场费和燃油费。

从蔬菜批发商的净销售利润看，通过对批发商的实地调查得知，平均每天利润为500元左右，年均利润为15万元左右。

集思广益

和其他工业品相比，农产品具有较强的时效性，容易腐烂，储存有难度，这决定了在采购和运输过程中必须兼顾产地选择，确保其生鲜性。这要求农产品的间接销售需要注意哪些因素？如何更好地利用中间商？

____

____

____

○ 行动需求

直接销售对农产品的经营对象、经营规模、成本的支出等有很大的制约，因此需要多种多样的间接销售组织或农产品经营企业。从生产者到消费者的农产品间接销售的主要工作有以下步骤。

第一步：明确销售的农产品特性、市场领域等。

第二步：比较中间商的合适性。

第三步：正确选择中间商。

第四步：组建相应的销售渠道。

第五步：联系中间商，实施销售。

第六步：评价销售实绩，完善间接渠道。

○ 知识准备

6.2.1 农产品间接销售的内涵

农产品的间接销售是指连接农产品生产者与消费者的中间商，包括取得产品所有权或帮助转移产品所有权的农产品经营企业或个人。目前，我国批发市场和集贸市场中产品的收购、出售主体构成，一般可归纳为以下几类。

1. 集货商

由于我国目前农产品生产相对集中，产地批发市场发展迅速，长年从事农产品营销业务的批发商们开始在各地选择产品，在批发商进货渠道中集货商起了很大作用，具体有两种。

① 集货商由批发商的合伙人充当。合伙人由批发商的亲朋充当，合伙人随着季节变化选择最合适的进货地点。可以从个体经营者手中直接购货，一般不存在代收费用，收购者要将货车开到农户生产地，要担负运销中的油费、运输费用、伙食费等。

② 集货商由批发商委托特定经纪人充当。这些经纪人是对当地情况比较熟悉的商人，可能代表很多批发商从产地收集产品，在不同季节收购不同产品。当某个季节段该地产品没有太多竞争力时，这些经纪人可能从事其他行业。批发商通常按收货数量给其报酬，计酬方式一般为收货 1 公斤给经纪人多少钱或者收货一车给多少钱。

2. 批发商

批发商主要是活跃在各大批发市场内从事农产品批发业务的商人，其交易对象为零批商和零售商。按交易地点分，因为农产品产地与消费地相对不统一，存在产地批发商和消费地批发商。产地批发商主要在产地收集个体农民的产品，拿到固定市场销售，执行运输职能。我国很多城市都有大的消费地批发市场，在市场内从事农产品销售业务的批发商将产品销售给零批商或者零售商。从事农产品批发业务的有单个商人;也有些是联合体,就是具有血缘关系或同一地方的农民或个体商人的联合体,他们互相协作进行收购、中转、贩卖。

3. 零售商

农产品除了进入批发市场外,可以通过进入零售商业销售产品。零售商是与消费者直接联系的销售商。我国经营农产品的零售商有专职从事零售业务的商人,也有将产品直接上市、出售的个体经营者。因为农产品生产具有分散性、零细性特点,很多个体农民自己直接将产品拿到集市出售,执行销售中空间转换的职能。在销售过程中,为确保产品售价,也会对产品进行适当的选别、分级。例如,销售青菜时,将其按大小、数量扎成捆;销售土豆时会将体积大致相同的摆在一起,不同体积不同价格。专职从事零售业务的商人包括个体商人和超市。个体商人多活跃在城镇各集贸市场,经营农产品的超市主要是大卖场、综合性超市等。

4. 互联网的中间商

这是以网络形式实现农产品间接营销的中间商。互联网销售商能够与消费者建立联系,减少各种中间经营费,对于消费者更便捷,产品的低价格和送货服务,可以吸引更多的客户。

6.2.2 农产品间接销售的渠道

间接渠道是指生产者通过流通领域的中间环节把商品销售给消费者的渠道。其基本模式为:生产者—中间商—消费者。间接渠道是社会分工的结果,通过专业化分工使商品的销售工作简单化;中间商的介入,分担了农产品生产者的经营风险;借助于中间环节,可增加商品销售的覆盖面,有利于扩大商品市场占有率。但也要认识到,中间环节太多会增加商品经营成本。农产品间接销售渠道的方式如图 6-1 所示。

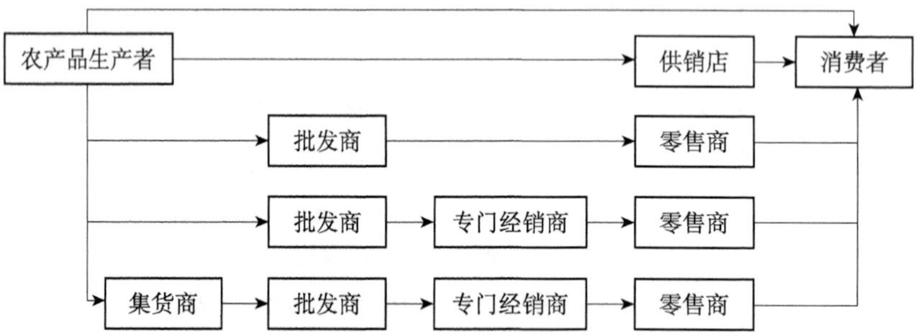

图 6-1 农产品间接销售渠道的方式

一层渠道:农产品生产者将产品卖给供销店(如超市、餐馆),供销店再卖给消费者。

二层渠道:农产品生产者将产品卖给批发商(如专业合作社),批发商到零售商再卖给消费者。

三层渠道:农产品生产者将产品卖给批发商(如专业合作社),批发商卖给专门的经销商,经销商再卖给零售商,零售商卖给消费者。

多层渠道:集货商—批发商—专门经销商—零售商—消费者。

6.2.3　农产品间接销售的程序

农产品的间接销售要注意它的自然属性，做好储运工作。例如，各种水果对包装和贮藏运送的要求不同，在市场销售中必须注意各类品种的特殊性，防止挤压、霉变、虫咬等问题。

农产品是人们生活的日常必需品，因此消费量大，消费稳定。在销售过程中，应抓住人们的消费心理。例如，对水果追求早吃、新鲜、品牌、反季节消费、外观漂亮等；对蔬菜追求口味、外观、从众、便利、价位合理等。间接销售的有效方法有：寻找客户群多、对消费者吸引力大的中间商、关注品牌中间商、保住利润和降低成本。农产品的间接销售程序如图 6-2所示。

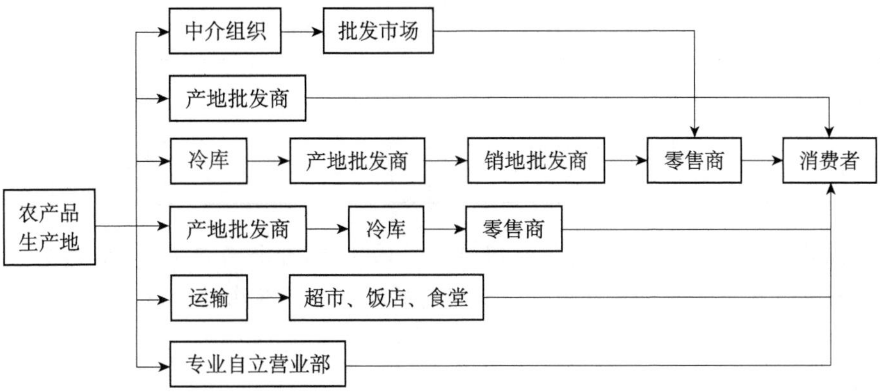

图 6-2　农产品的间接销售程序

6.2.4　农产品间接销售应注意的问题

1. 规范化

没有规矩的间接销售，势必造成生产者与中间商、中间商与客户之间的矛盾，最终将造成中间销售的衰败。农产品的中间销售形式很多，但离开规矩，照样会造成严重的后果，如商务部会同农业部等起草的《农产品批发市场管理技术规范》。

2. 合作化

区域合作、共性产品合作、探索合作的方式和思路，能将间接销售的组织做大、做强；可以降低风险。因此，间接销售的农产品合作是营销的方向。

同步实务 6-1　　比较农产品直接销售和间接销售的形式

业务分析：从市场营销渠道来区分，当产品从生产者手中不经过任何中间环节就到达消费者手中称为直接销售或是零渠道营销；当产品离开生产者进入流通领域，消费者要经过中间环节才能得到商品时，称为间接销售或有渠道营销。

业务程序：首先，搜寻并分清楚农产品直接销售与间接销售的具体表现形式；然后，对各种形式的使用举例说明，并制表如下（见表 6-2）。

表 6-2　农产品直接销售与间接销售的比较分析

直接销售		间接销售	
采摘	30 箱/小时	批发	20～30 吨/小时
交易会、现场销售	200～300 斤/天	经纪人	5～6 车/天
厂家租赁柜台	10～30 箱/天	商务代理店	生产者全部产品
农家直销	新鲜,价格可调,收益小	小商贩/街头零售	小批量,价低
地头/集市	新鲜,价格高,量少	经纪人/合作社	土地分散农户
采摘/旅游	新鲜,价格高,中量	产地批发	负担经销商服务/风险相对小
交易会/特色节	批量订单,促销宣传价格不高	销地批发	收益高,批量大,风险大
专卖店/租赁	长期零售＋批量/品牌价格自己控制	农村经销合作社	批量
品牌商店	综合销售,综合收益	零售商	批量中等,但销售稳定
对产品要求	更适宜保存时间短的产品	对产品要求	保存期短风险大,对产品有选择

业务说明:对于农产品直接销售与间接销售的比较,分析角度多样化,应尽可能结合生活中遇到的情况展开分析。以上分析表格中的数据不具有绝对性,是一般性的举例。

情景模拟

主题:农产品在超市的销售推广。

过程设计:

(1) 事先将学生按照 5～6 人进行分组。

(2) 各组派代表扮演农产品生产者、中间商、消费者,模拟农产品的间接销售。

(3) 各组对模拟超市农产品流通环节构成及费用进行评价,并讨论间接销售的注意事项。

(4) 各组制作超市农产品流通环节构成及费用分析。

(5) 点评、完善与交流各组制作超市农产品流通环节构成及费用分析。

模拟要求:

根据团队合作的目的,模拟中间商的同学深入了解中间商的种类;其他同学应以客观的视角做出评价。

情景再现:

农产品由生产者到超市,在整个流通过程中,蔬菜由农户进入产地批发市场,然后通过卡车运输到销地批发市场,再通过蔬菜供应商进入超市,最后通过消费者的购买行为完成整个流通过程,如图 6-3 所示。

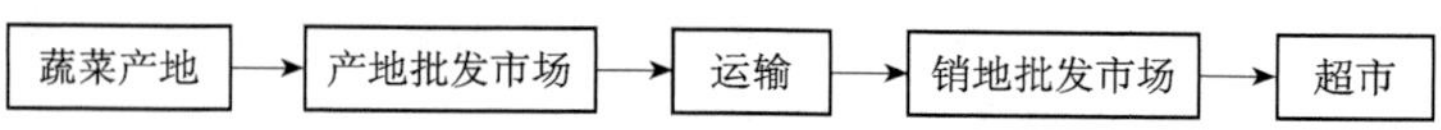

图 6-3　农产品进入超市的流程图

从具体发生的费用来看，流通环节较多。大致过程：首先，是菜商通过产地蔬菜批发市场采购蔬菜所发生的费用，主要包括配菜费、包装费、装卸费等；其次，是蔬菜由产地到销地运输环节所发生的费用。这一费用一般由菜商一次性支付给车主；再次，是蔬菜进入销地批发市场所发生的费用，主要包括进场交易费、工商管理费等；最后，是蔬菜由批发环节到零售环节所发生的费用。

上述各个环节汇总所发生的费用成为消费者所接受的最终超市购买价格。因此，对全过程进行全面费用考察是合理缩短流通环节的前提。

○ 职业训练

训练主题：农产品的间接销售。

训练要求：通过实训，要求学生了解间接销售的操作过程及其注意事项。

训练内容：

(1) 学生按所住区域分成5～6人的小组。

(2) 就本区域内的农产品贸易市场进行调研，注意寻找批发商、中间商。

(3) 住在郊区的可以就集市贸易进行调研。

(4) 将最后的材料汇集、统计、分析，写成间接销售过程描述和实践认识。

训练准备：组织参观一个农产品批发市场。

训练资料：网上了解生产者与消费者间的中间商类型；了解间接销售方式的特点、环节、难点、应掌握的技能等。

训练步骤：

第一步，到批发市场上调查农产品间接销售的基本情况。

第二步，针对批发市场状况进行分析，提出扩大销量的有效措施。

第三步，选择某一类拟推广销售的农产品，并分析产品特性。

第四步，分析中间商的类型，正确选择中间商。

第五步，组建该类农产品间接销售渠道结构图。

第六步，确定该类农产品间接销售推广方案。

训练成果：农产品间接销售方案。

学习任务6.3　农产品网络营销

○ 实践感知

烟台大樱桃网上热卖　价格翻几番

“今年的樱桃真便宜，卖不上好价钱。”2010年6月19日、20日两天，某记者采访市区各大农贸市场时，听见不少销售樱桃的果农这样说。

当这些商贩牢骚满腹之时，一些果农正悄悄转变传统的营销模式，在网络上为大樱桃寻找到了一条新销路。

思路一转，樱桃的价格翻番。这对那些正为大樱桃卖不上价钱的果农、商贩而言，是一个不错的启示。

“五斤车厘子140元包邮，当天发货，第二天就能到。”6月20日，来自福山的一家网店的老板韩冰说。当时，她一边和来自全国各地的买家通过网络谈生意，一边从篮子里挑出残次的樱桃，把质量好的打算发货寄出去。“以前都有来我们家收樱桃的商贩，可是今年却没有人来收，实在没办法，我想到了通过网络卖樱桃。”韩冰说。

这个点子为韩冰带来了商机。“每天大概接到十几张单子，能发出去近800斤樱桃。为了保持樱桃的新鲜度，长途的都是采用空运，快则一天，多则两日，樱桃就可以送到目的地。”韩冰说。现在，韩冰只是偶尔到附近的农贸市场销售樱桃，她的目的不再是单纯地卖樱桃，而是打探樱桃的市场行情。

樱桃网上销售价格比市场要高。6月19日下午，文化路市场的果农们接受某记者采访时说，目前，大红灯樱桃已经下市，各大农贸市场内是水晶、先锋的天下，水晶和先锋的价格在7元/斤，最高位10元/斤。

而在淘宝网上，烟台产的水晶、先锋樱桃每斤价格大都在二十几元至三十几元，比市面的价格要高出不少。“虽然价格高，但由于樱桃大多是采用空运，能够保证新鲜度，因此不少买家都愿意买这种高价樱桃，比在市场销售赚钱是事实。”一位店主说。

樱桃销售在网络上蹿红，吸引越来越多的果农、商贩开始盯上这块“蛋糕”。

集思广益

网络营销、电子商务等早已成为众多中小农产品经营企业和创业者销售主渠道之一，网络营销成为越来越多城镇居民熟知的销售手段。那么，农产品适用网络营销是否有特殊要求？

行动需求

市场经济条件下农产品的生产必须是需求导向的，只有基于现代信息技术和互联网技术，才能在瞬息万变的市场中敏锐地捕捉到消费者的需求信息，以恰当的方式销售符合需求的农产品，在满足消费者需求的同时提高自身的市场竞争力。农产品网络销售工作有以下步骤。

第一步：明确营销的农产品，调查市场行情。

第二步：选择网络销售的方式，促进产品网上展示。

第三步：做好网络推广与产品形象维护。

第四步：做好顾客服务，促进产品销售。

第五步：总结网络营销运行与效果。

知识准备

6.3.1 农产品网络营销的内涵

网络营销是以国际互联网为基础，利用数字化的信息和网络媒体的交互性来辅助营销目标实现的一种新型的市场营销方式。简单来说，网络营销就是以互联网为主要手段进行的，为达到一定营销目的的营销活动。

农产品网络营销又称“鼠标＋大白菜”式营销，是农产品营销的一种模式。它主要是利用互联网开展农产品的营销活动，包括网上农产品市场调查、促销、交易洽谈、付款结账等活动。农产品网络营销具有以下特点。

1. 经营主体的个人化

传统的农产品销售受时空因素影响较大，网络营销为个人经营农产品提供了可能性与极大的便利性。只要通过身份验证，人人都可在购物网站上开店做老板；网络营销使农产品生产者以用最自然、最真实的状态进行经营，更容易放得开做买卖；网络营销为农产品的卖家提供了店铺运营的各种便利条件，如店铺内的装饰模块、广告牌、产品分类目录、图片、名称、标价、留言板、歌曲、促销区的设计等都有不同的模版可以选择；农产品网络营销不需要传统门面店铺的选址装修，不需要传统铺货渠道的建设，不仅可以节约成本，还能够有效地规避市场风险，便于个人运作。

2. 农产品的多元化

网络的虚拟空间使农产品卖家的销售不必局限于传统店铺门面的空间限制，一家店铺可以有不同种类的农产品。另外，购物网络将天南地北的卖家聚集在同一个平台上，消费者可以在购物网络上看到全国各地甚至世界各地的农产品。

3. 交易的全时性

网络营销是一个“不夜城”，只要你愿意，可以24小时全天候营业。买家和卖家都可以视自己的时间和其他条件来进行买卖。

购物网络上有很多非专业卖家，可能是一位农民，也可能是还在读书的学生，也可能是办公室职员，他们照常工作，在自己有空的时间再过来打理店铺，回复小店的留言，联系货源，处理订单。网络营销可以即时交易，又能时时交易，这种灵活性也是农产品网上销售新平台的主要特征。

6.3.2 农产品网络营销的方式

1. 无站点式农产品网络营销

农户和农产品经营企业利用互联网上的资源，开展初步的营销活动。农户通过互联网调查市场情况、浏览行业信息网、发布农产品销售信息等，从而打开产品销路，这对缺少资金实力和互联网知识的农户和小农产品经营企业来说，是不错的策略，特别是当营销主体的实力还不够强大时更应该如此。考虑到建立网站和维护网站所需的巨大投入，在自身实力还不很强、经营规模还不很大的情况下，不主张投资兴建自己的网站，而是优先选择在农业专业网站上发布供求信息(如中国114农业网、中国114食品网、中国网库农业频道以及一些政府农业管理部门的官方网站)。这样既达到了发布信息的目的，又能够节约成本。这种营销策略已经被实践证明在当前农产品营销主体实力不强、而农业专业网站良好的情况下，不失为一种有用、有效、务实的选择。

淘宝、阿里巴巴等网络购物的主题网站也已成为农产品网上销售的新平台。与专业发布农产品供求信息的农业网站及专业的农产品交易网站不同，淘宝网等网站作为国内领先的个人交易网上平台，与普通消费者亲密接触的机会更多，把农产品放到此类网站上进行销售更有助于农产品走进普通消费者的购买决策圈，使农产品可以不受地域的限制在更大范围内开拓市场，更为有力地推动农产品的零售批发。

视野之窗

自2005年9月开始，"浙江百万农民信箱工程"已在全省各地轰轰烈烈地得以实施。"浙江农民信箱"具有六大功能：一是网上推销功能，注册用户可通过信箱推销农产品。每个信箱内设有一个农产品买卖摊位，农民只要往上发布自己的农产品供求信息，其余则由政府和有关组织提供相应的服务。二是网上采购功能，注册用户可通过信箱采购农产品和其他产品。三是网上联系功能，注册用户可通过信箱进行远距离免费联络。四是网上信息获取功能，注册用户登录农民信箱，即可获得农业生产技术指导、气象消息、农产品市场信息等。五是网上统计考核功能，所有在农民信箱系统运行的数据都有记录，以便主管部门统计分析和考核。六是网上桥梁功能。一方面政府部门可以方便地发送相关信息；另一方面注册农户也可通过信箱向政府部门反映民情民意，以便政府及时掌握农民的需求。

2. 基于网站的农产品网络营销

无站点营销在农产品营销主体实力不强的情况下比较适用，但它并不利于品牌宣传推广、不利于农产品经营企业的长远发展。因此，当农产品营销主体具备一定的规模和实力后，还是应该建立起自己的网站。当然，这一网站应该是宣传推介型网站。从网站的内容看，一般来说，农产品经营企业网站应该覆盖五个方面的内容：公司介绍、产品信息、顾客服务、交流平台、联系方式。但在农业专业网站上的供应信息发布依然必不可少，这样才能有更多的机会销售农产品。农产品营销的网站总体设计有以下方面。

(1) 网页的设计

网站是针对农产品的销售，网页的装饰应该从美观、朴实等方面着手，借此显示出网站的诚信度和农民的朴实纯真。切记不要把网页装饰得过于华丽，给人一种华而不实的感觉，反而降低了网站的诚信度。

(2) 商品的分类

合理的网店商品分类可以使店铺的商品类目更加清晰，方便卖家和买家快速浏览与查找自己想要的宝贝。如果店铺发布的宝贝数目众多，那么合理的分类显得尤为重要。好的店铺分类，将会大大方便买家有针对性地浏览和查询，从而提高成交量。

(3) 与顾客的互动

随着网络营销的产生，随之而来的也就有了论坛、微博、微信等，这些都是了解消费者需求的有力的渠道，也是完善售后服务的一种途径。有些网站上有实时对话框，可以进行在线交流。除此之外，还可以通过电话交流，向顾客发 e-mail 等方式进行交流。

(4) 产品的展示

网站应该以一种什么样的方式把想要表达的信息传递给消费者？是平面图、文字、报纸、杂志，还是视频展播？虽然方式不同，但是目的都是一样的，最终是让消费者真真切切地了解到商品的信息。

(5) 定价策略

在购物型电子商务网站中，产品的定价一直都是一件令人头痛的事情。价格既不能定得太高，也不能定得太低。太高的话，消费者接受不了；太低的话，赚不回成本。因此，可以考虑用薄利多销来扩大销售额。

(6) 支付手段

国外最流行的网上支付方式是信用卡支付，具有方便、快捷、安全、可靠的优点。很多的网站都是利用自动的电子转账来管理信用卡支付。还有一种方式是通过银行的转账支票进行支付，它也是随着银行业的发展与联合而逐渐形成的一种比较成熟的方式。

从国内购物网站的现状来看，以淘宝网为例，多种支付方式并存。包括信用卡支付、银行转账、银行汇票、邮局汇票等多种方式，甚至还提供货到付款。这些所有的支付方式都可以借鉴。

(7) 物流的配送

对于量小的顾客，如果是近距离，可以采取送货上门的方法来进行运输；对于远距离的顾客，我们可以用快递。如果量大的顾客，可以派车直接送过去。当然，前提条件要达到一定的数量才行。

(8) 售后服务

商品销售出去了，不等于交易就完成了，还应重视售后服务，这是维护客户资源的最有利的方式，也是打造知名度的一把"利剑"。只有得到顾客的认可，才能长久地发展下去。加强和完善售后服务也是网站成长过程中的重要步骤。

通过电子商务网站的建设，将大大增加农产品的销售途径，扩大农产品的客户群，极大地减少了交易费用和交通运输的负担。

同步实务6-2　　分析丽水市菜篮子配送公司网站的运作

业务分析：丽水市菜篮子连锁配送有限公司是丽水首家集农副产品采购、检测、配送、销售为一体的综合型农产品经营企业，公司以莲都区无公害蔬菜基地——石牛生态园区与石牛蔬菜交易市场——农家人农产品合作社为依托，联盟丽水市兄弟快运有限公司强大的运输服务网络为辅助，内设菜篮子商品安全检测室，净菜加工室，冷藏室等。

业务程序：

(1) 公司网址确认。

(2) 公司网站模块分析，包括公司介绍、最新产品、当日行情、合作客户、服务中心、餐饮管理、加盟连锁、网上下单、在线反馈。

(3) 公司网站运作模式。根据订单情况送货。

业务说明：菜篮子配送公司网站建设以绿颜色为主，给人清新感觉。

6.3.3　农产品网络营销的操作

1. 农产品经营企业或个人在网上发布信息

(1) 网站注册。例如，浙江农民信箱，首先找到"注册"，然后单击"进入"，按照提示要求注册。申请者必须填写申请表并经本人签字，由各级农业部门系统管理员注册开户后，方可使用农民信箱。

(2) 注册成功之后，单击“登录”，进入自己的摊位。修改完善农产品经营企业与联系人信息。越完善，信誉度越高，客户越认可公司的真实性。

(3) 发布产品信息或商机。按照发布产品的提示，如实填写产品的主要性能指标，“详细介绍”一栏要尽量填写充分。若有不懂，可以参考别人发布的产品信息。

(4) 跟踪维护。产品发布完之后，要在商铺看一看自己的产品，或网上门户里搜索自己的产品，看是否填写完整、字体是不是合适。然后，客户就能通过搜索引擎看到你的产品。什么网站才是正规的好网站呢？阿里巴巴、中国食品网、生意搜、八方资源网等，都是免费的好网站。

对于个体户，有的网站可以注册，有的不能。个体户网上信誉度比农产品经营企业低一些，尽量将自己的生产状况介绍详细，才能吸引客户。有的客户并不跟个体户合作，他们只选择农产品经营企业合作，因为关系到产品质量和票务问题。所以，实力大的个体户，必须以农产品经营企业作为发展目标，产品推广到国内和国外才比较方便。

2. 网上发布信息的技巧

(1) 标题要醒目

查找供求信息者首先看到的是标题，如果只是“供小麦”、“求玉米”，不会引起注意，如果用“产地价、大量供应优质小麦”、“常年收购玉米”信息被访率就会高很多。同时，可以变换标题，在不同的网站上多发几次，增加被搜索到的机会。

(2) 内容要真实明确

供求产品的数量、质量必须明确。供求货物的条件，特别是优惠条件必须写清。联系人、联系方法要真实，这样的信息才有效率。

(3) 要给出合理的价格

很多人写价格面议，没有给出参考价格，结果失去一批可能的买主。现在是买方市场，什么产品都有很多供货方，买方只有在认为你的价格相对比较便宜时才会和你联系，如果你不提供价格，买方还要打电话查询，所以大多数人不会和没有价格的供货方联系，你也就失去了讨价还价的机会，再说，现在已经很少有买方不知道行情而赚取暴利的机会了。

(4) 选择正确的栏目(或类别)

在发布供求信息时，一般都要求选择是供应还是求购，并选择是什么类别的产品供求信息，以便于用户检索。因此，要正确选择供求信息的供求类别和产品类别，会增加信息成交的可能性。如果你想发布畜牧类产品供求信息，可是却在苗木类中发布了，而浏览苗木类信息的用户对畜牧产品信息的接受度是有限的，这也就相应的减少了生意成交的机会。

(5) 信息的发布要采取多渠道、多手段

同一条信息可以同时在权威的综合网站、行业网站、专业网站等多个网站上发布，以扩大影响面，增加信息的点击次数，增大成交的概率。

除发布供求信息外，同时要利用某些农业网站提供的网上展厅、网上店铺、加入农产品经营企业库、加入产品库等多手段宣传和推广。

网上能否达成成交意向，本质上还是取决于信息内涵。没有价值的信息很难在网上成交，互联网不是万能的。

6.3.4　农产品网络营销应注意的问题

1. 设计产品展示效果

销售页面首先要进行产品效果展示，因为消费者关心的就是产品的功效。产品效果介绍要本着客观态度，不要随意夸大其功效，随意夸大容易失去客户的信任，就很难成交。在产品展示时要突出自己的产品与其他同类产品的不同，也就是我们平时说的卖点。介绍产品要尽量显得专业，其中可以列举一些数据，这样可以增加顾客信任度，促成交易。

2. 以客户见证顾客的信任度

可以在网页专门设置一个版块，让用过的客户对产品进行评价，尤其是老客户的评价，可大大提高新顾客的信任度。

3. 构建方便快捷的成交系统

到购物网上看客户评价就可以知道，除了对产品质量的评价，最多的就是对发货速度的评价。交易最好采用支付宝付款或者货到付款，如果对自己的产品有足够自信可以加一条"7 天无条件退货"，让顾客零风险购买。没有风险，顾客当然愿意尝试一下，这些细节做好之后，订单就会纷至沓来。

4. 应用多种方式推广网站

发帖推广是最简单的推广方式，这只是最初级的方式。当然在网络营销飞速发展的今天，博客群发、论坛群发、顶帖机泛滥的方式，也不失为一种短期良策。

○ 情景模拟

主题：制作农产品网络营销方案。

过程设计：

(1) 事先将学生按照 5～6 人进行分组。

(2) 各组派代表扮演蔬菜农户、经纪人、顾客等，模拟蔬菜的网络营销。

(3) 各组对网络营销过程进行评价。

(4) 各组制作农产品的网络营销方案。

(5) 点评、完善与交流各组设计的艺产品的网络营销方案。

模拟要求：

根据团队合作的目的，模拟经纪人的同学掌握网上营销的操作步骤。

情景再现：

近日，柳江县三都镇里贡村农民经纪人韦树庭，收购了一车蒜苗，经过网上交易，运往湖南交货。据悉，三都镇农民通过网上交易，2012 年共销售葱花、蒜苗、生姜等 7500 多吨。

2012 年夏天，广西壮族自治区名、特、优农产品网上展销之际，柳江县共组织了 34 个名、特、优农产品供求信息，参加网点展销洽谈会，通过网上见面，有 12.22 万吨农产品交易成功，交易额达 1.24 亿元。同时，该县还组织、协调、支持各类协会、农产品流通大户和农民经纪人参与产品流通，开展农产品流通网上支付结算试点工作，有力促进了农产品流通工作，使全县农产品呈现产销两旺的良好局面，区内外客商纷纷前来签订、收购莲藕、葡萄、生姜等农产品。仅 2011 年七八月份，就有 120 多名外商来签订农产品购销协议。三都镇子姜上网后知名度大大提高，客商纷纷前来收购，仅一个月时间，全镇 5300 多吨子姜就销售一空。里贡村一位姓卢的农民，2011 年种 2 亩子姜，收入 1.2 万元。他说："全靠镇里的网上销售，今年子姜价格比去年高一倍多，今年一公斤才卖 2 元，今年竟卖到 4.4 元。"

职业训练

训练主题：开展无站点式农产品网络营销。

训练要求：通过实训，要求学生学会通过互联网调查市场情况、发布农产品信息、网上拍卖、发布网络广告等。

训练内容：

(1) 通过互联网调查市场情况；

(2) 使用农民信箱网站；

(3) 发布农产品信息。

训练准备：学生了解浙江农民信箱的基本操作。

训练资料：农民信箱网站信息。

训练步骤：

第一步，用户注册

农民信箱申请者可到当地农民信箱管理部门，一般设在农业局、乡镇和行政村，向管理人员领申请表，申请表也可以在网上下载，申请者填写申请表并经本人签字，将申请表及身份证交管理员审核，审核通过后管理人员进行注册开户，发给用户名和初始密码，申请人登入农民信箱，输入用户名和初始密码就可以使用了。

省外用户由各级系统管理员建立，原则上要由浙江省农民信箱用户推荐。省外用户申请者通过浙江农业信息网下载相应的申请表，填写后，机关、企事业单位用户加盖单位公章，普通农户盖当地村委会公章，连同身份证复印件和推荐人的姓名和联系电话，邮寄给浙江省推荐人所在地的农民信箱管理部门，经审查后注册，用电话或短信告知该注册用户的初始用户名和密码。

第二步，摊位申请

所有注册用户都可以为自己申请一个摊位，并且可以自己管理摊位的资料，包括摊位的名称、说明、广告词等。每个摊位根据允许摆放的商品数量分为三种规模，即普通 4 条、大型 20 条和超大型 40 条。在摊位还未设立时，在页面上会显示"摊位申请"的字样，在摊位申请成功以后，原来"摊位申请"的字样会变成"摊位管理"。单击"摊位申请"之后出现摊位申请表单。填写好申请表单后单击"申请摊位"按钮，就可以提交给管理员审核了。在摊位设立以后，如果用户需要对摊位的信息进行变更，仍需要提交管理员审核。摊位的申请和摊位信息的修改都需要经过管理员的审核才能生效。摊位的位置默认在自己所属的地区（县区级），摊位的有效期全省为 1 年，用户可以选择更长年份。

第三步，信息发布规范要求

摊位和摆放产品的信息内容是否符合规范要求，这是建立网上购销的基础，下列指标务必描述清楚。

(1) 摊位，包括摊位名称、摊位规模、摊位类型、广告词、产品图片、摊位说明（简明扼要）。

(2) 产品,包括以下内容。

货物类别:(选择项)

信息标题:(填写买进或卖出农产品的信息标题)

收购或出售数量:(选用正确的计量单位);

收购或出售价格:(尽可能填单一价或区间价);

收购或出售时间:(要根据产品生产经营情况确定时间长度);

收购或出售地点:(详细地址的全称,省市县乡镇村)。

(3) 在“货物说明”栏中的指标,品牌、质量、规格、包装是可以填写的,务必要描述清楚。填写上联系人、联系电话(区号+电话号码)或手机号码。

训练成果:无站点式农产品网络营销实践心得。

学习任务6.4　农产品跨界营销

○ 实践感知

蒙牛海尔品牌文化互补　开创跨界营销先河

“跨界(Crossover)营销”已成为时下越来越多行业及农产品经营企业采取的创新营销模式。自乳业巨头蒙牛与NBA达成合作伙伴,开创了食品业与体育界跨界营销之先河后,日前,蒙牛与民族家电巨擘海尔正式联手,开创“四海一家”体验馆进行跨界营销,携手共赢。

一、实现品牌文化互补

海尔是世界第四大白色家电生产商,也是中国最具价值的品牌;蒙牛是中国唯一年营收超过两百亿、跨入世界级乳业门槛的民族领军农产品经营企业。蒙牛集团相关负责人在接受某记者采访时表示,对于此次开创“四海一家”体验馆,双方是一拍即合。

在设立于北京的“四海一家”体验中心,某记者看到蒙牛的奶人“多多”被塑造成各种体育运动员的形象遍布馆内,而海尔整体厨房吸引了不少消费者驻足。在这个所有设施均可通过触摸感应进行操作的概念厨房,消费者可以尝试不同的点击,不同的操控。而当体验者打开海尔冰箱时,蒙牛各系列产品呈现在眼前。

营销专家指出,这是一个没有藩篱的时代。没有哪个农产品经营企业能在自筑的高墙里,一边加高墙体,一边扩大墙围。一个品牌的文化符号无法完整地诠释一种生活方式、再现一种综合消费体验时,就需要几种品牌联合起来进行诠释和再现,达到1+1 > 2的效果。

二、助力民族品牌走向世界

以“只为优质生活”为主张、以“让每个中国人身心健康”为愿景的蒙牛,通过与NBA、星巴克、迪斯尼等国际巨头的合作,以其国际认可的品质、创新的发展、绿色环保的成就,让海尔欣然伸出双臂,欢迎这位“兄弟”在全球化的路上相携与共。

来自世界各地数以万计的贵宾、体育官员、超过3万名的媒体记者都有机会来到这里体验跨界品牌所缔造的“智能家园”,品尝蒙牛牛奶,触摸海尔概念家电。面对来自全球的宾客,蒙牛与海尔的强强联手向世界展示了民族品牌的实力,是一次提升民族品牌国际影响力的有益尝试。

集思广益

啤酒与服装、房地产与奢侈品，可乐与音乐……这些看似风马牛不相及的产品，通过跨界营销希望获得双赢。跨界营销的方式有很多种：产品跨界、渠道跨界、文化跨界、交叉跨界等。那么，农产品营销应如何利用营销跨界手段？

行动需求

跨界营销并不是两家农产品经营企业走到一起，做个联合促销那么简单，要考虑两个品牌是否有相同或类似的消费群体；要考虑两个品牌是否属于一个梯队，是否“门当户对”；要考虑两个品牌内在属性上是否有着一致的特性。跨界营销的工作步骤如图 6-4 所示。

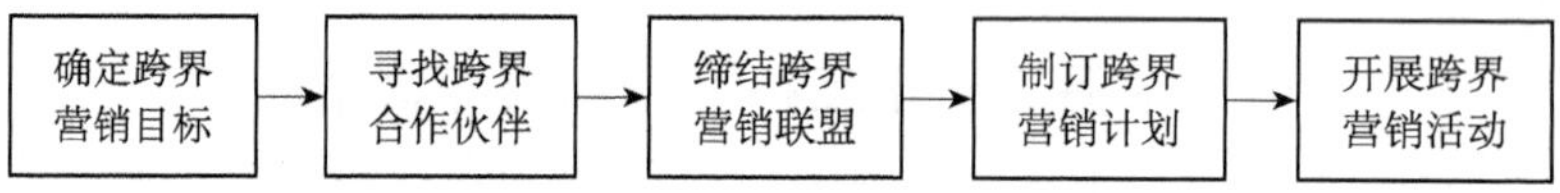

图 6-4 跨界营销实施流程图

第一步：确定跨界营销目标。

第二步：寻找跨界合作伙伴。跨界营销成功的关键在于找到最有缘分的跨界合作伙伴，即最具价值的跨界营销伙伴。具有相似价值观的群体，具有相类似的生活方式，具有相类似的消费需求。实际上，服务于同一种生活方式的品牌之间实施跨界营销，具有最大可行性；否则，只能称为异业联盟，而不足以称为跨界营销。同时，注意跨界合作品牌过多，会影响跨界营销的效果。因此，经营者要找对自己产品营销最具价值的合作伙伴。

第三步：缔结跨界营销联盟。

第四步：制订跨界营销计划。跨界营销活动在固定的时间内必须确保跨界的稳定性，要订立完善的利润分配模式、活动执行及推广方式。

第五步：开展跨界营销活动。

知识准备

6.4.1 农产品跨界营销的内涵

跨界营销是把两个本不相关但是目标客户相近的行业的品牌（或产品）捆绑在一起，通过合作双方的良性互动，提升双方产品关注度和品牌内涵，进而促进新产品销售。只要合作伙伴在品牌上对等、利益上共享、资源上互补、文化上相彰，新产品就有机会。跨界营销的方式有很多种，如产品跨界、渠道跨界、文化跨界、交叉跨界等。

如果农产品经营者所在市场处于低迷状态，或者由淡季所导致的暂时低迷状态，农产品经营者所做的任何努力都可能是徒劳的，其至可以说是无谓的挣扎。虽然竞争对手之间也有合作，但是竞争的愿望往往要胜于合作的愿望。在这种情况下，农产品经营企业可以把目光抛向其他行业。只要其他行业的产品在品牌上对等、利益上共享、资源上互补、文化上相彰，很可能会因为一次异业合作而为农产品经营企业带来转机，这就是跨界营销思想。即使不能快速提升农产品的销售量，也能提升品牌影响力。

6.4.2　农产品跨界营销应注意的问题

跨界营销逐渐被更多的品牌产品所采用，在这个领域，除了表面上所看到的现象之外，并没有太多系统的经验可供借鉴。经过对众多跨界营销案例的分析，我们对跨界营销过程中需注意的问题总结如下。

跨界营销，意味着需要打破传统的营销思维模式，避免单独作战，寻求非业内的合作伙伴，发挥不同类别品牌的协同效应。跨界营销的实质，是实现多个品牌从不同角度诠释同一个用户特征。

跨界营销策略中对于合作伙伴寻找的依据，是用户体验的互补，而非简单的功能性互补。可以肯定，跨界营销和近年来逐渐盛行的用户为中心的营销理念是吻合的。

跨界营销面向的是相同或类似的消费群体。因此，农产品经营企业在思考跨界营销活动时，需要对目标消费群体做详细深入的市场调研，深入分析其消费习惯和品牌使用习惯，作为营销和传播工作的依据。

跨界营销，对相互合作的企业而言，在营销能力上提出了很多挑战。以往企业的营销战略，只需要考虑如何使用好农产品经营企业自身的资源，而由于联合，企业需要考虑如何通过战略上的修正，在与合作伙伴的互动中，获得资源利用上的协同效应。

需要注意的是，当品牌成为目标消费者个性体现的一部分时，这一特性同样需要和目标消费者身上的其他特性相协调，避免重新注入的元素和消费者的其他特性产生冲突，以造成品牌印象的混乱。

○ 情景模拟

主题：制订跨界营销方案。

过程设计：

(1) 事对将学生按照 5～6 人进行分组。

(2) 各组派代表扮演农产品经营企业相关人员、其他企业的相关人员，模拟跨界营销。

(3) 各组对跨界营销的过程进行评价。

(4) 各组制作跨界营销方案。

(5) 点评、完善与交流各组设计的跨界营销方案。

模拟要求：

根据团队合作的目的，模拟跨界营销的农产品经营企业应充分了解本农产品经营企业的农产品、拟合作企业的信息；扮演其他企业的同学应积极配合，一起制作跨界营销方案。

情景再现：

2006年，陕西太白酒业销售额突破了3.3亿元大关，较2005年上升了8000万元；2007年，陕西太白推出的高端形象产品——太白大手笔酒占据了西安中高端政商务用酒前三甲的战略目标，太白酒销量也首次突破4个亿。稳稳坐到陕酒地产品牌"老二"宝座，逐渐拉近了与陕酒老大——西凤酒的距离，也逐步拉开了和陕酒第二集团军的距离，进一步实现了其做大、做强的战略企图。陕西太白酒的迅速崛起，一方面得益于区域老名酒复苏大环境，更重要的是取决于太白酒业在跨界营销战略的有效实施。跨界营销，对于具有良好品牌基因以及营销创新基础的中小区域性白酒农产品经营企业，极具借鉴意义。

第一步，提炼内核力，树立消费者高度，即跨界定位的确定。"内力"即品牌核心诉求点的"核力"，找准一个"准确点"发力消费者需求。

第二步，借势内外力，形成聚合力，树立大品牌力。"外力"即借势点状核心平台，达到传播聚力效果。中国市场容量大，且市场层级分化严重；中国的消费者，尤其是白酒消费还处于感性阶段。对任何酒类农产品经营企业来说，机会是均等的。

第三步，构建跨界"渠道力"，确立渠道壁垒封闭型。改变传统的品牌买断以及总经销制的营销模式，西安战略性市场采取"跨界深度直营"的营销方式，运用了"商超做展示，团购做销量，酒店做拉动"的全新的渠道创新模式。

职业训练

训练主题：开展农产品跨界营销。

训练要求：通过实训，要求学生学会选择跨界合作伙伴，制订跨界营销计划，并开展跨界营销活动。

训练内容：

(1) 学会根据农产品的特点选择跨界合作伙伴；

(2) 学会制订农产品的跨界营销计划；

(3) 学会开展农产品的跨界营销活动。

训练准备：先要求学生利用业余时间，观察周围农产品的跨界营销进行调查，或者利用网络查找农产品的跨界营销案例。

训练资料：上述调查所得的第一手资料。

训练步骤：

第一步，确定跨界营销目标。

第二步，寻找跨界合作伙伴。

第三步，缔结跨界营销联盟。

第四步，制订跨界营销计划。

第五步，开展跨界营销活动。

训练成果：农产品跨界营销报告。

项目小结

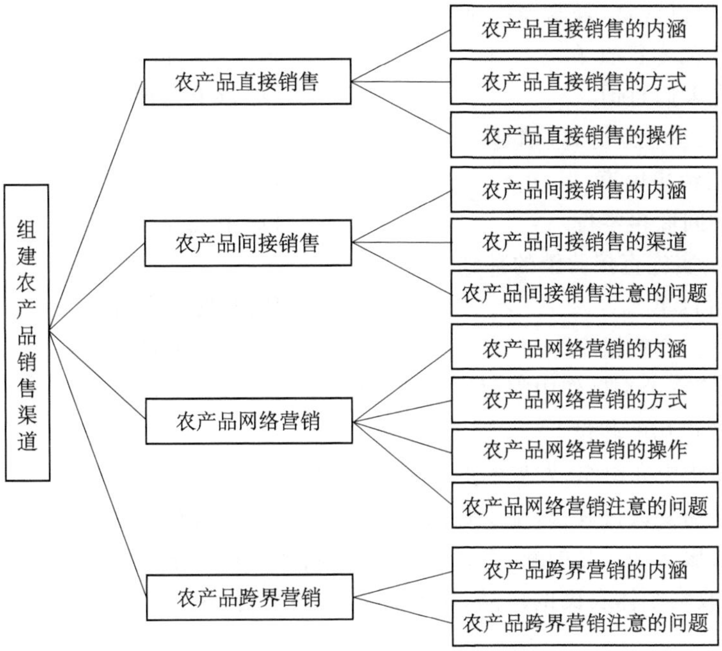

职业能力测试

一、职业能力判断与选择

(一) 判断题

1. 观光采摘直销形式是观光旅游农业的产物。(　　)

2. 订单农业一定是采用订单直销形式。(　　)

3. 农产品直销是针对销售渠道而言的。(　　)

4. 分销渠道所组织的是从生产者—消费者一通到底的完整的商品流通过程,而不是商品流通中的某一阶段。(　　)

5. 单一环节直销型是指不经过中间环节而把自己生产的产品直接销售给消费者或用户,消费者和用户完成了所有的营销活动。(　　)

6. 如果目标市场比较集中,则使用中间商;如果农产品比较分散,一般可采用直接销售的方式。(　　)

7. 价格越高,越宜于选择短渠道模式。(　　)

8. 每一个零售商,不管他位于这一系列的哪个环节,都面临该卖什么,即怎么搭配商品;在哪儿卖,即选择销售地点两个问题。(　　)

9. 考虑到建立网站和维护网站所需的巨大投入,在自身实力还不很强、经营规模还不很大的情况下,不主张投资兴建自己的网站．应考虑基于网站的网络营销。(　　)

10. 一般来说,农产品经营企业网站应该涵盖五个方面的内容:公司介绍、产品信息、顾客服务、交流平台、联系方式。(　　)

11. 跨界营销是两家农产品经营企业走到一起，联合促销。（ ）

（二）选择题（1～6 题为单项选择题；7～10 题为多项选择题）

1. 给游客提供观赏、采摘等各项服务属于（ ）。
   A. 农产品零售直销　　B. 订单直销
   C. 观光采摘直销　　D. 以上三种说法都不对
2. 从销售渠道上划分，直销是（ ）。
   A. 零层销售渠道　　B. 经过批发再零售
   C. 经中间商再零售　　D. 由代理商零售
3. （ ）是实施直接营销的基础。
   A. 获得订单　　B. 与客户交流
   C. 建立客户数据库　　D. 选择农产品
4. 观光采摘直销在操作中需要注意的是（ ）。
   A. 农贸市场的建设
   B. 借助于中介组织，发展农产品零售直销
   C. 对市场要进行调查，至少是面对消费者、竞争同行有基本了解
   D. 优质服务和产品的新、奇、特是扩大销售的重要因素
5. 在产地收集个体农民的产品，拿到固定市场销售，执行运输职能。这个属于间接销售渠道中的（ ）。
   A. 产地批发商　　B. 消费地批发商
   C. 集货商　　D. 农产品经纪人
6. 属于多层渠道的是（ ）。
   A. 农产品生产者将产品卖给供销店（如超市、餐馆），供销店再卖给消费者
   B. 农产品生产者将产品卖给批发商（如专业合作社），批发商到零售商再卖给消费者
   C. 农产品生产者将产品卖给批发商（如专业合作社），批发商卖给专门的经销商，经销商再卖给零售商，零售商卖给消费者
   D. 集货商—批发商—专门经销商—零售商—消费者
7. 农产品的直接销售方式有（ ）。
   A. 零售直销　　B. 订单直销
   C. 观光采摘直销　　D. 送货上门
8. 从市场营销的角度看，批发商的主要功能是（ ）。
   A. 采购　　B. 销售　　C. 分配
   D. 运输　　E. 储存
9. 农产品的网络营销，网上发布信息的技巧包括（ ）。
   A. 标题要醒目　　B. 内容要真实明确
   C. 要给出合理的价格　　D. 选择正确的栏目（或类别）
   E. 信息的发布要采取多渠道、多手段发布
10. 以下情况可以考虑农产品跨界营销的是（ ）。
   A. 农产品经营者所在市场处于低迷状态
   B. 由淡季所导致的暂时低迷状态

C. 销售旺季

D. 农产品种类多

E. 消费者多

二、项目案例分析

西部农产品网上营销

目前,天马贸易有限公司采取"公司＋协会＋农户＋基地"经营模式,负责收购、生产加工以及销售工作。

扶风县辣椒协会是陕西唯一的以辣椒购销、深加工为主要业务的社会团体法人协会,成立于2000年。该协会是按照农业部规范化运行机制创办的农民专业合作组织协会,现有会员192名,其中46名经纪人会员,146名种植户会员;培养专业技术员40人,采取1名经纪人会员带3名种植户会员进行技术指导,在全国下设20多个辣椒收购办事处,协会年销售量在9800吨以上,为扶风县辣椒种植、收购、深加工及出口等基层网络奠定了基础,并逐步形成产前、产中、产后一条龙服务体系。协会为种植户会员产前统一选购新品种,为困难户垫支种子款,指导育苗;产中预防病虫害,按绿色食品种植、防虫、施肥要求指导;产后实行分散收购,协会统一出口,打造宏马品牌。协会为经纪人会员在网上查询国内外行情,分析国际辣椒市场,做到经纪人会员在收购、销售当中胸有成竹,无忧无险。

农户加入辣椒协会中,成为天马贸易有限公司的辣椒会员。农产品经营企业在收购辣椒时,优先针对种植会员,并采取收购指导价政策。由于采取套种方式,不影响农民的小麦种植,而且种植出来的辣椒有销售保证,因此扶风地区农民种植辣椒的积极性很高。农户直接接到天马公司的订单,进行辣椒生产,无论市场价格如何变动,都有较好的利润保障,农民年均纯收入增加3100元。

由于农产品经营企业的产品出口量很大,在国外品质要求严格的情况下,农产品经营企业在扶风县建立了自己的辣椒基地,对基地中的农户种植进行无公害种植指导,解决辣椒的药物残留问题。

这种经营模式使天马贸易有限公司的原料收购有了保障,并能符合产品出口的质量要求,同时协会中有26户经纪人会员在天度蔡马建立了辣椒批发市场,辐射带动了扶风县42000农户走上了辣椒产业化道路,安置农村剩余劳动力2000多人,实现了良好的社会效益和经济效益。以订单式向农户定购辣椒,目前以高于市场价格的6元/公斤使农户乐意将自己的劳动成果给公司,并且公司规定,如果市场价格上浮0.3～0.4元,则订单价格上调30%;如果市场价格下调0.3～0.4元,相应的的订单价格只下调20%。这样宽松的条件,稳固了公司与农户之间的利益关系。

问题:

(1) 案例中辣椒的销售渠道是什么?扶风县辣椒协会属于销售渠道中的什么角色?

(2) 这种销售渠道带来的效果如何?

分析要求:

(1) 学生分析案例提出的问题,拟出案例分析提纲;

(2) 小组讨论,形成小组的案例分析报告;

(3) 班级交流,教师对各小组案例分析报告进行点评;

(4) 在班级展出附有"教师点评"的各小组案例分析报告,供学生比较研究。

三、项目实训操作

实训题：“××批发菜市场推广”业务能力训练。

【实训目标】

引导学生参加“××批发菜市场推广”业务的实践训练；在切实体验批发菜市场推广方案的准备与撰写等有效的活动中，培养相应的专业能力与职业核心能力；通过践行职业道德规范，促进健全职业人格的塑造。

【实训内容】

就学校所在地批发菜市场进行实地考察，分析现有的资源及存在的问题，提出建立某类农产品批发市场的推广方案。

【实训时间】

课堂与课外相结合，并利用周末休息日。

【操作步骤】

(1) 将班级每5～6位同学分成一组，每组确定1～2人负责。

(2) 对学生进行商品类别划分培训，确定选择哪几类商品作为调研的范围。

(3) 学生按组进入附近批发市场调查，并将调查情况详细记录。

(4) 对调查的资料进行整理分析。

(5) 依据销售渠道理论，找出选定商品适合的销售方式。

(6) 写出某类农产品批发市场的方案。

(7) 各组在班级进行交流、讨论。

【成果形式】

实训作业：撰写批发菜市场开发方案。

实训考核

“活动过程考核”与“实训作业考核”相结合。

根据“实训题”所要求的学生“实训作业”完成情况和学生参与“实训题”全过程的表现，参照表6-3进行考核。

表6-3 实训成绩考核表 作业名称：××批发菜市场推广方案

评价指标	评价标准	分值(100分)	评估成绩	所占比例/%
××批发菜市场推广方案	1. 批发市场基本情况介绍准确	10		70
	2. 批发市场存在的问题分析恰当	10		
	3. 批发市场定位准确	15		
	4. 建立批发市场的设想可行	15		
	5. 报告内容完整	25		
	6. 报告具有实际应用性	25		
实训过程	1. 出勤与纪律	25		30
	2. 实训态度	25		
	3. 自我学习与管理能力	25		
	4. 团队合作与创新能力	25		
综合得分				

项目 7

策划农产品促销活动

职业能力目标

◆ **专业能力**

1. 灵活运用人员推销策略，展开农产品促销工作。
2. 灵活运用广告策略，展开农产品促销工作。
3. 灵活运用营业推广策略，展开农产品促销工作。
4. 灵活运用公共关系策略，展开农产品促销工作。
5. 能整体组合运用农产品促销策略。
6. 能制作农产品促销方案。

◆ **社会能力与方法能力**

1. 具有良好的沟通能力。
2. 具有良好的团队协作能力。
3. 具有一定的促销策略组合能力。
4. 具有一定的促销活动策划能力。

学习任务 7.1　确定农产品促销策略

○ 实践感知

水果超市开展鸡蛋促销

在一个水果超市门口看到了排着长长的一条队，走过去才知道 9 点半水果超市将进行鸡蛋促销活动。排队的多是中老年人。超市的工作人员说，为了宣传超市开业，他们才想出了这招来增加人气。而且，水果超市鸡蛋促销也有严格的时间和数量规定，每天早上 9 点半开始卖鸡蛋，10 元钱 4 斤，每人只能买 4 斤，每天卖 10 箱，总共卖 10 天。

水果超市鸡蛋促销当然是比市面的鸡蛋价格便宜，水果超市促销的鸡蛋比市价每斤便宜六七毛钱，一天的促销费用不过 100 多元，就可以招揽这么多的客人，广告效果相当不错。

在这家水果超市里看到，水果品种比较齐全。除了路边水果摊出售的西瓜、蟠桃、油桃、香蕉、樱桃等常规水果之外，还有榴梿、火龙果、木瓜等需到超市才能买到的水果。价格上，水果超市的价钱与路边水果摊基本相同。买了不少水果的一位女士一边结账一边说："这儿水果比较多，能选择的多。而且看着也新鲜，价格和路边摊儿的差不多。"看来水果超市鸡蛋促销是有效果，如果水果超市鸡蛋促销过后，能够保持其优势，水果超市是大有可为的。

据观察，水果超市附近的居民，特别是老年人，都没有到水果超市购物的经历，他们都习惯到菜场买菜时顺便买水果，或者选择离自家最近的水果摊。目前，水果超市的客人都是一些好奇的居民前来尝鲜的。对水果超市来说，他们的经营成本增加了，能否保持水果价格实惠、货品新鲜，以根本优势留住客源，是有待攻克的经营难题。

集思广益

适销对路的产品是营销农产品经营企业扩大销售的前提，合适的定价目标是营销农产品经营企业扩大销售的基本条件，适当地促销则是农产品经营企业扩大销售的必要手段。那么，你认为该水果超市采用了哪些促销方式？有何启示？

行动需求

由于市场竞争的日趋激烈，农产品经营企业不仅需要不断开发出高质量、高技术、能满足顾客需求的产品，而月还必须将其产品或服务的信息及时准确地传递给目标顾客；同时，运用促销手段刺激他们的购买欲望，达到促进销售的目的。其工作步骤主要如下。

第一步：确定促销目标。促销目标要根据农产品经营企业要求及市场状况来确定，促销目标可以确立单个目标，也可以确立多个目标。例如，在一定时期内，某农产品经营企业的促销目标是在某一市场激发消费者的需求，扩大农产品经营企业的市场份额；而另一农产品经营企业促销目的则是加深消费者对农产品经营企业的印象，树立农产品经营企业的形象，为其产品今后占领市场、提高市场竞争地位奠定基础。

第二步：选择促销工具。选择促销工具要考虑市场的类型、促销目标、竞争条件，以及每一种促销工具的成本效益等因素。

第三步：确定促销组合策略。不同的农产品有不同的用途，满足不同消费者的各种需求，需要采取不同的促销组合策略。

第四步：开展促销预算。促销支出是一种费用，也是一种投资。促销费用过低，会影响促销效果；促销费用过高，又可能会影响农产品经营企业的正常利润。

第五步：制订促销方案。正如一份缜密的作战方案是决定战争胜负的关键，一份系统、全面的促销方案是促销活动取得成功的关键。

知识准备

7.1.1 促销的内涵

在信息化、数字化的时代，无论是精美的商品，还是优良的服务，都必须通过宣传促销才能让消费者了解，才能达到增加销售的目的。因此，作为农产品经营企业，选择合适的促销策略及手段，显得尤为重要。

1. 促销的概念

农产品促销即促进农产品销售，是指营销者以满足消费者需要为前提，将农产品经营企业及其产品(服务)的信息通过各种促销方式传递给消费者或用户,促进顾客了解、信赖本农产品经营企业的产品,进而唤起需求,采取购买行为的营销活动。促销是农产品经营企业市场营销组合的重要组成部分,可以帮助促销者树立良好的形象。

2. 促销的作用

(1) 传递信息,消除生产经营者和消费者之间的时空矛盾

我国广阔独特的地域特点,造就了许多特色鲜明的农产品,同时也形成了产、供、销之间的时空矛盾,生产者有好的产品因消息闭塞而找不到销路,中间商和消费者又苦于不知道哪里有卖而不能实现各自的愿望。例如,我国广西壮族自治区资源县某农村,农民不种其他水果,而专门种植红提葡萄,结果造成果农为葡萄集中上市形成的滞销局面而犯愁。这极大地反映了产销时空矛盾的客观存在。通过宣传、促销、沟通信息,可以使更多的中间经营者和消费者及时了解生产信息。

(2) 诱发需求,开拓市场,扩大销售

在促销活动中,营销者循循善诱地介绍产品知识,一定程度地对消费者起到教育指导作用,从而有利于激发消费者的需求欲望,变潜在需求为现实需求,实现扩大销售之功效。

例如,枣、核桃的营养滋补保健作用逐渐被人们认识,枣、核桃原果近几年销量不断上升,相关的初、深加工也在不断增多。所以,以枣、核桃等为代表的小果生产经营蕴含着很大的商机。形色亮丽、酸甜适度,集观赏、食用保健功能于一身的石榴,在我国香港、澳门特区以及俄罗斯、加拿大等很多国家受到欢迎,被视为水果珍品。这些水果在我国很多地区都有生产并且形成了产业带。通过宣传促销,可以不断开拓其国内、外的新市场,让这些颇具潜力的农产品有更加广阔的国内、外销售空间。

(3) 有助于突出农产品生产经营者的经营特色和产品特色,稳定顾客

在激烈的市场竞争中,处于垄断地位的生产经营者不多,独一无二的农产品也不多,在这种情况下通过有效的促销活动,可以树立良好的农产品经营企业形象,突出自身的经营特色和农产品特点,以及购买本企业产品可以给中间商或消费者带来的特殊利益,扩大知名度,从而使顾客对本企业及产品产生青睐,坚定重复购买农产品经营企业产品的信心。即使在市场衰退、销售下降的情况下,通过促销也可以稳定顾客,达到让更多的人购买本企业农产品的目的,使销量回升。

视野之窗

水果是最需要促销的产品之一,这是由水果的特性所决定的。首先,水果容易变质,而且保质期短,要求水果能够快进快出,需要促销来加快流通速度;其次,水果是时令性产品,价格波动大,很可能几天一过,卖价没有进价高,同样需要促销来加快流通速度;最后,水果看似普通,实际上有很大的学问,不同的品种有什么差异?同样是苹果,为什么进口的价格能贵几倍?这种水果有什么营养,适合什么样的人吃?这些问题都不是一个普通的消费者能够了解的,这就需要商家通过各种方式告知消费者,这也是促销的目的和方法。

7.1.2 各种不同的农产品促销方式

1. 人员推销

所谓人员推销是指农产品经营企业派出专职或兼职的推销人员通过与顾客(或潜在顾

客)的人际接触来推动产品销售的促销方式。这是一种传统的推销方式,人员推销与其他促销方式相比有不可替代的优点,至今仍是农产品经营企业广泛采用的一种促销方式。

(1) 人员推销的特点

① 推销过程灵活、针对性强。由于推销人员与顾客直接联系,当面洽谈,可以通过交谈与观察了解顾客,进而根据不同顾客的特点和反应,有针对性地调整自己的工作方法,以适应顾客,诱导顾客购买;而且还可以及时发现、答复和解决顾客提出的问题,消除顾客的疑虑和不满意感。

② 信息传递的双向性。双向的信息沟通是区别于其他促销手段的重要标志。在推销过程中,一方面,推销人员与推销对象(顾客)直接对话,可以面对面地观察对方的态度,了解对方的需求,并及时采用适当的措施和语言来排除顾虑、解答疑难,达到促进产品销售的目的;另一方面,推销人员必须把从顾客那里了解到的有关产品和农产品经营企业的信息,诸如顾客对产品的意见、要求,对农产品经营企业的态度、信誉、产品市场占有率等,反馈给农产品经营企业,以便更好地满足需求,扩大销售,取得良好的营销效果。

③ 过程完整,竞争力强。人员销售是从选择目标市场开始,经过了解顾客需求;当面介绍产品,如水果可品尝、花卉可观和闻;提供各种服务;说服顾客购买;最后促成交易,这样一个完整的过程。随着过程的终结,也就实现了销售行为。人员销售的这一特点是任何促销方式所不具备的。

④ 友谊、协作长期性。推销人员与顾客直接见面,长期接触,可以促使买卖双方建立友谊,密切农产品经营企业与顾客之间的关系,易于使顾客对农产品经营企业产品产生偏爱。如此,在长期保持友谊的基础上开展推销活动,有助于建立长期的买卖协作关系,稳定地销售产品。

(2) 人员推销的基本形式

① 上门推销。上门推销是最常见的人员推销形式。它是由推销人员携带产品的样品、说明书和订单等走访顾客,推销产品。这种推销形式,可以针对顾客的需要提供有效的服务,方便顾客,故为顾客所广泛认可和接受。此种形式是一种积极主动的、名副其实的“正宗”推销形式。

② 柜台推销,又称门市推销,是指农产品经营企业在适当地点设置固定的门市,由营业员接待进入门市的顾客,推销产品。门市的营业员是广义的推销人员。柜台推销与上门推销正好相反,它是等客上门式的推销方式。由于门市里的产品种类齐全,能满足顾客多方面的购买要求,为顾客提供较多的购买方便,并且可以保证商品安全无损。故此,顾客比较乐于接受这种方式。

③ 会议推销。它是指利用各种会议向与会人员宣传和介绍产品,开展推销活动。例如,在农产品订货会、交易会、农博会、物资交流会等会议上推销产品,均属会议推销。这种推销形式接触面广,推销集中,可以同时向多个推销对象推销产品,成交额较大,推销效果较好。

(3) 人员推销的基本策略

① 试探性策略。试探性策略即“刺激—反应”策略,是推销人员利用刺激性的方法引发顾客的购买行为。推销人员通过事先设计好的能够引起顾客兴趣、刺激顾客购买欲望的推销语言,投石问路地对顾客进行试探,观察其反应,然后采取相应的措施。因此,运用试探

性策略的关键是要引起顾客的积极反应，激发顾客的购买欲望。

② 针对性策略。针对性策略即“配方—成交”策略，是指推销人员利用针对性较强的说服方法，促成顾客购买行为的发生。针对性的前提必须是推销人员事先已基本掌握了顾客的需求状况和消费心理，这样才能够有效地设计好推销措施和语言，做到言辞恳切，实事求是，有目的地宣传、展示和介绍商品，说服顾客购买。让顾客感到推销员的确是真正为自己服务，从而愉快地成交。因此，运用针对性策略的关键是促使顾客产生强烈的信任感。

③ 诱导性策略。诱导性策略即“诱发—满足”策略，是指推销人员通过运用能激起顾客某种欲望的说服方法，唤起顾客的潜在需求，诱导顾客采取购买行为。运用诱导性策略的关键是推销人员要有较高的推销技巧和艺术，能够诱发顾客产生某方面的需求，然后抓住时要，向顾客介绍产品的功效，说明所推销的产品正好能满足顾客的需要，从而诱导顾客购买。

2. 广告

广告(advertising)一词源于拉丁语(adverture)，有“注意”、“诱导”、“大喊大叫”和“广而告之”之意。广告作为一种传递信息的活动，它是农产品经营企业在促销中普遍重视且应用最广的促销方式。营销学中探讨的“广告”，是指一种经传播商品或劳务等有关经济信息为其内容；广告是通过特定的媒体来实现的，并且广告主要对使用的媒体支付一定的费用；广告的目的是为了促进商品销售，进而获得较好的经济效益。

(1) 广告促销的特点

① 信息性。通过广告告知消费者某类产品的信息。消费者在未购买之前对产品先有了一定的了解，这样会缩短打开市场的时间。猕猴桃种植业的发展就是一例。我国的猕猴桃种植原来只集中于陕西省等少数地区，如何扩大生产，打开全国的消费市场，在猕猴桃种植发展之初，有关部门就通过各种方式向消费者介绍猕猴桃的营养价值，还赋予了美好的称谓。例如，猕猴桃是“中华之果”、“天然的维 C 之王”等。所以，猕猴桃投放市场后，很快被广大消费者接受而迅速打开了销路。

② 说服性。广告是人员推销的补充，人员推销时先有广告做基础，可加快顾客购买速度，坚定购买决心。随着时间的流逝，顾客可能对农产品经营企业及农产品经营企业产品淡忘，广告还可以刺激记忆，说服其购买。

③ 广告信息传播的群体性。广告不是针对某一个人或某一个农产品经营企业而设计，是以某一个受众群体为接受对象。同时，由于广告是利用某种媒介发布，所以广告的接受者一定是群体而不是个体。

④ 效果显著性。随着人们生活水平的提高，尤其是电视机的普及，人们接触宣传媒体的机会增多，速度加快，一则好的广告会很快被人们熟悉并迅速传播开来。请名人、明星做农产品代言人进行广告宣传的，也不乏其数。例如，以著名演员张曼玉为形象代言人的“张裕葡萄酒”，借助明星旺盛的人气和妩媚的形象，更增加了酒的魅力。

(2) 广告宣传的原则

① 真实性原则。我国广告法对广告活动提出了应当真实合法、符合社会主义精神文明建设的要求等几项基本要求，并特别提出：广告不得含有欺骗和误导消费者的内容。广告的生命在于真实，进行广告宣传必须如实地向消费者介绍产品，不可夸大其词误导消费者。

例如，某些蔬菜或水果有食疗价值，绝不可以说成有治疗作用。

② 效益性原则。设计、制作发布广告时要做好市场调查，有些广告媒介费用很高，要根据宣传的目标、规模、任务、市场通盘考虑，从实际出发，节约成本，力争以最少的广告费用，取得最大的效益。

③ 艺术性原则。广告内容是通过艺术形式反映和表现出来的，无论是电视广告、印刷广告、广播广告或其他广告，都分别或全面地通过美的语言、美的画面、美的环境将广告意念烘托出来。要处理好真实性和艺术性的关系，艺术形式不得违背真实性原则，要运用新的科学技术，精心设计、制作广告，要给人以美感，要使广告的受众从中得到启发，受到感染。

(3) 广告媒体选择策略

广告媒体选择策略要确定三个问题：选择媒体工具、确定播出频率及确定媒体的利用时间。

① 选择媒体工具。广告媒体工具很多，但都有其适应性和局限性，要正确选择广告媒体，首先要清楚各种广告媒体的特点。

② 影响媒体选择的因素有以下方面。

产品特点及广告内容：不同产品应选择不同的广告媒体。例如，农特产品、新水果介绍，较适合电视广告；信息发布则较适合广播媒体。

消费者的习惯：不同的消费者对广告媒体的喜好不同，接触程度不同。例如，网上购买水果等适合年轻人的产品，选择网络媒体较好。

媒体的传播范围和影响力：不同媒体传播范围和影响力不同，在选择时既要考虑其传播信息的广度，又要考虑其影响的深度，要使农产品经营企业的目标市场与广告的传播范围和影响力所达到的程度相一致。一般来说，本地的农产品经营企业，通常会选择本地的媒体如电视、报纸及广播等，进行信息的传播。

媒体成本：不同媒体所需广告费用是不同的，除了要考虑广告效果外，还要考虑农产品经营企业的促销预算，尤其是用于广告部分的多少。

在选择广告媒体时，以上因素应综合考虑，权衡利弊，具体情况具体分析，选择最适合农产品经营企业需要的广告媒体。

③ 广告时机选择。确定广告内容，选择广告媒体固然重要，但广告最佳时机的选择则可以使农产品经营企业的广告支出取得最大的效果。产品一般有淡、旺季之分，如何保证旺季有充足的广告投入，而淡季产品又不会淡出消费者的记忆，是广告时机决策的重要内容。例如，在新鲜水果上市之时，可以借助媒体进行推广、宣传。

同步实务 7-1　　举例比较不同广告媒体及其优缺点

业务分析：广告媒体是用于向公众发布广告的传播载体，是指传播商品或劳务信息所运用的物质与技术手段。传统的“四大广告媒体”为电视、电台、报纸、杂志。在广告行业把电视媒体和电台媒体称为电波媒体；把报纸和杂志媒体称为平面媒体，以此区分。随着数字化时代的到来，新型广告媒体正不断涌现。

业务程序：将常见的广告媒体例举出来，并根据其传播信息的功能分析优缺点，列表如表 7-1 所示。

表 7-1 不同广告媒体优缺点比较

广告媒体	优 点	缺 点
电视	直观、真实、生动，能激发兴趣，覆盖面广，传递信息及时，地域选择性强	制作费用高、有难度，驻留时间短，干扰大，受众选择性差
广播	传播最及时，灵活，费用低，覆盖面广，地域、人口可选性强，在低介入状态下，同样能使收听者注意	缺乏视觉冲击，表现力差
杂志	受众的人口类别选择性，针对性强，印刷精美，表现力强，有利于长期保存	广告周期长，版面受限
报纸	可信度高，选择性强，本地市场覆盖面大，费用低，易携带	表现力差，不易保存，不易被记忆
户外广告	醒目，保存时间长，生动灵活	传播信息有限，宣传范围窄
直邮广告	针对性强，灵活多样，不受时空限制	费用高，范围窄，费时费力，使用不当，会使收件人反感
POP 广告	对冲动型顾客效果好，将产品和广告紧密联系，形式不受限制，成本伸缩性大	适用范围小
新传播媒体（互联网、激光视盘等）	传递信息迅速、准确，信息量大，反应灵活，某些工具可打破时空限制，互动性强，信息反馈及时	设备要求高，基础投入高，缺乏监管，安全性差

业务说明：在广告媒体中，除了以上列举的几种外，还有不同形式的广告媒体，尤其是新型广告媒体，如移动电视、手机、博客、播客、微博、微信等。

3. 营业推广

营业推广是指能够迅速刺激需求，吸引消费者购买而采用的特种促销手段，其短期效益比较明显。典型的营业推广一般用于有针对性的和额外的促销工作，其着眼点往往在于解决一些更为具体的促销问题。

(1) 营业推广的特点

① 针对性强，促销效果明显。营业推广是一种以激励消费者购买和经销商经营为主要目标的辅助性、短期性的促销方式。营业推广的对象直接针对消费者、中间商或推销员，一般都是通过提供某些优惠条件调动所针对对象的积极性。因此，营业推广见效快，对促销对象有一定吸引力。

② 非规则性和非经常性。人员推销和广告都是连续的、常规的促销形式，营业推广是一种非人员促销形式，但其活动方式与广告、公共关系不同，大多数营业推广方式是非经常性的和非规则性的，其使用具有不确定性，它只是起辅助作用，是广告、人员推销等促销手段的一种补充措施。

③ 促销效果易于察觉。由于营业推广这种形式的使用限定了时间和地点，而且这种促销方式必须限定时间和地点，否则就失去了促销的意义。因此，它的促销效果短期内即可觉察，短期效果非常明显。一旦消费者对农产品经营企业产品产生偏好，这种好的促销效果还会延续。

(2) 营业推广的方式

营业推广的方式多种多样，每一个农产品经营企业不可能全部使用。这就需要农产品经营企业根据各种方式的特点、促销目标、目标市场的类型及市场环境等因素，选择适合本企业的营业推广方式。

① 向消费者推广的方式。向消费者推广，是为了鼓励老顾客继续购买、使用本企业产品，激发新顾客试用本企业产品。其方法主要有以下几种。

折价、差价销售：折价可以根据购买数量、购买时间、是否现金结算、运费承担、责任等，在商品原价格基础上打一个折扣，但不是残次商品的削价处理。例如，蔬菜、鲜切花上午货品新鲜按正常定价销售，下午由于损失一部分水分而使感观质量下降，这种情况可在原价格基础上打折销售。

赠送样品：向消费者免费赠送样品，可以鼓励消费者认购，也可以获取消费者对产品的反应。样品赠送，可以有选择地赠送，也可在商店或闹市区或附在其他商品中无选择地赠送。这是介绍、推销新产品的一种促销方式，但费用较高，对高值商品不宜采用。

例如，某一消费者购买一盆栽花卉，附赠一定数量的花肥，或附赠另外一种商品。中间商购进一定数量的水果，附赠精美的规格化包装盒。这样中间商可通过对部分商品进行二次包装，提高商品附加价值，刺激中间商积极销售本企业农产品。

赠送代价券：代价券作为对某种商品免付一部分价款的证明，持有者在购买本企业产品时免付一部分货款。代价券可以邮寄，也可附在商品或广告之中赠送，还可以向购买商品达到一定的数量或数额的顾客赠送。这种形式，有利于刺激消费者使用老产品，也可以鼓励消费者认购新产品。

包装兑现：采用商品包装来兑换现金。例如，收集到若干个某种饮料瓶盖，可兑换一定数量的现金或实物，借以鼓励消费者购买该种饮料。这种方式的有效运用，也体现了农产品经营企业的绿色营销观念，有利于树立良好的农产品经营企业形象。

商品展销：展销可以集中消费者的注意力和购买力。在展销期间，质量精良、价格优惠、提供周到服务的商品备受青睐。可以说，参展是难得的营业推广机会和有效的促销方式。

此外，还有其他推广方式，如召开产品推介会，举办农产品专门的节、会等。请购买者自采自摘也是近几年来兴起的一种新的营业推广形式。某些大型的无公害果蔬生产基地可以通过邀请中间商或目标市场消费者到生产、加工地参观，提高声誉和知名度，达到宣传产品，宣传农产品经营企业的营业推广目的。

② 向中间商推广的方式。向中间商推广，其目的是为了促使中间商积极经销本企业产品。其方式主要有以下几种。

购买折扣：为刺激、鼓励中间商购买并大批量地购买本企业农产品，对中间商第一次购买和购买数量较多的中间商给予一定的折扣优待，购买数量越大，折扣越多。折扣可以直接支付，也可以从付款金额中扣出，还可以赠送商品作为折扣。例如，农产品经营批发商为鼓励蔬菜零售商更多地销售，就会对零售商给予一定的折扣优待。

资助：生产者为中间商提供陈列商品、支付部分广告费用和部分运费等补贴或津贴。在这种方式下，中间商陈列本企业农产品，企业可免费或低价提供陈列商品；中间商为本企业农产品做广告，生产者可资助一定比例的广告费用；为刺激距离较远的中间商经销本企业农产品，可给予一定比例的运费补贴。

经销奖励：对经销本企业农产品有突出成绩的中间商给予奖励。这种方式能刺激经销业绩突出者加倍努力，更加积极主动地经销本企业产品，同时也有利于诱使其他中间商为多经销本企业产品而努力，从而促进产品销售。

4. 公共关系促销

公共关系促销是通过大众媒体，以新闻报道形式来发布所要推广的农产品的信息，或以参加公益活动的形式间接展示农产品经营企业及其产品的促销方式，是一种非人员促销。

(1) 公共关系的本质特征

农产品经营企业的公共关系是指农产品经营企业与其相关的社会公众的相互关系，这些社会公众主要包括：供应商、中间商、消费者、竞争者、金融保险机构、政府部门、科技界、新闻界等。可见，农产品经营企业营销活动中存在着广泛的社会关系，不仅限于与顾客的关系，更不能局限于只有买卖关系。良好的社会关系是企业成功的保证之一。因此，建立和保持农产品经营企业与社会公众的关系，在营销活动中具有重要的作用。

① 农产品经营企业形象是公共关系的核心。公共关系首要的任务是树立和保持农产品经营企业的良好形象，争取广大消费者和社会公众的信任和支持。一个农产品经营企业除了生产优质产品和搞好经营管理之外，还必须重视创建良好的形象和声誉。在现代社会经济生活中一旦农产品经营企业拥有良好的形象和声誉，就等于拥有了可贵的资源，就能获得社会广泛的支持和合作。否则，就会产生相反的不良后果，使农产品经营企业面临困境。可见，以创建良好农产品经营企业形象为核心的公共关系这项管理职能，它涉及农产品经营企业活动的各个方面，而且是长期、不断地积累，不断地努力的结果。

② 农产品经营企业公共关系的最终目的是促进产品销售。广告等其他活动的目的在于直接促进产品销售，而公共关系的目的在于互相沟通，互相理解，在农产品经营企业行为与公众利益一致的基础上争取消费者对企业的信任和好感，使广告等促销活动产生更大的效果，从而最终扩大产品的销路。正因为如此，公共关系也属于一种促销方式。不过，它是通过推销农产品经营企业本身，从而促进产品销售。

③ 公共关系属于一种长效促销方式。公共关系比广告等活动成本少得多，有时甚至不需支付费用，而其效果却大得多，尤其是需要使消费者建立信任感的商品。因为消费者对广告存有戒心，使广告显得无能为力，而通过公共关系的活动却能消除疑义，获取信赖。

总之，公共关系着眼于农产品经营企业长期效益，而广告则倾向于产品销售。

(2) 公共关系促销的方式

① 利用新闻媒介。由新闻媒介提供的宣传报道对农产品经营企业来说，是一种免费广告，它能给企业带来许多好处。首先，它比广告创造更大的新闻价值，有时甚至是一种轰动效应，而且能鼓舞企业内部的士气和信心，一个农产品经营企业或者产品能作为新闻报道而受到赞扬，无疑是一种有力的激励。其次，宣传报道比广告更具有可信性，使消费者在心理上感到客观和真实。

例如，农产品经营企业开发出新技术或新产品，可以运用报纸、杂志、广播、电视等各种传播媒介，采用撰写新闻稿、演讲稿、报告等形式，向社会各界传播有关信息，以形成有利的社会舆论，创造良好气氛的活动。

② 参与社会活动。农产品经营企业在从事生产经营活动的同时，还应积极参与社会活动。一方面，在社会活动中体现自己的社会责任，赢得社会公众的理解和信任，充分表现企业作为社会的成员应尽的责任和义务。另一方面，结交社会各界朋友，建立起广泛和良好的人际关系。这种方式是通过语言、文字的沟通，为农产品经营企业广结良缘，巩固

传播效果。例如,农产品经营企业可采用宴会、座谈会、招待会、谈判、专访、慰问、电话、信函等形式。

③ 组织宣传展览。在公共关系活动中,农产品经营企业可以印发各种宣传材料,如介绍企业的小册子、业务通信、图片画册、音像资料等,还可以举办形式多样的展览会、报告会、纪念会及有奖竞赛等。通过这些活动使社会公众了解农产品经营企业的历史、业绩、名优产品、优秀人物、发展前景,达到树立农产品经营企业形象的目的。

④ 进行咨询和游说。咨询主要是向管理人员提供有关公众意见,主要是农产品经营企业定位与形象等方面的劝告和建议,也可包括回答和处理顾客的问题、抱怨和投诉。游说的对象主要是农产品管理部门及相关政府官员。与他们打交道的目的是为了在一定范围内防止不利于本企业的法令、规定的颁布实施,或为了促使有利于本企业的法令、规定的颁布实施。

⑤ 进行公益性公关。通过赞助文化、教育、体育、卫生等事业,支持社区福利事业,参与国家、社区重大社会活动等形式,塑造农产品经营企业的社会形象,提高企业的社会知名度和美誉度。这种公关方式公益性强,影响力大,但成本较高。例如,某一学校或公益性福利机构举办节庆活动时,农产品营销者可利用自己产品优势免费承担布置装点会场的任务。

同步实务 7-2　　梳理促销方式并进行比较分析

业务分析:四种促销方式都有其特点、优缺点和适用性,进一步比较、分析有助于根据农产品经营企业的经营需要,选择使用不同的促销方式或进行组合运用。

业务程序:

(1) 明确四种促销方式各自的内涵;

(2) 梳理四种促销方式的特点;

(3) 比较、分析四种促销方式的优缺点,如表 7-2 所示;

(4) 从中提炼四种促销方式的使用情况。

表 7-2　四种主要促销方式优缺点比较

促销方式	优　　点	缺　　点
广告	宣传面广,传递信息快,节省人力,形象生动	只能与消费者进行单向信息传递,效果不能立即体现。有些媒体促销投入较高
人员推销	与消费者直接面对,有利于了解消费者特点和需要,互动性强,有利于与顾客形成长期的关系	人员编制大,推销力量不易改变,费用高
营业推广	容易吸引注意力,作用快速,刺激性强	效果通常是短期的,适用于短期促销行为
公共关系	对消费者来说真实、可信,容易接受,有利于树立农产品经营企业形象	活动牵涉面广,并非农产品经营企业可自行控制的

业务说明:在对促销方式进行比较分析的基础上选择使用促销方式时,还应根据农产品自身的特点、生命周期、顾客需求和市场性质等因素,选择适用促销方式,并注意组合运用。

7.1.3 促销组合策略选择

促销组合就是有目的、有计划地把广告、人员推销、营业推广和公共关系四种形式结合起来,综合运用,发挥各自优势,达到农产品经营企业促销的目标。

1. 促销组合策略的类型

农产品经营企业在制定促销策略时,应综合考虑不同农产品的特点、营销目标、企业内部条件、外部市场环境、消费者需求等因素,进行选择和组合。常用的促销组合策略有以下三种。

(1)“推”式策略

“推”式策略是指农产品经营企业(促销主体)将产品或服务通过分销渠道“推”到中间商或最终消费者手中,多以中间商为促销对象。实行“推”式策略的农产品经营企业,主要是运用人员推销和营业推广手段把商品推向市场。例如,农产品生产者将产品推向批发商,批发商推向零售商,零售商推向消费者。实行“推”式策略要求推销人员针对不同的农产品、不同的推销对象,采取不同的方式方法。“推”式策略的主要方式是人员销售。“推”式策略有推销周期短、耗费人力大的特点。

(2)“拉”式策略

“拉”式策略是指农产品经营企业大量运用广告和其他宣传措施,激发消费者对产品发生兴趣,产生购买行为,多以最终消费者为促销对象。“拉”式策略的主要促销方式是广告和营业推广。实行“拉”式策略的农产品经营企业,要做好促销预算,因为要选择传播速度快,覆盖面大的媒体广告费用较高,营业推广有时也会减少一定的利润。例如,生鲜超市里的蔬菜、水果,为了聚集人气,经常以某一类蔬菜超低价招徕最终消费者前来购买。

(3)推拉结合策略

在通常情况下,农产品经营企业也可以把上述两种策略结合起来运用。在向中间商进行促销的同时,通过广告刺激市场需求,即在推式促销的同时进行拉式促销,用双向的促销努力把农产品推向市场,推向消费者。不同的农产品有不同的用途,满足不同消费者的各种需求,需要采取不同的促销组合策略。

2. 影响促销组合策略选择的因素

促销方式各具特点,农产品经营企业要制定出最佳组合策略,必须对促销组合进行筛选。影响促销组合策略选择的因素主要有以下几个方面。

(1)产品的性质

不同性质的产品,购买者和购买目的不同,因此要采用不同的促销组合。一般来说,在消费者市场,因市场范围广而更多采用拉式策略,尤其是以广告和营业推广为主;在生产者市场,因购买者购买批量较大,市场相对集中,则以人员推销为主要形式。

例如,农产品种类和品种极其繁多,产销极大不均衡,如分散消费的水果、蔬菜宜采用推式策略。利用人员促销,一方面调动中间商购买和存储的积极性,迅速占领市场;另一方面促进消费者加大时令果、蔬菜的消费量,减少生产农产品经营企业的储存量。

(2)产品市场生命周期

产品所处的市场生命周期的阶段不同,促销目标亦有所不同,应选择不同的促销组合策略。例如,一个新的农产品投入期,企业的促销目标就是让消费者认识和了解产品,宜采用广告宣传,辅之人员推销的拉式策略;在产品的成长期,销售量迅速增长,农产品经营企业的促销目标是进一步引起消费者的购买兴趣,因此应着重宣传产品特点,使他们逐渐对产品产生偏好,可以考虑多利用广告辅之公共关系的拉式策略;在产品的成熟期,农产品经营企业的促销目标主要是巩固老顾客，增加消费者对产品的信任感，保持市场占有率，因此应尽可能多地运用公共关系宣传，以提高农产品经营企业和产品的声誉；在产品衰退期，农产品经营企业的促销目标主要是继续巩固老用户，促销方式应以营业推广为主，辅之以公共关系和广告宣传。

(3) 市场性质

市场条件不同，促销组合与促销策略也有所不同。从市场地理范围大小看，若促销对象是小规模的本地市场，应以人员推销为主；而对广泛的全国甚至世界市场进行促销，则多采用广告形式。从市场类型看，消费者市场因消费者多而分散，多数靠广告等非人员推销形式；而对用户较少、批量购买、成交额较大的生产者市场，则主要采用人员推销形式。

例如，我国台湾地区素有“水果之乡”的美称，然而由于政治因素和关税所限，大批稀有水果不能销往内地，具有巨大消费潜力的内地市场没有得到开发。2005 年国民党、亲民党两位主席通过回乡祭祖、观光等形式与政府部门及民间组织进行了广泛接触交流，达成了取消向内地输送水果征收关税的协议。现在，全国各地的很多超市里都可以看到来自台湾地区的莲雾等稀有水果。这正是公共关系的改善为台湾水果开辟了更广阔的市场。农产品经营企业在促进产品销售的过程中，究竟是实行“推”式策略，还是实行“拉”式策略，要根据具体情况而定。一般来说，应当两者兼顾，各有侧重。

情景模拟

主题：利用促销工具对特定产品进行促销。

过程设计：

(1) 事先将学生按照 5～6 人进行分组。

(2) 每个营销小组准备一个新、奇、特的农产品，将其产品介绍写在小纸条上，用抽签的方式确定各营销团队将要进行促销的产品。

(3) 在接到任务后给出 15 分钟准备时间，要求每个营销小组任选广告、人员推销、营业推广、公共关系中的两种方法为其抽到的产品品进行促销。

(4) 其他小组派成员配合任务小组展开促销演练活动。

(5) 点评、完善与交流各组设计的促销活动。

模拟要求：

根据模拟目的，各小组推销产品时应注意促销工具的选择和运用，扮演顾客的同学注意不应故意刁难同学；其他同学应以客观的视角做出评价。

情景再现：

2011 年 5 月 30 日，我国台湾地区屏东县在天津首次推销水果，屏东县长曹启鸿特意到超市现场推销。他表示，他们先于 27 日上午在北京百盛购物中心超市推销水果，这也是该县首次在京推销水果。

研制“巴掌莲雾”的屏东县农民徐英忠介绍，素有“台湾尾”之称，农渔物产丰富、坐拥垦丁之美的屏东，美丽富饶。这次屏东县来津主要推销号称“屏东 F4”的金钻凤梨、黑珍珠莲雾、爱文芒果、木瓜等水果。台湾地区优质水果声誉很好，期待能打开天津市场。

此次屏东县主要卖场首批选择了天津伊势丹及海信广场的地下超市，相比普通水果，台湾热带水果价格偏高，其中凤梨每斤 59.8 元，爱文芒果每斤 149.8 元。即便如此，还是受到天津人爱戴。买了凤梨的女士表示，到台湾地区旅游时曾吃过凤梨，非常好吃，这次听到消息后就专门过来买。

职业训练

训练主题：促销组合决策。

训练要求：通过实训，要求学生学会选择合适的促销工具，进行合理的促销组合。

训练内容：

(1) 促销目标确立；

(2) 促销工具选择；

(3) 促销方案制订。

训练准备：学生先收集背景产品的市场现状和竞争品促销手段及效果。

训练资料：背景产品的市场现状和竞争品促销手段及效果。

训练步骤：

第一步，分析市场状况。

第二步，分析影响因素。

第三步，确立促销目标。

第四步，选择促销工具。

第五步，进行促销预算。

第六步，制订促销方案。

训练成果：促销方案。

学习任务 7.2 撰写农产品促销方案

实践感知

"溢绿果园"市场推广方案

(1) 水果套餐计划

利用套餐，方便客户，增加收益。那么，该如何设定套餐，如何实施呢？

① 家庭套餐。营养组合，一周七天，每天不同搭配，保证足够营养；价格组合，几种水果合理搭配，价格上大做文章；会客组合，针对家庭客人来访，独身打造最佳会客组合。

② 每日套餐。就像报纸、牛奶一样，每天送上最新鲜的水果。事先定制该套餐，每天送货，这个可以在小区大力推广，谁都想每天都能吃到最新鲜的水果，随着居民消费水平的提高，这个很有潜力，可以做大、做特。

③ 单位套餐。会议组合，单位经常有会议，水果食品必不可少，可以搭配好此套餐，主动去单位推销，当有会议时送货上门，必定受公司欢迎；福利组合，每逢节假日，很多企事业单位都会给员工发放水果以表关心，这是个不错的商机。

④ 季节套餐。各季节上市水果不尽相同，水果营养也不同，面对改变的季节，消费者不一定了解如何合理食用水果，可以制订此套餐。例如，夏季主打清凉消暑；春季主打水果上市反季节与水果养生，秋季主打养颜、美容、营养等；冬季又转入保健医疗，不过冬季还有圣

诞平安夜苹果大卖，春节水果礼品、套餐等卖点。

⑤ 活动套餐。很多单位、学校会不定期开展各式丰富多彩的活动，如晚会等，这是一个很不错的市场。

⑥ 美容水果套餐。年轻女士关注，可以取得不错的效益。例如，苹果、橙子、圣女果、猕猴桃、木瓜等有利于美容。

⑦ 减肥水果套餐。苹果、橙子、香蕉、菠萝、葡萄、木瓜六种有利于减肥的水果，可以天天食用，套装价格更实惠。

套餐计划要想实施成功，产生效益，最主要的方式就是主动到酒店、娱乐场所、企事业单位、家庭进行推广。只有这样，才能真正将套餐计划落实到实处，真正能够产生效益，转换为网店的核心竞争力。

(2) 文化水果计划

巧打文化牌，巧穿"文化衫"，用水果文化进行促销，在水果包装上做文章。随着经济的发展和时代的进步，文化愈来愈成为我们生活中一个不可缺少的部分，人们的文化品位也越来越高。水果超市中适合文化促销的莫过于那些进口水果和特色水果。这些水果比普通水果贵，水果超市需要给消费者购买的理由，降价不现实，再降还是比其他产品高出一大截，超市唯一要做的是向消费者说明这种水果为什么值这个价钱。

身边的水果，常见的都是"赤身裸体"，殊不知这样使得某些水果的身价大大降低了，所以，可以通过给一些水果产品挖掘背景、赋予文化，来增强水果的传奇色彩，巧打文化牌，给水果穿上"文化衫"，赋予水果特定意义，从而支撑产品卖高价的理由。

① 文化桃。为满足婚宴、祝寿、庆祝等活动的需求，开创文化桃的销售市场，用印有网店名称、寿、喜、福字的塑料膜包装普通桃。

② 平安果。圣诞节来临，中国人也开始流行平安夜吃苹果，特别年轻新生一代。所以，可以进行包装，印上平安、幸福、祝福等字样。

③ 甜蜜枣。蜜枣以婚宴为主，可以借助白头到老、幸福甜蜜、早生贵子等文化概念对蜜枣进行包装销售。

④ 贡品果。借助古代帝王的贡品水果，打品质好、身价高，只有古代帝王才能吃到的战略，如水蜜桃、酥梨等。

⑤ 地域文化。例如，烟台的苹果、吐鲁番的葡萄、沧州小枣、信丰蜜橘等。

(3) 聘用营销人员，找准大客户，主动上门推销

只有通过这个途径才能开拓出大市场，需要聘请专业的营销人员，主动到企事业单位、公司、家庭推销水果套餐系列。这种方式比较直接，获得效益较快，较易建成固定客户群。

大客户还包括酒店、娱乐场所的水果配送，其购买稳定，数量也比较多。作为单位的福利水果，其价格也不错。同时，还有其他群体，重在挖掘与公关。

(4) 开拓大学生市场

大学生是一个客源既稳定，又相对集中的群体，不仅有利于送货，而且校园方面相对较易进行宣传推广。但是，在校大学生因为消费水平有限，不宜进行高档的套餐计划，主营应该为国内畅销水果。所以，大学生市场遵循的原则是"薄利多销"的原则。当然，这里的薄利不是指价格，而是指主推水果为大学生比较容易接受的水果系列，如苹果、梨、香蕉、橘子等。而至于推广，复印宣传单，聘请在校大学生兼职到每个宿舍的门后面张贴，一般经过询问后

都不会拒绝。同时，现在的大学生计算机很多，上网特别方便，网购将成为主流。重点以女大学生为主，针对女大学生，可以推出美容、减肥套餐。

（5）节假日促销活动、线上线下促销活动

每逢节假日，网店可以进行一系列的促销活动，如与节日挂钩的水果，价格上的优惠，节日套餐的推出等。

集思广益

以上是某在校学生撰写的“溢绿果园”市场推广方案。请大家思考，一份完整的农产品促销方案应该包括哪几个部分？应注意什么问题？你对以上方案如何评价？

行动需求

促销方案是农产品经营企业在进行产品或服务的销售之前，为使销售达到预期目标而进行的各种销售活动的整体性文书。一份有创意、可操作性强及关联性强的促销方案对于农产品经营企业来说非常重要，在方案设计时必须做好以下七项工作。

第一步：确定促销时间。

第二步：设计促销目标。

第三步：设计促销主题。

第四步：设计促销活动整体方案。

第五步：设计促销宣传方案。

第六步：编制促销费用预算。

第七步：安排促销工作进度。

知识准备

7.2.1 农产品促销方案撰写原则

在农产品的整个营销环节中，卖场是最后一环。产品进入卖场，摆上货架，只是从商业单位转移到下游而已，只有把产品销售出去，才完成了整个销售过程。在产品、营销手段同质化日趋严重的情况下，如何让产品脱颖而出，抓住顾客的眼球，就需要不定期地，有针对性地开展一些农产品促销活动。设计一个切实有效的促销方案，应遵循以下四个原则。

1. 创意要新

现在终端的竞争已进入白热化状态，每个农业生产经营者都把“决胜终端”奉为“天条”，在终端投入了大量的人力、财力、物力，而促销活动对于抢占市场份额、拉动销量是最直接、最有效的，因此非常频繁，真正是“你方唱罢我登场”，但大多都是采用一些日用品作为赠品，如洗衣粉，香皂等，缺乏新意。

当然，这些方法并非无用，既然大家都在用，“存在即合理”。如果能够设计一个有创意的促销方案，既能拉动销量，又能提升品牌形象，何乐而不为呢？创意要新、奇、特，就需要走不一样的思维模式，大胆设想、小心求证，不能闭门造车。因此，经常到终端走走看看，贴近卖场经营者和顾客，他们对产品最有发言权，也知道最需要什么。

2. 关联性要强

促销的设计要与产品本身有一定的关联，不能“风马牛不相及”，否则就是败笔。例如，一家农产品经营企业曾设计过一个“捆绑销售”方案，买“××观赏植物”赠“植物种子”。该方案所采用的赠品是消费者经常需要使用的，也是非常乐意接受的，关联性强，赠品的价格又低，每包只需几元，投入产出非常合理，在实际操作中取得了较好的效果。

3. 可操作性要强

例如，一家花店推出一个“满即送赠品”的促销方案，只要购买超过200元以上，就赠女式内衣一件。此方案创意很不错，但可操作性不强。因为女式内衣的尺寸有好几个，而实际送出时，又不知道哪个型号需要多少。假如活动周期较短，活动结束后还能够及时退换，但如果活动周期较长，实际操作起来就非常麻烦，这种方案在实践中只能失败。

4. 促销成本控制有效

成本控制直接关系到农产品促销活动的投入产出比。如果赠品的受关注度高于产品本身，则起到喧宾夺主的反面效果，就像是戏台上面“跑龙套”的抢了“角儿”的戏，本末倒置了。

7.2.2 撰写农产品促销方案的主要工作

农产品促销方案设计与撰写没有固定的格式，但一般需完成以下几项工作内容。

1. 建立促销目标

概括来说，促销目标有两大类：短线速销和长期效果。

(1) 短线速销。一般通过三个途径可以达到短线速销的目的。

① 提高购买的人数。常用方法有POP推广、竞赛、减价优惠、免费试用等。

② 提高人均购买次数。常用方法有赠品、折价券、减价优惠、酬谢包装等。

③ 增加人均购买量。常用方法有折价券、减价优待、赠品、酬谢包装等。

(2) 长期效果。常用方法有竞赛和赠品。

2. 选择促销工具

在选择促销工具时，要考虑以下因素。

(1) 促销目标。特定的促销目标往往对促销工具的选择有着较为明确的条件制约和要求，从而规定了促销工具选择的可能范围。

(2) 产品特性。

(3) 消费者的消费心理及消费习惯。

(4) 促销对象(消费者、经销商、零售商)。

(5) 竞争对手的情况。

(6) 促销预算。

3. 设计促销方案

这一点可参见“农产品促销方案的构成与内容”。

4. 试验、实施和控制方案

通过试验来确定促销工具的选择是否适当、刺激程度是否理想、现有的途径是否有效。可采用询问消费者或填调查表的方法。经试验后与预期相近,便可进入实施阶段。在实施中要注意监测市场反应,并及时调整促销方案,保持良好的实施控制,以顺利实现预期的方案和效果。

5. 促销策划中的注意事项

(1) 在确定促销目标和预算后,才推出促销计划。

(2) 只有选好正确的促销工具,才能实现目标。

(3) 促销对象必须针对促销商品的目标消费人群。

(4) 促销活动文案要简单易懂。

(5) 参与促销活动的条件要求不要过多。

(6) 注意与其他营销沟通工具整合运用(如广告、人员推销、公关)。

(7) 新产品的促销活动必须先试销后实施。

(8) 促销计划要在活动实施前两个月制订好。

(9) 促销活动前要合理备货。

(10) 促销活动实施期限要适宜。

7.2.3 农产品促销方案的构成与内容

1. 活动目的

促销活动的目标与企业经营目标是一致的。一般来说,农产品经营企业的促销活动目的主要有以下几个方面。

(1) 提高门店客流量,扩大销售营业额。

(2) 及时清理库存商品,加速资金周转。

(3) 推广新产品,扩大产品知名度。

(4) 提升农产品经营企业形象。

(5) 稳定老客户,开发新顾客。

(6) 击败竞争对手。

2. 活动对象

促销活动针对的对象是谁,活动针对的是目标市场的每个人还是某一个群体;活动的范围控制在多大范围内;哪些人是促销活动的主要目标。确定了明确的活动对象后,才能开展有针对性的促销活动。

3. 活动主题

促销主题是整个促销互动的灵魂。促销活动的内容必须围绕主题展开,没有主题,促销活动就会杂乱无章。促销主题的选择要把握两个原则:一是新颖性,即促销内容、促销方式、促销口号等要有新意,才能吸引目标消费者;二是实用性,即可操作性,以及能让顾客实实在在得到实惠。

4. 活动方式

根据活动对象和活动主题要选取有效的活动方式,使整个促销活动更具有吸引力。活动方式有很多，可以选择折价优待促销、优惠券促销、样品赠送促销、竞赛与抽奖促销、集点优待促销等方式，更可以是几种促销活动方式的组合。

5. 活动时间和地点

活动时间和地点的选择至关重要。选择地恰当与否，直接关系到促销活动能否顺利开展。活动时间的选择主要应把握以下三个方面的内容。

(1) 促销活动的延续时间。一般将延续时间在1个月以上的促销活动称为长期促销活动，其目的是希望通过塑造门店的差异优势，增强顾客对卖场的向心力；另一类是短期促销活动，通常延续时间为3～7天，其目的是希望在有限的时间内通过特定的主题活动来提高来客数，以达成预期的营业目标。

(2) 促销活动的所处时期。在不同的季节、气候、温度条件下，顾客的消费习惯和需求都会产生很大的差异。因此，一个良好的促销策划应该与季节、月份、日期、天气等因素相配合。

(3) 促销活动的时机。可以选择节假日、农产品经营企业的节庆以及季节转换之际开展促销活动。

促销地点的选择可以与促销主题、促销时间相结合，选取合适的促销地点，以达到促销目的。

6. 前期准备

前期准备包括前期广告宣传、人员安排、物资准备等。

7. 费用预算

对促销活动的费用投入和产出应做出预算，包括：促销调查预算、促销策划预算、设计制作预算、促销实施预算、广告媒介预算、其他活动所需要的费用以及机动费用。

8. 效果预估

预测本次促销活动会达到什么样的效果，有利于活动结束后与实际情况进行比较，可以从刺激程度、促销时机、促销媒介等各方面进行总结。

视野之窗

促销预算费用是促销方案设计必不可少的部分，对方案设计的促销活动必须进行费用预算。

(1) 费用预算设计列在两处。费用估算设计部分不能只有一个笼统的总金额，它应该列在两个地方：一是在促销活动方案中凡涉及费用的都要估算列出；二是以各方案预算为基础再设计独立的“促销总费用预算”，这样能使人一目了然。

(2) 费用预算内容。促销费用预算一般要考虑的费用有广告费用、营业推广费用、公关活动费用、人员推销费用等。

(3) 费用预算与促销方案须平衡。任何促销方案都要考虑它的费用支出，不顾成本费用，根本无操作性可谈。促销方案和费用预算匹配，费用要能够支持促销活动开展。

(4) 费用预算要求。在方案设计中费用预算要注意：了解促销费用；尽可能细化；尽可能准确；求得最优效果。

情景模拟

主题：设计××农产品广告语。

过程设计：

(1) 事先将学生按照 5～6 人进行分组。

(2) 每个小组根据农产品广告语写作背景资料的要求，完成一条产品广告语的写作。

(3) 各小组长根据产品广告语写作的计划，分配给组员任务，监督全组完成任务，包括产品广告语写作的草拟、修改和定稿，并打印出来给指导老师和其他小组各一份。

(4) 由各个小组的组长代表本小组阐释广告语内涵，并汇报本小组制作心得。

(5) 点评、完善与交流各组设计的广告语。

模拟要求：

各小组所设计的广告语应注意新颖性，并要求积极向上；其他同学的评价应客观，不应故意贬低对方。

情景再现：

我们批发健康。——水果批发公司广告

名牌不能在树梢上生长。——美国橘子广告

一天一个，健康快乐。——西德苹果广告

来自哥伦比亚的风味。——哥伦比亚香蕉广告

新鲜得令你馋涎欲滴。——迈克法伦果品公司广告

苹果吃得多，药就吃得少。——弗吉尼亚果品公司广告

如果你感冒了，那就吃几个柠檬。——桑克斯特果品公司柠檬广告

剥开皮，里面是美味和健康。——美国水果批发公司广告

送上世界上最好的礼物。——新西兰水果店广告

水果要数几维牌，罐头鲜果都可爱。——新西兰水果广告

尝一口，酸酸甜甜好滋味。——国外某新鲜橘子广告

职业训练

训练主题：撰写花店“情人节”促销方案。

训练要求：通过实训，要求学生能根据促销方案的基本要求及其内容格式，正确撰写促销方案，熟练运用促销方案完成工作。

训练内容：

(1) 背景农产品经营企业促销组合方案的设计；

(2) 背景农产品经营企业促销组合方案的撰写。

训练准备：学生事先联系某花店，并收集该花店、顾客、同业竞争者等相关资料。

训练资料：背景花店、顾客、同业竞争者等相关资料。

训练步骤：

第一步，全组成员每人负责活动的一部分工作，如宣传、POP 设计、花店联系人等，每人都应写出自己的工作计划。

第二步，各小组通过实地拜访联系某花店，并取得花店的支持。

第三步，由组长负责汇总大家的工作计划，通过全体组员的共同探讨，最终制订一个大家满意的方案。

第四步，各小组就已完成的花店促销方案反馈给花店，以获取花店的建议，并做进一步修改完善。

第五步，由各组派代表介绍小组的促销活动方案，其他组的成员做出评价，并填写成绩。

训练成果：花店“情人节”促销方案。

项目小结

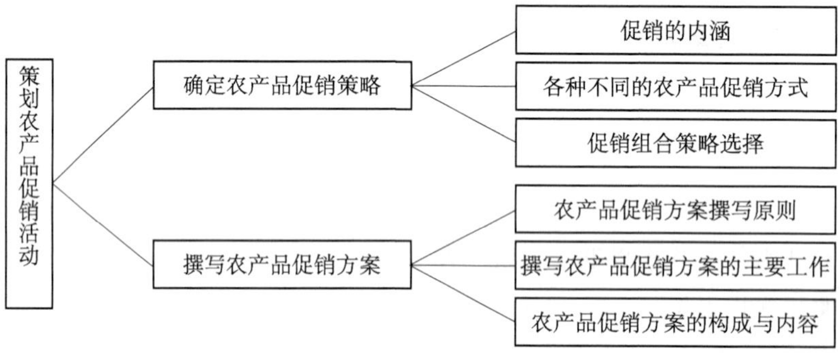

职业能力测试

一、职业能力判断与选择

（一）判断题

1. 人员促销亦称直接促销，它主要适合于消费者数量多、比较分散情况下进行促销。（　　）

2. 由于人员推销是一个推进商品交换的过程，所以买卖双方建立友谊、密切关系是公共关系而不是推销活动要考虑的内容。（　　）

3. 对单位价值较低、流通环节较多、流通渠道较长、市场需求较大的农产品，常采用“拉”式策略。（　　）

4. 广告的生命在于真实。（　　）

5. 广告作为促销方式或促销手段，是一门带有浓郁商业性的综合艺术。（　　）

6. 公共关系是一种信息沟通，是创造“人和”的艺术。（　　）

7. 农产品经营企业通过赞助文化、教育、体育、卫生等事业，支持社区福利事业，参与国家、社区重大社会活动等形式来塑造农产品经营企业的社会形象，是服务性公共关系。（　　）

8. 促销的方式有直接促销和间接促销两种。此外，还可分为人员推销、广告、公共关系和营业推广四种。（　　）

9. 公益广告是用来宣传公益事业或公共道德的广告，所以它与农产品经营企业的商业目标无关。（　　）

10. 促销的作用在于传递信息、提供情报。（　　）

（二）选择题（1～10 题为单项选择题；11～14 题为多项选择题）

1. 广告被广泛用于大多数（　　）的促销。

A. 消费品　　B. 选购品　　C. 特殊品　　D. 商业用品

2. 人员推销区别于其他促销手段的重要标志是（　　）。

A. 寻找开拓　　B. 双向沟通　　C. 方式灵活　　D. 提供服务

3. 农产品经营企业在选择广告媒体需要考虑所需成本的，其中最昂贵的媒体是（　　）。

A. 报纸　　B. 电视　　C. 广播　　D. 杂志

4. 某省农产品经营企业的目标顾客是全国客户。根据产品性质，销售范围及媒介特点，应选择的广告媒介是（　　）。

A. 中央电视台、人民日报　　B. 省电视台、省广播电台

C. 中国园艺报、邮政广告　　D. 地方电视台、广播电台

5. 营业推广的主要标志是（　　）。

A. 短期效益明显　　B. 方式灵活　　C. 双向沟通　　D. 提供服务

6. 促销工作的核心是（　　）。

A. 出售商品　　B. 沟通信息　　C. 建立关系　　D. 寻找顾客

7. 促销的目的是引发、刺激消费者产生（　　）。

A. 购买行为　　B. 购买欲望　　C. 购买决定　　D. 购买倾向

8. 公共关系是一项（　　）的促销方式。

A. 一次性　　B. 偶然　　C. 短期　　D. 长期

9. 人员推销的缺点主要表现为（　　）。

A. 成本低，顾客量大　　B. 成本高，顾客量大

C. 成本低，顾客有限　　D. 成本高，顾客有限

10. 营业推广是一种（　　）的促销方式。

A. 常规性　　B. 辅助性　　C. 经常性　　D. 连续性

11. 属于农产品经营企业公共关系的活动有（　　）。

A. 展销　　B. 赞助事件　　C. 降价销售

D. 公益活动　　E. 在电视台播放介绍农产品经营企业的节目

12. 人员推销具有（　　）特征而区别于其他促销手段。

A. 信息沟通双向性　　B. 推销过程灵活性　　C. 友谊协作长期性

D. 推销过程直接性　　E. 推销目的双重性

13. 人员推销策略有（　　）策略。

A. 沟通式　　B. 试探式　　C. 针对式

D. 目的式　　E. 诱导式

14. 制订促销组合策略要考虑的因素主要有（　　）。

A. 促销目标　　B. 产品因素　　C. 市场范围

D. 促销预算　　E. 市场条件

二、项目案例分析

咬苹果大赛

为了使美国苹果能成功地打入日本市场，美国苹果种植主协会仔细调查了日本市场

的状况。首先，美国人发现日本人吃苹果的方式与美国人大不相同。大多数美国人把苹果当作午餐或零食，咬着吃，不削皮；而日本人则大多把苹果用作饭后甜食，削了皮、切成小块再吃。此外，日本苹果一般比美国苹果大得多。针对这些市场特点，美国苹果种植主协会为苹果制定的产品市场定位是：有益于健康的方便零食。很明显，美国苹果在日本的市场定位，目的在于创造新的市场需求，从而最大限度地有利于销售。但要改变日本人的消费习惯，创造市场需求，谈何容易。美国苹果种植主协会认为，日本消费者能否把美国苹果当作方便零食来吃，关键在于他们是否接受咬着吃整个苹果。针对这个问题，美国人在日本开展了一系列改变日本人消费习惯的促销活动，其中一项是“咬苹果大赛”。促销策划方案如下。

主办单位：美国苹果种植主协会。

活动目的：通过“咬苹果大赛”，在向日本消费者介绍美国苹果的同时，也向他们“传授”美国人吃苹果的方法，为美国苹果进军日本市场做好铺垫。

活动对象：日本消费者。

活动内容：美国苹果在日本上市的第一天，美国苹果种植主协会在东京闹市区搭起了高台，人们自愿登台参赛，能一口咬下最大块苹果者，获得一件印有美国苹果图案的运动衫，旁观者每人赠送 1 个美国红元帅苹果。这项有趣的竞赛活动获得日本大众媒介的充分报道，日本消费者在一天之间了解了美国人吃苹果的方式，并留下了深刻印象。

与上述促销活动相匹配的是定价策略。日本苹果的价钱每个 1.5～5 美元不等，而美国苹果在日本的售价为每个 75 美分。尽管价格低，但吃过美国苹果的日本人并不认为美国苹果的质量差。每个 75 美分的价钱仍高于美国国内市场上的苹果价格，美国苹果在日本市场上的盈利大约为美国市场的 4 倍。

问题：

(1) 美国苹果种植主协会开展的这种促销属于哪种方式？采用这种促销方式应注意哪些问题？

(2) 美国苹果种植主协会开展的这种促销方式成功的原因有哪些？

(3) 分析该促销策划方案，还应该明确哪些具体条款，以避免争议冲突？

分析要求：

(1) 学生分析案例提出的问题，拟出案例分析提纲；

(2) 小组讨论，形成小组的案例分析报告；

(3) 班级交流，教师对各小组案例分析报告进行点评；

(4) 在班级展出附有“教师点评”的各小组案例分析报告，供学生比较研究。

三、项目实训操作

实训题：“撰写促销方案”业务能力训练。

【实训目标】

通过训练，使学生掌握促销计划方案设计的基本技能，能够研究市场，研究消费，以促销策略为指导，根据消费者购买心理，对促销目标、促销主题、促销活动、促销宣传、促销预算、促销进度等具体方案进行设计。重点能够对促销活动设计有效方案，来吸引顾客的注意力，引发顾客的兴奋点，诱导顾客的购买欲望，促成顾客的购买。同时，能够独立进行促销计划方案设计。

【实训内容】

学生联系有关项目或资料，为某一净菜超市的开业，设计约 2000 字的“促销计划方案”。

学生根据促销策划要求，从满足消费者需求出发，对净菜超市开业促销的“目标”、“主题”、“活动”、“宣传”、“预算”、“进度”进行最佳设计。

学生通过“促销计划方案设计”实践训练，更好地理解促销策略的重要作用，掌握促销计划方案设计的基本技能。

【实训时间】

课内与课外相结合，并利用周末休息日。

【操作步骤】

(1) 教师对“促销计划方案设计”的实践应用价值给予说明，调动学生课业操作的积极性。

(2) 教师提供“促销计划方案设计”作业范例，供学生操作参考。

(3) 学生根据具体项目资料及促销策划要求，完成促销计划方案设计任务。

(4) 教师对促销计划方案设计的程序、内容、方法进行具体指导。

(5) 写出分析报告。

(6) 各组在班级进行交流、讨论。

【成果形式】

实训作业：撰写净菜超市开业促销方案。

【实训考核】

“活动过程考核”与“实训作业考核”相结合。

根据“实训题”所要求的学生“实训作业”完成情况和学生参与“实训题”全过程的表现，参照表 7-3 进行考核。

表 7-3　实训成绩考核表　　作业名称：某净菜超市开业促销方案

评价指标	评价标准	分值（100 分）	评估成绩	所占比例/%
开业促销方案	1. 促销时间确定准确	10		70
	2. 促销目标设计合理	10		
	3. 促销主题设计恰当	15		
	4. 促销活动方案设计可行	15		
	5. 方案内容完整	25		
	6. 方案具有实际应用性	25		
实训过程	1. 出勤与纪律	25		30
	2. 实训态度	25		
	3. 自我学习与管理能力	25		
	4. 团队合作与创新能力	25		
综合得分				

项目 8

提高农产品销售的技巧

职业能力目标

◆ 专业能力

1. 能运用成交技巧，促进农产品的销售。
2. 能有效准备好农产品销售前的工作。
3. 会利用普通的技巧销售农产品。
4. 会利用成交技巧销售农产品。

◆ 社会能力与方法能力

1. 具有良好的沟通能力。
2. 具有良好的团队协作能力。
3. 具有销售调查分析能力。

学习任务 8.1 做好农产品销售的准备工作

○ 实践感知

长安区创新模式促进农产品销售

西安市长安区结合休闲观光农业，加大宣传推介力度，创新多种营销方式，通过客商收购、订单农业，开设农产品专卖店、组织展销会等多种方式搞活农产品销售市场。该区还组织合作社与西安华润万家、人人乐等大型超市合作，开设特色农产品专柜。各种农产品的自助采摘、推介促销和创意农产品，为农民增加收入上千万元。

(1) 创意西瓜，变身艺术品。“快看，快看，用西瓜雕的荷花，真漂亮。”近日，在长安区西瓜推介会上，惟妙惟肖的西瓜雕刻让围观的群众啧啧赞叹。西瓜是常见的水果，价格也不贵，当季的时候，一个十几斤重的西瓜也不过十几元钱。但是，如果把西瓜变成艺术品，它的价值就会增加几十倍，一个西瓜雕刻可以卖到 300 多元。据雕刻西瓜的长安区引镇甫江村的胡建介绍，他一年雕刻的西瓜能卖七八十个，纯收入上万元。

(2) 自助采摘，农田变乐园。近日，长安区大兆街道小兆村设施西瓜基地迎来了一批小客人。几名小朋友在西瓜地里展开了一场激烈的吃西瓜竞赛，引来众多群众观看，当日小兆村西瓜畅销，瓜农张为民日进账上千元。

“来到田间地头，不仅可以品尝新鲜的时令蔬果，还可以体验自助采摘，放松心情!”来自西安市的张先生说。依托秦岭北麓休闲观光农业的蓬勃发展，长安区开展以自助采摘、体验农耕、品尝农家饭菜、尽享田园风光为主的各种体验式旅游活动已成为西安市民节假日追求的一种新时尚，同时也带动了特色农产品的销售，大兆西瓜、滦镇葡萄、王莽鲜桃等各类农产品采摘促销活动每年为农民增加收入上千万元。

(3) 多种销售，搭建致富桥。五颜六色的彩色糯玉米、造型独特的山核桃工艺品、纯天然的野生猕猴桃……在陕西旅游产品博览会上，长安区将80多种富有长安特色的农产品以专卖店的形式"搬"进了展厅，吸引了大批参观者纷纷上前咨询购买。

集思广益

如今，农产品销售的创新模式与技巧在各个地方都不断涌现。为促进农产品的销售，你认为的创新模式有哪些？应该怎样操作？

____

____

____

行动需求

经营者要想方设法促进农产品的销售业绩，充分的准备工作是农产品销售的基础，也是不可缺少的步骤。开展农产品销售的准备工作，有以下几个方面的内容。

第一步：明确农产品销售的基本要求。

第二步：寻找农产品潜在顾客。

第三步：审查农产品顾客资格。

第四步：做好接近农产品顾客的工作。

第五步：约见农产品顾客。

知识准备

8.1.1 农产品销售的基本要求

1. 目标的确定

要确定销售的时间地点、销售的农产品类型品质、面对的消费者群体、销售的渠道，确定农产品定价方法，达到多少利润。

2. 调查分析

实际上，要做好农产品的销售，还必须认真开展市场调研和分析预测，掌握农产品销售的主动权。

随着国家一系列惠农政策的出台，农产品供求关系出现了转折性的变化，必须格外重视市场调查，注重市场信息搜集整理。加强市场分析预测，做好信息搜集，一方面可以及时提供给农民，使农民在适当时机、适当价格出售产品，以获得较高收益；另一方面可以增强农产品经营效果，克服盲目性，掌握主动权。

要对农产品的生产形势、生产结构和当地优势资源进行调查。积极走访有关部门，深入村庄种植户，了解资源总量、品种质量、农民销售意向。加强对农产品市场供求的调查分析，从消费者、市场、报刊、网络多渠道搜集市场信息；不仅注重国内市场信息，也要关注国际市场信息，不仅注重现货市场行情；也要关注期货市场行情，不仅研究当前生产发展动向，也要研究潜在市场发展趋势，准确把握农产品市场走向，抢抓机遇，捕捉商机。要加强对市场营销渠道的调查，深入了解和分析合作伙伴和竞争对手的实力和营销策略，根据市场变化及时调整营销方略，在扩大农产品销售的同时确保经营安全。

3. 产品搜集渠道

确定销售目标并进行市场的调查分析后，就可收集所要销售的农产品。获取农产品的方法很多，可以是种植户、合作社、农产品经营企业基地等。除了选择所要销售的农产品类型外，还要考虑其市场价格。

4. 销售渠道分析

分析农产品的销售渠道，针对数量、交易量的多少，选择合适的销售渠道。销售渠道主要分为以下几种。

(1) 以种植户为营销主体的摊点、集市及批发市场

采用这一类渠道，是典型的“守株待兔”、“单打独斗”的营销方式。由于通常就近入市销售，经历的营销过程简单、物流环节短，所花费的交易成本也较低。但是，这一渠道模式仅适合存货少、交易量小的普通农产品经营者。

(2) 以专业营销组织、农产品经纪人为营销主体的物流链

通过第三方营销组织的介入，可整合零散交易，并实现农产品的异地出售，解决产地市场需求不足问题。有的产区还借助合作组织的力量，建立了农产品品牌，打响了知名度。

(3) 以综合超市、便利店、专卖店为营销主体的农超对接、购销对接

通过与超市、加工商等终端销售者签订购销合同，种植户供给合格的农产品鲜果，超市按协议价格收购。这样既节省了流通费用，又为超市提供了稳定的进货渠道，同时保证了生产者利益的实现。当然，此类契约关系的建立和维护也需要成本。但是，一旦建立了完善的制度，并且合作机制运行良好，该渠道的交易成本是相对较低的，并会随着交易频率的增加而得到分摊。与此同时，在超市、便利店、专卖店出售的农产品，质量有保证，也降低了消费者的购买风险。不过，用于农产品储藏保鲜的设备具有一定的资产专用性。

(4) 以龙头农产品经营企业为营销主体的营销渠道

这一营销渠道多见于“农产品经营企业＋种植户”这一生产经营模式，种植户与农产品经营企业通过契约联结，责任与分工划分十分明确，权利、义务也通过法律得到保证。这一模式中，交易双方的不确定性被契约条款中的法律效应冲淡；与农超对接、购销对接相类似，一旦形成稳定的契约合作关系，其交易频率是较高的。

(5) 政府为主导开拓的营销渠道

举办一些农产品的展销会，吸引全国甚至海外的客商汇聚产区，通过农产品展销会、洽谈会及签约仪式，农产品收购商与种植户达成收购协议。这样的营销渠道，使交易双方的利益相对具有保障性。另外，购销合同具有法律依据，不确定性较低。不过，展销会和农产品

节一般是年度性的活动，通过这一渠道进行的交易频率较低。另外，政府主办大型活动，其资产具有通用性。

(6) 以现代信息技术为媒介的网络营销

通过网络发布农产品的购销信息，并在网上议价，可以为交易双方节约事前交易费用。但是，网络发布和传播的信息可能是虚假的，这就增加了交易的不确定性。因此，对农产品网络交易的规范化管理尤为重要。由于农产品网络交易具有相当的便利性和成本节约性，其交易频率会随着该营销渠道的不断成熟与改善而逐渐增加。网络营销所需资产的专用性很低。

8.1.2 农产品销售的准备工作

1. 寻找潜在顾客

由于行业的不同，销售人员寻找潜在顾客的方法也就多种多样，常用的方法包括逐户访问法、无限连锁法、中心开花法、委托助手法、电信法、网络法、广告开拓法、资料查阅法、贸易展览法、依靠本公司法。限于篇幅，下面仅介绍主要的几种。

(1) 逐户访问法

逐户访问法也称“地毯”式访问法、普通寻找法等，是指销售人员挨家挨户，直接访问估计可能成为顾客的某些个人或组织，从中寻找自己的顾客。这种方法是最古老的方法之一，也是每个销售人员都曾经使用过的最基本的方法。逐户访问法是以“平均法则”为理论依据。例如，如果过去的经验表明，每走访20个人中有2人会购买某产品，那么走访200人就会产生20笔交易。

逐户访问有两种不同的方式：一种是毫无选择地一家一户地走访，这种方式有较大的盲目性；另一种是预先找出成交可能性较大的几家去访问，这种方式有一定的针对性，寻找到顾客的可能性较大。在日本的公司里，销售人员被正式介绍给潜在顾客后，往往用上一年的时间去建立关系，然后才向顾客介绍产品。日本人用80%的时间建立关系，20%的时间销售产品，而美国人正好相反。我国在这方面与美国人相似。

(2) 无限连锁法

无限连锁法也叫连锁介绍法，是指销售人员请求现有顾客介绍未来可能的准顾客的方法。实践表明，此方法比其他方法更有效，是运用得较多的一种方法。无限连锁介绍法的主要运用途径有以下三条。

一条是通过现有顾客去寻找潜在顾客。这是最佳的途径。因为老顾客介绍的新顾客大多是其较为熟悉的个人与组织，他们之间可能平时就有较为密切的联系，有时甚至具有共同的利益，加之老顾客已经购买并使用了某种产品，新顾客对其介绍的信息特别能够接受，容易产生寻找潜在顾客的效果。

另一条是通过朋友的交情去寻找潜在顾客。在诸多的寻找新的潜在顾客的方法中，建立关系网的方式可以称得上是最可靠、最有效的。人们往往愿意与他们了解、喜欢、信任的人做生意。建立关系网的关键是定位，而不是被动接触。建立关系网的目标是在你的每个熟人的心目中划出一个稳固的适当位置，这样当其中的某个人或是他认识的人且需要你销售的那些产品或服务时，你是唯一能让他们想到的能提供帮助的人。

还有一条就是通过其他销售人员去寻找潜在顾客。大家知道，每个农产品经营企业的各个事业部销售的产品不同，但有些客户是相同的。销售人员应该充分利用其他事业部的销售人员，请他们为自己介绍一些新顾客。其他销售人员也知道，如果能为你提供顾客线索，反过来，你也会给予他们回报和感激，为他们提供一定的顾客线索。

(3) 中心人物法

中心人物法又叫权威介绍法，是指销售人员在特定的范围内发展一些具有较大影响力的中心人物或组织来帮助销售人员寻找潜在顾客的方法。此法实际上是无限连锁介绍法的延伸。在一般情况下，中心人物或组织是具有较大影响力、具有特殊的社会地位的，他们往往是消费者的崇拜者。诸如政界要人、农产品经营企业界名人、文体界巨星、名学者、名专家、名教授等。由于他们知名度极高，其消费行为容易在崇拜者心目中形成示范作用或先导作用，这就是心理学中的“光辉效应”法则。不仅如此，他们见多识广，还能给销售人员提供识别理想潜在顾客的信息。

利用中心人物法寻找潜在顾客的关键在于两点：一是一定要取得中心人物或组织的信任和合作，使他们相信销售人员和销售的产品；二是要选准消费者心目中的崇拜者或组织。否则，很有可能弄巧成拙，难以获得预期的效果。

(4) 广告开拓法

广告开拓法是指销售人员利用各种广告媒介寻找顾客的方法。也就是说，通过大众宣传媒介，把有关产品的销售信息传递给广大的消费者，以刺激消费者的购买欲望，诱导消费者的购买行为，并借以树立农产品经营企业的形象及提高产品的知名度，从而达到开拓客户的目的。

广告开拓法的优点是信息量大，传递速度快，且覆盖面广。如果一则广告能让一百万人看到或听到，就等于对一百万人做了地毯式的访问，这是其他任何销售手段无法比拟的。不仅如此，广告形象、生动、逼真，易于被受众接受，说服力较强，易于提高推销效率。因此，被喻为是“印在纸上的推销术”。同时，现代广告可以大大节省时间和精力。所以，此法是销售人员寻找顾客销售产品的理想、有效的现代化手段。

(5) 委托助手法

委托助手法是指销售人员通过委托聘请有关人员寻找顾客的方法。这些接受雇用、被委托寻找顾客的有关人员通常称为“猎犬”。他们往往采用市场调研或提供免费服务等措施，对某些可能性比较大的销售地区进行地毯式访问，一旦发现潜在顾客，便会立即通知委托人，安排销售访问。销售人员如果单凭自己走南闯北，开展销售工作，不仅会贻误市场机会，而且必将大大增加销售成本。相反，若委托助手来发掘潜在客户，既能使销售人员及时获取有效的销售情报，开拓新的销售区域，发展大批新顾客，又可以节约大量的销售费用，降低销售成本，提高销售效益。另外，行业间与农产品经营企业间都存在着一定的关联性，使用委托助手法还可以较早地发现销售市场先行指标的变化，从而增强参与市场竞争的能力。

(6) 贸易展览法

贸易展览法是指利用各种贸易展览会或自己举办展览会来寻找潜在顾客的方法。运用此方法，销售人员一方面可以接触到许多潜在顾客，又可以了解市场各种信息；另一方面，通过展览会把农产品经营企业的产品展示出来，有利于顾客了解和识别。不仅如此，销售人员还可以利用顾客在观看产品的几分钟时间里，记下名字和地址及电话号码，以便日后与他们取得联系和接触，最终成为自己的顾客。

2. 顾客资格审查

成功销售的基本法则是向有购买需求且有购买能力的顾客或客户销售产品。然而，在已经寻找到的众多潜在顾客中，并非每一个都具有购买产品的条件。因此，在寻找到潜在顾客以后，销售人员不要急于求成，应进行顾客资格审查，判断出真正的销售对象，选出最具有可能购买的顾客，避免做无用功。

(1) 顾客购买力的审查

顾客的购买力就是顾客购买产品或接受服务时的货币支付能力。货币支付能力是判断一个准顾客能否成为目标顾客的首要条件。顾客的购买力审查主要从影响顾客购买力的各种因素，诸如经济收入、消费支出、消费储蓄与信贷等几个方面来进行。

顾客的收入是指顾客的实际经济收入。顾客实际经济收入的多少决定着顾客在市场上的购买水平的高低。消费者收入的可任意支配部分是影响消费需求构成的最活跃的经济因素。这部分收入越多，购买能力就越强，消费水平也就越高，农产品经营企业的营销机会也就越多。

顾客的购买力除了受经济收入的影响外，还要受消费储蓄和信贷因素的直接影响。居民个人的收入在一定时期内不可能全部花费掉，总有一部分以银行存款、公债、股票和不动产等各种形式储蓄起来，这是一种潜在的支付能力。一方面，当消费者的收入一定时，若用于储蓄越多，那么用于市场上的现实购买支出就越少。因此，销售人员必须了解影响居民储蓄的诸多因素和储蓄目的的差异，以便准确地预测消费需求的发展趋势和发展水平，寻找市场机会。另一方面，消费者的信贷对顾客的购买力影响也很大。此外，各种形式的赊销、分期付款、延期付款措施的实施，也是刺激需求的重要动力，因为它允许人们购买超过自己现实购买力的商品，为农产品经营企业创造更多的营销机会，从而促进经济增长。

(2) 顾客购买需要的审查

产品销售是否成功还要看顾客对产品是否有购买的需要，这就要求销售人员必须奉行以顾客需要为中心的指导原则，对顾客现实的或潜在的需要进行审查。顾客需求是多种多样、千变万化的，销售人员不应简单地以顾客使用或不使用销售的产品为标准来审查顾客的需求，而应仔细识别顾客目前不使用其销售的产品的真正原因，既可能是顾客尚未认识到推销品的真正用途，又可能是受传统习惯或传统观念的影响；既可能是暂无购买的财力，也可能是对新产品了解不够，尚处于等待、观望阶段等。总之，销售人员应充分认识到：顾客现在不需要，不等于将来不需要；表面上不需要，不等于内心不需要。

(3) 顾客购买决策权的审查

有些潜在顾客既有货币支付能力，也有购买的需求，最终却无法达成交易，究其原因主要是他没有购买的决策权。销售人员在向顾客销售产品时，一定要清楚谁是购买的决策者。如果事先不对潜在顾客的购买决策权进行鉴定，就有可能事倍功半。

3. 接近顾客

一般来说，在寻找与顾客资格审查阶段，调查了解了潜在顾客的基本情况，这为接近顾客做好了基础工作。那么，接近顾客要准备哪些背景材料呢？如下所述。

(1) 个体顾客的背景材料

这里所讲的“个体顾客”是指该顾客仅代表个人或家庭，而不代表企业或团体组织。对个体顾客的背景调查，应从以下几个方面入手。

① 个人基本情况，如姓名、年龄、性别、民族、出生地、文化程度、性格、信仰、居住地、邮政编码、电话号码等。尤其是在爱好和忌讳等有关方面，更应注意不要冒犯顾客。

② 家庭及其成员情况，如所属单位、职业、职务、收入情况和家庭成员的价值观念、特殊偏好、购买与消费的参考群体等。尤其要对该家庭最有影响的人物的好恶情况调查清楚。

③ 需求内容，如购买的主要动机、需求详细内容和需求特点、需求的排列顺序、可能购买的能力、购买决策权限范围、购买行为规律等。

对个体顾客调查的重点应放在需求内容和顾客的爱好与忌讳上，调查的手段可采取顾客资料卡，如表 8-1 所示。

表 8-1　个体顾客资料卡

姓名			性别		年龄	
住址			邮编		电话	
工作单位			职务		民族	
家属	姓名	关系	年龄	职业	备注	
特长爱好						
性格						
推销方法						
访问记录						
备注						

(2) 团体或组织购买者的背景材料

对农产品购买团体或组织的背景调查，要从以下几个方面进行。

① 团体或组织基本情况，如法人全称、所属产业、所有制形式、经营体制、隶属关系、所在地及交通、生产经营规模、成立时间与演变经历、法定代表人及主要决策人的姓名与电话号码、电讯传真号码等。

② 团体或组织的组织机构情况，如管理风格与水平、组织的规章制度、办事程序、主要领导人的作风特点、组织机构及职权范围的划分、人事状态及人际关系等。

③ 生产经营及财产情况，如近期及远期的组织目标、生产经营规模、生产的具体产品类型、品种与数量、生产能力及发挥的水平、设备技术水平和改造的方向、产品结构及市场反映、市场占有率与增长率、竞争与定价策略等。

④ 购买行为情况，如一般由哪些部门发现需求或提出购买申请；由哪个部门对需求进行核准与说明；由哪个部门对购买进行描述及选择供应商以及选择的标准；目前有哪些供应渠道以及相互之间的关系和发展前景等。

对组织顾客的购买情况调查的重点应放在购买行为情况和关键部门或人物情况方面。

常见的团体或组织顾客资料卡，如表 8-2 所示。

表 8-2 团体或组织顾客资料卡

<table>
<tr><td>单位名称</td><td></td><td>地址</td><td></td><td>邮编、电话</td><td colspan="2"></td></tr>
<tr><td>成交时间</td><td></td><td>生产规模</td><td></td><td>职工人数</td><td colspan="2"></td></tr>
<tr><td>经营范围</td><td></td><td>开户银行</td><td></td><td>资金信用</td><td colspan="2"></td></tr>
<tr><td rowspan="3">负责人</td><td>姓名</td><td></td><td>年龄</td><td></td><td>职务</td><td></td></tr>
<tr><td>性格</td><td></td><td>爱好</td><td></td><td>性别</td><td></td></tr>
<tr><td>住址</td><td></td><td>民族</td><td></td><td>电话</td><td></td></tr>
<tr><td rowspan="3">采购人员</td><td>姓名</td><td></td><td>年龄</td><td></td><td>性别</td><td></td></tr>
<tr><td>性格</td><td></td><td>爱好</td><td></td><td>电话</td><td></td></tr>
<tr><td>住址</td><td></td><td></td><td colspan="2">与我单位交情</td><td></td></tr>
<tr><td rowspan="3">使用人员</td><td>姓名</td><td></td><td>年龄</td><td></td><td>性别</td><td></td></tr>
<tr><td>性格</td><td></td><td>爱好</td><td></td><td>电话</td><td></td></tr>
<tr><td>住址</td><td></td><td></td><td colspan="2">与我单位交情</td><td></td></tr>
<tr><td>访问记录</td><td>1</td><td colspan="5"></td></tr>
<tr><td></td><td>2</td><td colspan="5"></td></tr>
<tr><td></td><td>3</td><td colspan="5"></td></tr>
<tr><td></td><td>4</td><td colspan="5"></td></tr>
<tr><td></td><td>5</td><td colspan="5"></td></tr>
<tr><td>备注</td><td></td><td colspan="5"></td></tr>
</table>

4. 约见顾客

所谓约见是指销售人员事先征得顾客同意接近的活动。销售人员要达到约见顾客的目的，不仅要考虑约见的对象、时间和地点，而且还必须认真地研究约见的方式和技巧。在现代销售活动中，常见的约见方式有以下几种

(1) 电约

现代通信的高速发展为销售人员提供了快速约见顾客的通信工具。电约已成为销售人员目前约见顾客的主要方法之一。所谓电约，是指销售人员利用现代化的通信手段与顾客约见，如电话等。电约具有方便、经济、快速等优点，使顾客能够免受突然来访的干扰，也使销售人员免受奔波之苦。但电约也存在明显的不足，那就是只闻其声，不见其人，顾客往往处于主动地位，而销售人员则处于被动地位，容易遭到顾客的推脱或拒绝。

(2) 面约

面约即销售人员与顾客当面约定见面的有关事宜。这是一种较为理想的约见方式。销售人员通过这一约见方式不仅对顾客有所了解，便于充分地做好下次约见前的准备工作，而且还便于信息、情感的双向沟通，缩短彼此的距离，易达成有关约见的时间、地点等事宜。但是，当面约见也常常要受到地理因素所限制，不能对所有的顾客实行当面约见，尤其当销售人员与顾客素不相识时，更容易遭到顾客的拒绝，使销售人员处于被动的局面，从而影响销售工作的顺利进行。特别是当面约见团体顾客的关键人士时，事前必须成功地突破客户的一些“关口”。因此，销售人员在具体使用当面约见顾客这一方式时，须察言观色，随机应变，灵活运用一些技巧，以保证约见工作的顺利开展。

(3) 托约

托约即委托约见，是指销售人员委托第三者代为约见顾客。由于这种约见是建立在受托人与销售对象之间有一定的社会联系或社会关系基础之上，容易取得销售对象的信任与合作，甚至还可以克服客户对陌生销售人员的戒备心理，便于排除销售障碍，获得销售对象

的真实信息，有利于进一步开展销售工作。但是，委托约见易使顾客产生非正式商谈的感受，导致顾客对此不够重视。另外，受委托人的数量和范围也限制了这一方式的运用。

(4) 广约

广约即销售人员利用各种广告媒体将约见的内容广而告之，以达到约见顾客的目的。在约见对象不太具体、明确或者约见顾客太多的情况下，采用这一方式比较有效。广告约见具有覆盖面大、节省销售时间，提高约见效率的优点，但也具有针对性不强、费用较高的局限性。

(5) 网上约见

网上约见是指销售人员利用互联网与顾客在网上进行约见和商谈的一种方式。网络的迅速发展，为网上交谈、约见、购物、联络情感提供了便捷的条件，加快了进行有效网上销售的进程。这种约见方式具有快捷、便利、费用低、范围广的优点；但网上约见受到销售人员对网络技术和客户的网址或电子信箱等信息的掌握程度等方面的局限。因此，销售人员要努力学习并掌握有关网络知识，利用现代化的高科技工具开发自己有效销售的潜能，提高销售的科技含量。

情景模拟

主题：制订寻找红薯藤顾客的方案。

过程设计：

(1) 事先将学生按照5～6人进行分组。

(2) 各组讨论消费红薯藤的顾客特征。

(3) 各组派代表扮演红薯藤销售市场中的销售商、采购商、个体顾客、农户等角色，模拟红薯藤的销售，并突出顾客的不同需求特征和能力。

(4) 各组制订寻找红薯藤顾客的实施方案。

(5) 点评、完善与交流各组设计的方案。

模拟要求：

根据方案制订需要，模拟红薯藤销售的同学应提前设计销售环节，并准备相应的模拟道具；其他同学应以客观的视角做出评价。

情景再现：

蔬菜采购商范某像平常一样到重庆的杨家坪市场采购，在市场里，他发现有人用卡车装了300多公斤红薯藤来卖。如果是重庆人常吃的空心菜、小青菜，装上几千公斤都没什么稀罕。可这么多红薯藤，还是头一遭。

红薯藤销售商小李特意让人把菜筐依次排开，把规模亮出来。先声夺人之后，他又开出非常诱人的条件。“买10斤送5斤，1元一斤。”

当时，在杨家坪市场，最常见的空心菜也要2元多一公斤，可红薯藤买10斤送5斤，算起来不过1块多钱一公斤。不仅是价格便宜，这种红薯藤和普通红薯藤比，看着不太一样，更鲜嫩，采购商兴趣大增。300多公斤红薯藤两小时内卖完，虽说才卖了不到500元，但热闹抢手的场面让小李信心大增。

第二天，小李再次来到杨家坪市场。这一次，他不着急卖，而是问了范某一个问题——批发去的红薯藤在零售市场卖得怎么样。

范某说：“拿回去，大家看到这个东西又嫩又便宜，个个来买。”

小李对这个结果很满意，他决定，今天不再打折了。第一天打折，红薯藤的知名度扩大。

第二天，小李不再赔本赚吆喝，而是用原价1元钱，摸索市场能不能接受这个定价。

采购商一下子不能接受，甚至有的采购商，就是奔着打折来的。但盘算着，之前批回去的红薯藤确实卖得不错，而且2元钱1公斤也能赚。第二天的300多公斤红薯藤也被采购商一抢而空。

○ 职业训练

训练主题：做好农产品销售准备工作。

训练要求：通过实训，要求学生做好农产品销售前的准备工作。

训练内容：

(1) 选择某一大型超市中的榴梿等水果作为销售对象。

(2) 为该水果寻找潜在顾客，并展开顾客资格审查。

(3) 做好接近顾客与约见顾客的准备工作。

训练准备：先要求学生利用业余时间，对超市中的名贵水果进行市场销售情况的调查。

训练资料：上述调查所得的第一手资料。

训练步骤：

第一步，联系好相应的大型超市或水果超市。

第二步，展开水果销售状况的调查。

第三步，分析消费某种名贵水果的顾客特征。

第四步，实地展开潜在顾客寻找与顾客资格审查工作。

第五步，做好接近顾客的准备并展开水果推销工作。

第六步，总结水果销售工作，从中深化对销售准备工作的认识。

训练成果：农产品销售准备报告。

学习任务8.2 利用技巧促进农产品销售

○ 实践感知

特殊的农产品推销员

每到清晨，全国十大批发市场之一的北京市大钟寺农副产品批发市场内总是客商云集，人头攒动。2011年9月22日上午8时许，来自浙江的一批特殊的农产品推销员，引起了市场内众多客商的关注。他们一行30余人，手提着一袋袋包装精致的早园笋，穿梭于市场内。

"你们是浙江人吧，你们卖什么?"大钟寺批发市场水产大厅5号业主余琼好奇地打量着这一行人。

"我们是浙江省湖州市的，你们卖过德清的早园笋吗?"湖州市委副书记王金根仔细地询问道。一旁的德清县委书记周杰将一袋2.5公斤的早园笋放在了余琼的摊位上。

"很少卖，不过比这笋更大的毛竹笋，我们一直在卖，1.4元1公斤。"余琼指着摊位上腌制毛竹笋说："听说这种小笋在市场内要卖15元1公斤。"

"毛竹笋我们这里也有，但今天我们带来的叫'山伢儿'早园笋，是德清县的一大特产，它味道鲜美，是浙江省农业名牌产品，中国竹文化国际竹业博览会金奖产品。”周杰认真地推销农产品，并将这一袋早园笋送与余琼，请她帮助在市场试卖。

来自浙江的这批农产品推销员在大钟寺市场探寻着早园笋踪迹，叫卖着德清特色农产品，他们走过了水产大厅、蔬菜大厅、露天市场内的一个个摊位。

8 时 30 分许，大钟寺批发市场总经理助理陈雄烈也来了。德清县县长胡菁菁仔细地向他介绍起德清的特色农产品来。

“政府带领农民营销大户去大都市搞推销，我早有耳闻，今天你们亲自到大钟寺批发市场来了，以后我们农产品产销方面合作就有了基础。”陈雄烈高兴地说：“目前，你们的特色农产品在北京还不多，但相信只要双方努力，一定能进入北京，丰富市民的菜篮子。”

集思广益

在激烈的市场竞争中，促进产品销售的手段和技巧都越来越多样化，农产品的市场销售也是如此。那么，与其他产品相比，促进农产品成交的技巧都有什么？如何运用？请举例说明。

行动需求

经营者要提升农产品的销售业绩，利用销售技巧是非常有必要的。利用销售技巧，促进农产品销售的工作，有以下几个方面的内容。

第一步：做好农产品销售展示工作。

第二步：与顾客展开洽谈。

第三步：处理顾客异议。

第四步：使用成交技巧。

第五步：做好服务跟踪。

知识准备

8.2.1 识别农产品成交信号

许多销售谈判最终失败的结果并不是因为销售员没能有效地说服客户进行购买造成的，而很多时候客户已经做了购买的决定，可是没能及时发现顾客发出的成交信号，结果成交机会转瞬即逝。

1. 从客户的语言信息中有效识别成交信号

无论是在与客户进行正式的销售谈判过程中，还是在销售人员开展的其他销售过程当中，当客户有意购买时，他们通常都会因为内心的某些疑虑而不能迅速做出成交决定，这就要求销售人员必须要在销售过程当中密切注意客户的反应，以便从中准确识别客户发出的成交信号，做到这些可以有效地减少成交失败的可能。及时、准确地利用客户表露出的成交信号，捕捉成交机会，必须要靠销售人员的认真观察和细心体验。在销售过程中一旦发现成交信号，应及时捕捉，并迅速提出成交要求，否则将很容易错失成交的大好机会。

2. 从客户的行为信息中有效识别成交信号

由于行为习惯经常会有意、无意地从动作行为上透露出一些对成交比较有价值的信息。当有以下信号发生的时候，推销人员要立即抓住良机，勇敢、果断地去试探、引导客户签单。

① 反复阅读文件和说明书；

② 认真观看有关的视听资料，并点头称是；

③ 查看、询问合同条款；

④ 要求推销人员展示样品，并亲手触摸、试用产品；

⑤ 突然沉默或沉思，眼神和表情变得严肃，或表示好感，或笑容满面；

⑥ 主动请出本公司有决定权的负责人，或主动给你介绍其他部门的负责人；

⑦ 突然跟销售人员倒开水，变得热情起来等。

3. 从客户的表情信息中有效识别成交信号

客户的面部表情同样可以透露其内心的成交欲望，销售人员在关注客户的语言信号和行为信号的同时，也要认真观察客户的表情以准确辨别购买意向。例如，当客户的眼神比较集中于你的说明或产品本身时，当客户的嘴角微翘、眼睛发亮显出十分兴奋的表情时，或者当客户渐渐舒展眉头时，这些表情上的反应都可能是客户发出的成交信号。销售人员需要随时关注这些信号。一旦客户通过自己的表情语言透露出成交信号之后，销售人员就要及时做出恰当的回应。

8.2.2 农产品销售的成交技巧

为了促进销售，商家采用了各种手段、想尽了一切办法，但是效果却并不理想。其实，要快速促进销售，关键在于引导消费者。以下是促进成交的 8 个技巧。

1. 富兰克林成交法

富兰克林成交法又称理性分析成交法，就是鼓励潜在客户去考虑事情的正、反面，突出购买是正确选择的方法。顾客在面临做决定的关键时刻，总犹豫不决。这时你拿出一张纸，将购买产品的优点写在左边，不买这种产品的缺点写在右边，然后让顾客一一分析优缺点。你就在一旁帮助顾客记忆优点，至于缺点就由顾客自理了。你要承认这些缺点，但要以优点来淡化缺点，当顾客发现购买产品的优点多于缺点时，他就会买。

视野之窗

富兰克林每次在下不了决定的时候，都会拿一张白纸，在白纸中间画一条线，画完一条线之后，左边写要做这件事的理由，右边写不要做这件事的理由。所以，列下来所有正面的理由，又列完负面的理由，富兰克林只要最后摊开这张纸，看到底是正面多，还是负面多。如果正面大于负面，就行动；如果负面大于正面，就不行动。

富兰克林下不了决心的时候，就用这个方法。所以，今天你的顾客下不了决心的时候，你就对他说：先生，富兰克林是美国最受尊重的伟大领袖之一，那么现在我们来研究下富兰克林一生中在下不了决定的时候是怎么做的。

2. 锐角成交法

许多销售人员在争取客户时，往往就会有一种心得：只要反映够机敏，只要把客户的反对意见灵活地转变为促进成交的因素，就可以想办法把客户的反对意见转变成购买的理由，就可以促使客户迅速签单。这就是我们通常所说的锐角成交法。

锐角成交法就是巧妙地把客户提出来的各种反对意见转换成相应的购买理由的一种促成订单的方法。这种把反对意见转换为相应的购买理由的方式，就如同几何学中将一个锐角的任何一条边延伸可以转换成钝角一样，因此被人们形象地称为锐角成交法。

锐角成交法的实质其实就是借力使力，即借助客户提出的反对意见，把客户提出的反对意见转换为促进购买的理由，最后再把这种力量传达给客户，从而达到促成订单的目的。

3. 请求成交法

请求成交法又称直接成交法，这是销售人员向客户主动地提出成交的要求，直接要求客户购买销售的商品的一种方法。

(1) 使用请求成交法的时机

销售人员与老客户交谈时，销售人员了解客户的需要，而老客户也曾接受过销售的产品，因此老客户一般不会反感销售人员的直接请求。

若顾客对销售的产品有好感，也流露出购买的意向，发出购买信号，可又一时拿不定主意，或不愿主动提出成交的要求，销售人员就可以用请求成交法来促成客户购买。

有时客户对销售的产品表示兴趣，但思想上还没有意识到成交的问题，这时销售人员在回答了客户的提问，或详细地介绍产品之后，就可以提出请求，让客户意识到该考虑购买的问题了。

(2) 使用请求成交法的优点

① 快速地促成交易；

② 充分地利用了各种的成交机会；

③ 可以节省销售的时间，提高工作效率；

④ 可以体现一个销售人员灵活、机动、主动进取的销售精神。

(3) 请求成交法的局限性

请求成交法如果应用的时机不当，可能给客户造成压力，破坏成交的气氛，反而使客户产生一种抵触成交的情绪，还有可能使销售人员失去了成交的主动权。

4. 引导成交法

引导成交法主要是转移客户的考虑焦点，由是否要购买转移到去拥有或享用产品。如果顾客有心购买，只是认为产品的价格超出了自己预定的水平，这时你只要向他们进行引导，一般都能使洽谈顺利进行下去。引导在买卖交易中的作用很大，它能使顾客转移脑中所考虑的对象，产生一种想象。这样，就使顾客在买东西的过程中，变得特别积极，在他们心中也产生一种希望交易尽早成交的愿望。可以说，引导是一种“催化剂”，一种语言“催化剂”。

5. 选择成交法

选择成交法，就是直接向客户提出若干购买的方案，并要求客户选择一种购买方法。例如，“面条里加两个蛋呢，还是加一个蛋”、“我们礼拜二见，还是礼拜三见”，这都是选择成交法。

从事销售的人员在销售过程中应该看准顾客的购买信号，先假定成交，后选择成交，并把选择的范围局限在成交的范围。选择成交法的要点就是使客户回避要还是不要的问题。

(1) 运用选择成交法的注意事项

销售人员所提供的选择事项应让客户从中做出一种肯定的回答，而不要给客户一种有拒绝的机会。

向客户提出选择时，尽量避免向客户提出太多的方案，最好的方案就是两项，最多不要超过三项；否则，不能达到尽快成交的目的。

(2) 选择成交法的优点

选择成交法可以减轻客户的心理压力，制造良好的成交气氛。从表面上看来，选择成交法似乎把成交的主动权交给了客户，而事实上就是让客户在一定的范围内进行选择，可以有效地促成交易。

例如，相邻的 A、B 两家早点店规模一样大，每天豆浆的销售量也差不多，但 A 店茶叶蛋的销售量却比 B 家少很多。后来 A 店老板发现原因在于一句话的差别，A 店服务员总是问来吃早餐的人："你加不加茶叶蛋？"通常的回答是"不加"。而 B 店的服务员却总是说："给您加一个茶叶蛋，还是加两个茶叶蛋？"通常的回答是"一个"。

"你要甜的，还是咸的"，这就是一种选择成交的方法。心理学告诉我们，人们在两种答案中选择时，其思维往往被限制在一个狭小的空间内，就会产生别无选择的感觉，要么这样，要么那样，从而进退维谷。

6. 小点成交法

小点成交法又叫作次要问题成交法，或者叫避重就轻成交法，是销售人员在利用成交的小点来间接地促成交易的方法。

这种成交法是相对于"大"而言的，你向对方提出大的要求，对方拒你的可能性会大一些；如果你的要求划分为小的要求，这些小的要求对就有可能会接受。在对方接受你小的要求之后，你再提出一个小的要求对方可能也会接受……这些小要求加起来不就是一个大的要求吗？小点成交法是利用了客户的成交心理活动规律，避免直接提示客户比较敏感的、重大的成交问题，而是向客户提出比较小的、次要的成交问题。逐渐由小到大，由小攻大，由小求大，先小点成交，再大点成交，最后促成客户做出购买决策。

小点成交法的优点是：可以减轻客户成交的心理压力，还有利于销售人员主动地尝试成交；保留一定的成交余地，有利于销售人员合理地利用各种成交信号有效地促成交易。

小点成交法适用情况如下。

① 顾客不愿直接涉及决策的重大问题，只对成交的某些具体问题产生兴趣。

② 销售人员看准成交信号，购买决策的关键只在于某一小点，或款式，或颜色，或交货时间，或付款方式等。

③ 销售人员未发现任何成交信号，需做出能够避免冷遇或反感的成交尝试。

④ 成交气氛比较紧张，顾客的成交心理压力太大，交易无法直接促成。

⑤ 顾客对某些特殊品的购买决定只依借某一特定的小点问题。

7. 假设成交法

假设成交法是销售人员假定顾客已决定购买商品了，又称"假定成交法"，是销售员展开销售努力的一种成交法。

(1) 假设成交法的优缺点

假设成交法将会谈直接带入实质性阶段，通过逐步深入的提问，提高顾客的思维效率。和直接请求成交法相同，它使顾客不得不做出反应。

其优点是可以节约销售时间，提高销售效率；可以适当减少顾客的心理压力，形成良好的销售气氛；可以把顾客的成效信号直接转化成交行动，促成交易的最终实现。

其缺点是假设成交法可以产生过高的成交压力，破坏成交气氛，不利于进一步处理顾客异议，可能会让销售员丧失成交的主动权。

(2) 假设成交法的关键

① 必须善于分析顾客，对于那些依赖性强的顾客，性格比较随和的顾客，以及一些老顾客可以采用这种方法。

② 必须发现成交信号，确信顾客有购买意向，才能使用这种方法。

③ 尽量使用自然、温和的语言，创造一个轻松的销售气氛。

例如，"您觉得什么样的价格合理呢？您出个价。"、"请问您买几箱？"等。

8. 优惠成交法

优惠成交法又称让步成交法，是指销售人员通过提供优惠的条件，促使客户立即购买的一种决定的方法。例如，"张总，我们这一段时间有一个促销活动。如果您现在购买我们的产品，我们可以给您提供免费培训，还有三年免费维修。"这就是附加价值，附加价值是价值的一种提升，所以又称为让步成交法，也就是提供优惠的政策。

正确地使用优惠成交法，利用顾客的求利心理，可以吸引并招揽顾客，有利于创造良好的成交气氛。而且，利用批量成交优惠条件，可以促成大批量交易，提高成交的效率。

该方法尤其适用于销售某些滞销品，减轻库存压力，加快存货周转速度。但是，采取优惠成交法，通过给顾客让利来促成交易，必将导致销售成本上升。若没有把握好让利的尺度，还会减少销售收益。此外，采用优惠成交法，有时会让顾客误以为优惠产品是次货而不予信任，从而丧失购买的信心，不利于促成交易。

最后要说明，在达成交易后，不要匆忙离开现场，应用恰当的方法，让顾客产生一种满足感。另外，销售后还应继续关心消费者。

8.2.3 针对不同消费者应用不同的技巧

为了与消费者成交，达到销售的目的，应根据不同消费者、不同情况、不同环境，采取不同的成交策略，以掌握主动权，尽快达成交易。下面就根据不同的情况，介绍使用不同的成交方法。

(1) 消费者说：我要考虑一下

对策：时间就是金钱。机不可失，失不再来。

【询问法】 通常在这种情况下，消费者对产品感兴趣，但可能是还没有弄清楚你的介绍，或者有难言之隐不敢决策，再就是推脱之词。所以，要利用询问法将原因弄清楚，再对症下药。例如，先生，我刚才是哪里没有解释清楚，所以您说您要考虑一下？

【假设法】 假设马上成交，消费者可以得到什么好处；如果不马上成交，有可能会失去一些到手的利益，利用人的心理因素迅速促进销售。例如，某某先生，您一定是对我们的产品很感兴趣。假设您现在购买，可以获得什么优惠。我们一个礼拜才来一次，现在有许多人都想购买这种产品，如果您不及时决定，会……

【直接法】 销售人员得到消费者的购买信号后，直接提出交易。使用直接要求法时，要尽可能地避免操之过急，关键是要得到消费者明确的购买信号。例如，“王先生，既然你没有其他意见，那我们现在就签单吧。”当你提出成交的要求后，就要保持缄默，静待消费者的反应，切忌再说任何一句话，因为你的一句话很可能会立刻引开消费者的注意力，使成交功亏一篑。

(2) 消费者说：太贵了

对策：一分钱一分货，其实一点也不贵。

【比较法】 ① 与同类产品进行比较。例如，某个批发市场××牌子的这个产品报价××元，这个产品比××牌子便宜多啦，质量还比××牌子的好。

② 与同价值的其他物品进行比较。例如，××元现在可以买a、b、c、d等几样东西，而这种产品是您目前最需要的，现在买一点儿都不贵。

【拆散法】 将产品的品质、售后服务、营养价值几个方面拆开来，分别来解说，每一方面都有它的价值，合起来的价值跟现在的价格对比，就便宜了。

(3) 消费者说：能不能便宜一些

对策：价格是价值的体现，便宜无好货

【得失法】 交易就是一种投资，有得必有失。单纯以价格来进行购买决策是不全面的，光看价格，会忽略产品的品质、售后服务、营养价值等，这对购买者本身是一个遗憾。

【底牌法】 这个价位是产品目前在全国最低的价位，已经到底儿。您要想再低一些，我们实在办不到。通过亮出底牌，让消费者觉得这种价格在情理之中，买得不亏。

【诚实法】 在这个世界上很少有机会花很少钱买到最高品质的产品，这是一个真理，告诉消费者不要存在这种侥幸心理。例如，如果您确实需要低价格的，我们这里没有。据我们了解，其他地方也没有，但有稍贵一些的××产品，您可以看一下。

(4) 消费者说：别的地方更便宜

对策：服务有价。品质保证。

【分析法】 大部分的人在做购买决策的时候，通常会了解三方面的事：第一个是产品的品质；第二个是产品的价格；第三个是产品的售后服务。

要对这三个方面轮换着进行分析，打消消费者心中的顾虑与疑问。例如，××先生，那可能是真的，毕竟每个人都想以最少的钱买最高品质的产品。但我们这里的服务好，可以帮忙进行××，可以提供××。您在别的地方购买，没有这么多服务项目，您还得自己花钱请人来做××。这样又耽误您的时间，又没有节省钱，还是我们这里比较恰当。

【转向法】 不说自己的优势，转向客观公正地说别的地方的弱势，并反复不停地说，摧毁消费者心理防线。例如，我从未发现哪家公司可以用最低的价格提供最高品质的产品，又提供最优的售后服务。

【提醒法】 提醒消费者现在的农产品品质很难保证，不要贪图便宜而得不偿失。例如，为了您的健康，优品质高服务与价格两方面，您会选哪一项呢？你愿意牺牲产品的品质，只求便宜吗？

(5) 消费者讲：它真的值那么多钱吗？

对策：怀疑的背后就是肯定。

【反驳法】 利用反驳，让消费者坚定自己的购买决策是正确的。例如，您是位眼光独到的人，您现在难道怀疑自己了？您的决定是英明的，您不信任我没有关系，您也不相信自己吗？

【肯定法】 值！再来分析给消费者听，以打消消费者的顾虑。可以对比分析、拆散分析，还可以举例佐证。

8.2.4 促进农产品销售应注意的问题

1. 销售之前先摸底

要尽量引导消费大户或大的收购商签订收购合同。在农产品采收前，先摸清市场行情及价格走势，提前联系外地客商，等产品一采收就可以马上销售。各市各镇、村都自然形成很多各类农产品交易市场、点，有些商贩还到田间地头收购，农民甚至足不出村就可卖农产品。对于一些名、特、优、新、奇的农产品，最好是能提前订立购销合同，以确定稳固的销售渠道，减少市场风险性。

2. 不一哄而上赶旺季

要尽量种植一些稀特或反季节品种，不能盲目跟风，多数农民一哄而上。要有意与别人拉开时间差，使农产品上市时间提前或延迟，以此提高农产品的价格。或者是将能够贮藏的农作物，如南瓜、冬瓜、柑橘、板栗、萝卜等农产品在销售旺季保鲜贮藏起来，等到市场行情好的时候再出售。

3. 灵活运输抓好行情

农产品特别是新鲜蔬菜、水果、水产品等的市场价格，早几天和晚几天可能就会相差很大。所以，对农产品来说，远距离运输时有必要用空运或火车，就不用汽车或船来运输。虽然运输费用相对高些，但实际的纯利润却更多。

4. 利用好各类媒体

要掌握更多信息，综合搞好销售。现在大众媒体如报刊、广播、电视、互联网等，特别是有针对性的如"农民信箱"、市场类报刊等，因为其实效性、预测性和面广量大的特点正被越来越多的农民所重视，并且已经成为人们喜闻乐用的信息工具。现在许多农产品加工经营企业、合作社等，利用这些媒体已经收到了不少的成效。农产品生产者要多利用这些媒体，宣传农产品的销售，对自己的销售工作争取更大的促进作用。

情景模拟

主题：制订大白菜销售的成交方案。

过程设计：

(1) 事先将学生按照 5～6 人进行分组。

(2) 各组派代表扮演菜农、批发商、顾客等，模拟大白菜的销售。

(3) 各组对大白菜的销售进行评价，并讨论利用成交技巧促进大白菜的销售。

(4) 各组制订促进大白菜销售方案，并突出成交技巧的运用。

(5) 点评、完善与交流各组设计的促进大白菜销售方案。

模拟要求：

根据团队合作的目的，模拟销售的同学应提前理解成交技巧，并注意不要故意刁难同学；其他同学应以客观的视角做出评价。

情景再现：

2009 年，陕西省三原县高渠乡同义村菜农周来生种了 230 亩大白菜。有一块地是 1.4 亩，单棵大白菜重 6～7 斤。进入 11 月，由于大白菜销售困难，这块地的大白菜外皮已经干枯，部分菜心已开裂；另一块地有 1.6 亩，这块地大白菜长势比那块地还好，单棵大白菜一般都在 8 斤左右。十多天前，大白菜每公斤批发价约 0.12 元；一周前，每公斤批发价为 0.08 元。周来生说，即使这个价也没有人来收购。因为要腾地栽洋葱，3 亩地的大白菜被扔掉。在同义村，像周来生这样"遭遇"的农民比比皆是。被菜农倒掉的烂白菜，从路旁到水渠，遍地都是，看了着实让人感到心寒。

无独有偶，陕西省泾阳县蒋路乡姚家村村民段百利，种了 3 亩大白菜。入秋后，费了很大劲，卖出去不到 1/4。单棵 7～8 斤重的大白菜被剥得只剩下嫩嫩的一部分，但还是卖不动。到菜地收购价每公斤 0.04 元，送到市场每公斤是 0.06 元。从泾阳县城到省东一路，处处可见烂在地里、坏在地里的大白菜。据悉，2009 年，由于气候比较好，风调雨顺，大白菜长势好，产量高，农民获得大丰收。但是，与往年不同，2009 年来泾阳县买大白菜的外省客商却是寥寥无几，大白菜销售困难，农民增产不增收。

○ 职业训练

训练主题：利用技巧促进农产品销售。

训练要求：通过实训，要求学生根据不同顾客的需求，利用技巧促进农产品的销售。

训练内容：

(1) 学会识别农产品成交信号；

(2) 学会运用农产品成交技巧；

(3) 学会针对不同消费者采取不同应对技巧。

训练准备：学生先收集背景行业供应商、替代产品、顾客、同业竞争者等相关资料。

训练资料：背景行业供应商、替代产品、顾客、同业竞争者等相关资料。

训练步骤：

第一步，分析该行业顾客需求，并划分顾客类型。

第二步，选择促进成交的技巧。

第三步，预测可能出现的顾客异议。

第四步，利用技巧促进农产品产销售。

第五步，农产品销售的技巧总结。

训练成果：促进农产品销售的方案。

项目小结

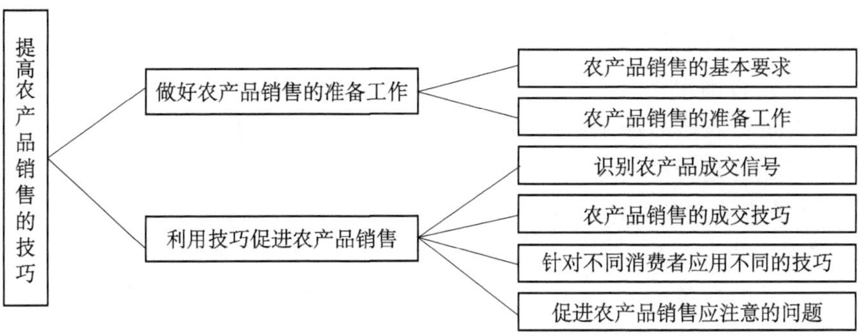

职业能力测试

一、职业能力判断与选择

(一) 判断题

1. 农产品销售的渠道化原则,说明农产品的销售是一个系统工程,要实施“走出去”战略。( )

2. 要打造农产品的核心竞争优势,只要注意原产地绿色特色农产品的品牌整合。( )

3. 让消费者替你现身说法,利用照片、统计数字、消费者名单。这些都是与客户建立良好的信赖,从而促进农产品的销售。( )

4. 鼓励潜在客户去考虑事情的正反面,突出购买是正确的选择方法,此技巧是富兰克林成交法。( )

5. 如果当前顾客对销售的产品有好感,也流露出购买的意向,发出购买信号。可又一时拿不定主意,或不愿主动提出成交的要求,销售人员就可以用引导成交法来促成客户购买。( )

(二) 选择题(1～5 题为单项选择题;6～10 题为多项选择题)

1. 要尽可能多卖“项链”,少卖“珍珠”,这句话体现了农产品销售的原则是( )。

A. 多渠道化　　B. 协调联动性　　C. 品牌化　　D. 技巧性

2. 你告诉自己,我是产品介绍的高手,我可以解除消费者任何的抗拒点……这属于农产品销售前的( )准备。

A. 产品知识　　B. 消费者背景知识

C. 精神状态　　D. 谈话结果

3. 种植户通过早种,使玉米、蔬菜、水果等农产品提早上市,这是( )技巧。

A. 尝鲜早卖　　B. 分部位卖　　C. 联营快卖　　D. 送货上门

4. 相邻的 A、B 两家早点店规模一样大,每天豆浆的销售量也差不多,但 A 店茶叶蛋的销售量却比 B 家少很多。后来 A 店老板发现原因在于一句话的差别,A 店服务员总是问来吃早餐的人:“你加不加茶叶蛋?”通常的回答是“不加”。而 B 店的服务员却总是说:“给您加一个茶叶蛋,还是加两个茶叶蛋?”通常的回答是“一个”。这是( )技巧的应用。

A. 选择成交法　　B. 小点成交法　　C. 假设成交法　　D. 优惠成交法

5. 针对消费者说:能不能便宜一些。下面方法不适合用( )。

A. 得失法　　B. 底牌法　　C. 诚实法　　D. 假设法

6. 为促进农产品的销售,要做好的准备条件有( )。

A. 目标是否确定　　B. 是否进行市场调查分析

C. 是否进行农产品搜集渠道的分析　　D. 是否进行销售渠道的分析

E. 销售人员是否准备好

7. 农产品销售的准备工作包括( )。

A. 与客户建立信赖　　B. 对整个谈话结果的准备

C. 农产品的准备　　D. 精神状态的准备

E. 农产品销售场地的准备

8. 农产品销售的一般技巧有(　　)。

A. 销售前先摸底　　B. 不一哄而上赶旺季

C. 灵活运用抓好行情　　D. 销售后总结经验

E. 利用好各类媒体

9. 消费者说:别的地方更便宜,这时可以利用(　　)。

A. 诚实法　　B. 拆散法

C. 提醒法　　D. 分析法

E. 转向法

10. 假设成交法的优点主要是(　　)。

A. 将会谈直接带入实质性阶段　　B. 利于进一步处理顾客异议

C. 使顾客不得不做出反应　　D. 保留一定的成交余地

E. 提高顾客的思维效率

二、项目案例分析

"额外附加"的推销术

美国一家玩具店在推销玩具时采取了与众不同的招数:对买玩具者赠送两条鲜活小金鱼。商店在柜台边放置一个大水槽,里面放着一些金鱼,并准备了小网兜和玻璃罐,让小朋友自己动手捞起看中的小金鱼,装进玻璃罐,带回家去。这一招深受小朋友的喜爱。大人们也颇感兴趣,前往商店购玩具者趋之若鹜。为买玩具,还是为得小金鱼?只是该店销量由此大增。

我国台湾地区有一家美容院,为了扩展生意,购置一架"一次成像"照相机,凡是上门的顾客,美容完毕,均可免费拍一张照片记下这个美丽的时刻。这么一来,美容院名噪一时,生意大为兴隆。

问题:

(1) 玩具店和美容院运用了什么技巧进行销售?

(2) 通过案例,应用到农产品销售上,哪些是可以借鉴的?

分析要求:

(1) 学生分析案例提出的问题,拟出案例分析提纲;

(2) 小组讨论,形成小组的案例分析报告;

(3) 班级交流,教师对各小组案例分析报告进行点评;

(4) 在班级展出附有"教师点评"的各小组案例分析报告,供学生比较研究。

三、项目实训操作

实训题1:农产品销售的准备工作。

【实训目标】

引导学生参加"农产品销售的准备工作"的实践训练;在切实体验农产品销售的准备工作报告的准备与撰写等有效的活动中,培养相应的专业能力与职业核心能力;通过践行职业道德规范,促进健全职业人格的塑造。

【实训内容】

(1) 找一农产品批发商或经济合作组织,建立产品销售关系。

(2) 进行市场调查,研究市场行情。

(3) 制订销售计划和方案,注意方案的内容与市场需求调查相适应。

【实训时间】

课堂与课外相结合,并利用周末休息日。

【操作步骤】

(1) 将班级每5～6位同学分成一组,每组确定1～2名负责人。

(2) 对学生进行商品类别划分培训,确定选择哪几类商品作为调研的范围。

(3) 学生按组进入批发市场或经济合作社调查,根据准备步骤详细记录准备的情况。

(4) 对调查的资料进行整理分析。

(5) 写出工作报告。

(6) 各组在班级进行交流、讨论。

【成果形式】

实训作业:撰写农产品销售的准备工作报告。

实训题2:"利用技巧促进销售"业务能力训练。

【实训目标】

引导学生参加"利用技巧促进销售"业务的实践训练;在切实体验促进农产品销售所采用的技巧方案的准备与撰写等有效的活动中,培养相应的专业能力与职业核心能力;通过践行职业道德规范,促进健全职业人格的塑造。

【实训内容】

依据所学内容,创造性地运用于农产品的销售。

(1) 寻找销售商、零售商或其他加工农产品经营企业,展开销售工作。

(2) 一旦洽谈成功,立即进行农产品货源组织、运输、保鲜等管理。

(3) 直到完成任务,进行成本、利润核算,进行总结。

【实训时间】

课内与课外相结合,并利用周末休息日。

【操作步骤】

(1) 将班级每5～6位同学分成一组,每组确定1～2名负责人。

(2) 组织学生温习促进销售技巧的相关理论知识。

(3) 学生按组进入批发市场或经济合作社调查,调查分析所要销售的农产品的市场情况。

(4) 销售农产品。

(5) 写出工作报告。

(6) 各组在班级进行交流、讨论。

【成果形式】

实训作业:制订利用技巧促进销售报告。

【实训考核】

"活动过程考核"与"实训作业考核"相结合。

根据"实训题1"所要求的学生"实训作业"完成情况和学生参与"实训题1"全过程的表现,参照表8-3进行考核。

表 8-3　实训成绩考核表

作业名称:农产品销售的准备工作报告

评价指标	评价标准	分值（100 分）	评估成绩	所占比例/%
农产品销售的准备工作报告	1. 跟农产品批发商沟通	20		70
	2. 调查内容正确	15		
	3. 准备工作可行	15		
	4. 报告内容完整	25		
	5. 报告具有实际应用性	25		
实训过程	1. 出勤与纪律	25		30
	2. 实训态度	25		
	3. 自我学习与管理能力	25		
	4. 团队合作与创新能力	25		
综合得分				

根据“实训题 2”所要求的学生“实训作业”完成情况和学生参与“实训题 2”全过程的表现,参照表 8-4 进行考核。

表 8-4　实训成绩考核表　　作业名称:利用技巧促进销售报告

评价指标	评价标准	分值（100 分）	评估成绩	所占比例/%
利用技巧促进销售报告	1. 货源组织	20		70
	2. 销售农产品	20		
	3. 成本、利润核算	20		
	4. 报告内容完整	20		
	5. 报告切合实际	20		
实训过程	1. 出勤与纪律	25		30
	2. 实训态度	25		
	3. 自我学习与管理能力	25		
	4. 团队合作与创新能力	25		
综合得分				

参 考 文 献

[1] 陈国胜．农产品营销[M]．北京：清华大学出版社，2010.

[2]（美）菲利普·科特勒，等．卢泰宏，高辉，译．营销管理[M]．13版．北京：中国人民大学出版社，2009.

[3] 胡德华．市场营销原理与实务[M]．北京：清华大学出版社，2011.

[4] 李冬芹，张凤英．市场营销实务[M]．开封：河南大学出版社，2010.

[5] 刘洋，乐为，王晓萍．市场营销习题、案例与实训[M]．北京：科学出版社，2008.

[6]（美）麦克丹尼尔，（美）兰姆，（美）海尔．时启亮，译．市场营销学：案例与实践[M]．上海：格致出版社，2010.

[7] 牛玉珊，祁春节．我国柑橘鲜果营销渠道优化探讨——基于交易成本视角的分析[J]．价格理论与实践，2011(1)：74-75.

[8] 隋鹏飞．农产品营销促销工作的新特点和新思考[N]．农民日报，2010-01-07.

[9] 孙惠合，程海松．实用信息技术与农产品网络营销[M]．合肥：安徽科学技术出版社，2007.

[10] 孙瑶琴．农产品电子商务网站建设[J]．电脑知识与技术，2010，6(15)：4150-4151.

[11] 孙淑卿，孙华玲．农产品市场营销[M]．济南：山东人民出版社，2006.

[12] 王德胜．农产品营销[M]．济南：山东人民出版社，2010.

[13] 魏玉芝．市场营销实训项目教程[M]．北京：清华大学出版社，2010.

[14] 姚小远．市场营销理论与实务[M]．上海：立信会计出版社，2011.

[15] 杨志宏，翟印礼．超市农产品供应链流通成本分析——以沈阳市蔬菜市场为例[J]．农业经济问题，2011(2)：73-78.

[16] 叶生洪，张泳，张计划．市场营销经典案例与解读[M]．广州：暨南大学出版社，2009.

[17] 赵敬宜．市场营销原理与技术[M]．北京：电子工业出版社，2010.

[18] 张岩松．现代市场营销案例教程[M]．北京：北京交通大学出版社，2010.